Separación
Consciente

Separación Consciente

(Conscious Uncoupling)

UN PROGRAMA EN CINCO PASOS PARA VIVIR
FELICES CUANDO LA HISTORIA LLEGA A SU FIN

Katherine Woodward Thomas

URANO

Argentina – Chile – Colombia – España
Estados Unidos – México – Perú – Uruguay – Venezuela

Agradecemos a los derechohabientes originales los permisos
de reproducción de material previamente publicado

The Bicycle Music Company y Universal Music Publishing Group:
Extracto de "You Oughta Know" por Alanis Morissette y Glen Ballard,
copyright © 1994 Songs of Universal, Inc., y Vanhurst Place Music.

Arlovol Music (ASCAP) administrado por Penny Farthing Music (ASCAP)
bajo licencia de The Bicycle Music Company. Todos los derechos de Vanhurts Place Music
controlados y administrados por Songs of Universal, Inc. Todos los derechos reservados.
Reproducido con permiso de The Bicycle Music Company y Jordan Lowy
en nombre de Songs of Universal, Inc., y Vanhurst Place Music.

Daniel Ladinsky: "The Sun Never Says" de *The Gift*, poemas de Hafiz, traducido por
Daniel Ladinsky, copyright © 1999 Daniel Ladinsky (Compass, Penguin Random
House LLC, New York, Agosto 1999). Reproducido con permiso de Daniel Ladinsky.

Verónica A. Shoffstall: "After a While" por Verónica A. Shoffstall, copyright © 1971
Verónica A. Shoffstall. Reproducido con permiso de Verónica A. Shoffstall.

Título original: *Conscious Uncoupling — 5 Steps to Living Happily Even After*
Editor original: Harmony Books, an imprint of the Crown Publishing Group,
a division of Penguin Random House LLC, New York
Traducción: Núria Martí Pérez

1.ª edición Abril 2016

Esta es una obra de no ficción. No obstante, algunos nombres y características personales
de los personajes han sido cambiados para proteger su privacidad. Cualquier parecido con
personas vivas o fallecidas es meramente fortuito y no intencionado.

ISBN: 978-84-7953-925-2
E-ISBN: 978-84-9944-913-5
Depósito legal: B-3.783-2016

Fotocomposición: Ediciones Urano, S.A.U.
Impreso por: Rodesa, S.A. – Polígono Industrial San Miguel – Parcelas E7-E8
31132 Villatuerta (Navarra)

Impreso en España – *Printed in Spain*

*A todos los artistas sociales, agentes de cambio y
pioneros de nuevas posibilidades de entre nosotros
que con su gran corazón, profunda bondad
y aguda inteligencia
están intentando encontrar una forma mejor...*

*y a Mark y Alexandria,
por hacer que nuestra historia de
«y vivieron felices* incluso *después de separarse»
sea un deleite.*

Índice

El lado oscuro del amor

*Cualquier relación íntima encierra
bajo su aspecto idílico la posibilidad
de una catástrofe total.*

ELIZABETH GILBERT

Ninguno de nosotros podíamos imaginarnos mientras avanzábamos por el pasillo que llevaba al altar para contraer matrimonio con el amor de nuestra vida y con el corazón en la mano, que un día íbamos a acabar formando parte de ese tenaz 50 por ciento de personas divorciadas. Ni tampoco nos imaginábamos el gran desengaño amoroso que nos llevaríamos cuando empezamos otra relación convencidos de que esta vez seríamos felices para siempre. Porque creemos firmemente en el amor, decididos a no perder la esperanza y a arriesgarlo todo para conseguir ser felices por siempre jamás.

Como autora del superventas *Curso en relaciones: 7 semanas para atraer al amor de tu vida*, y profesora de cientos de miles de estudiantes de todas partes del mundo que han aplicado mis principios en su vida para eliminar los obstáculos interiores que les impedían amar y mantener una relación de pareja afectuosa y feliz, estaría mintiendo si te dijera que quería escribir este libro como una continuación del anterior. No deseaba hacerlo ni por asomo, al igual que tú no querías acabar leyéndolo un día.

A decir verdad, cuando descubrí que mi marido y yo habíamos decidido romper después de casi diez años de matrimonio, mis súplicas fueron de todo menos piadosas. Tumbada de espaldas sobre el césped de un parque cercano y contemplando el inmenso cielo azul para intentar encontrarle un significado al desagradable giro que había dado la situación, murmuré la única súplica que en esos momentos tenía sentido para mí: «¡Debe de ser una broma!», exclamé hirviéndome la sangre. Estaba furiosa con las fuerzas invisibles de la vida y el amor que parecían empeñadas en divertirse a mi costa, fuerzas que con sus diabluras iban a cargarse, después de mi agitada infancia, el final de «y vivieron felices por siempre jamás». El final feliz que tan bien había descrito, e *ilustrado*, en mi primer libro.

Era todo muy extraño, por no decir algo peor.

Sin embargo, tras superar la chocante realidad de que aquello me estaba ocurriendo a mí, volqué toda la energía en asegurarme de que al menos la cosa acabara bien. Ya que yo, como tantos otros miles de personas de mi edad, había vivido de niña una separación *inconsciente* terrible. Tan terrible que hasta hubo una lucha brutal por mi custodia que acabó impidiéndome ver a mi padre cuando yo tenía diez años, pues al final se rindió y renunció a todos sus derechos como progenitor por no haber llegado a un acuerdo con mi enfurecida madre. Pese a desconocer muchas cosas mientras mi matrimonio se iba desentrañando ante mis ojos, lo que sí sabía era que *no* iba a permitir que mi hija pasara por lo mismo.

> *No puedes controlar todas las cosas que te pasen, pero puedes decidir que no te afecten.*
> MAYA ANGELOU

Pero mientras me separaba de mi marido, descubrí que me había estado preocupando por nada, porque no solo nos separamos civilizadamente, sino además de una manera muy afectuosa, respetuosa y humana, caracterizada por un inesperado espíritu de generosidad y buena voluntad entretejido de gestos de amistad y de aprecio mutuo. Mi exmarido Mark y yo procuramos al máximo hacernos el menor daño posible y por supuesto que nuestra hija pequeña apenas notara la separación. Lo que queríamos sobre todo era que no perdiera el contacto con su padre, porque ella tenía dos amigas a las que les había pasado. Unidos por el propósito de hacer que no se sintiera dividida ni triste mientras nos separábamos y rehacíamos nuestra vida, le demostramos enseguida que no tenía nada que temer.

No fue ni por asomo una situación tan desgarradora como mis horribles rupturas del pasado, como esos meses interminables en los que sin poder comer ni dormir, me sentía consumida por una rabia tan atroz que apenas podía evitar durante el día echar una bronca a algún pobre e inocente desconocido que había tenido la mala suerte de cruzarse en mi camino. O como cuando me quedé tan deshecha que empecé a fumar después de casi una década de haberlo dejado y se me cayó la mitad del pelo por culpa del estrés. O como aquella ruptura tan traumática y desgarradora que viví al separarme de Frank, mi novio del instituto, que me atormentó durante años sin poder sacármela de la cabeza. Durante casi veinte años estuve soñando sin parar con él, despertándome sobresaltada en medio de la noche al descubrir que lo había perdido para siempre y que Frank seguiría viviendo felizmente por siempre jamás con una mujer tan intimidantemente maravillosa y con sus tres perfectos hijos a miles de kilómetros de distancia.

Yo, al igual que tú, conocía muy bien el lado oscuro del amor. Por eso, en cuanto logré superar el impacto y el dolor de la ruptura, empecé enseguida a mirar atrás para intentar descifrar el proceso de la forma más bien única en la que Mark y yo habíamos puesto fin a nuestra relación de pareja con tanta buena voluntad y elegancia. Me di cuenta de que los dos habíamos descubierto algo increíblemente valioso sobre todo al ver a las personas de nuestro círculo más cercano agitar la cabeza consternadas afirmando que nunca habían visto a ninguna pareja poner fin a su matrimonio con tanta consideración y afecto.

Por más que hubiera deseado un final feliz para mi agitada infancia, en un extraño giro del destino me había tropezado con otra *clase* de final feliz. Con una forma de terminar una relación de pareja con dignidad, bondad y respeto en la que nadie se había quedado devastado ni destrozado por la experiencia. Y al tener yo un don especial para preparar una limonada propia de un gourmet, vi que incluso podía convertir la ruptura en algo hermoso. Ya que al separarnos, los dos y todos los implicados habíamos atravesado lo que acabé reconociendo como un proceso de cinco etapas sintiéndonos bien, plenos y serenos, en lugar de heridos, divididos y destrozados por la experiencia.

Al creer firmemente en el amor y ser una gran fan del matrimonio y de las relaciones de pareja duraderas, las rupturas son probablemente lo que más detesto, al igual que el calentamiento global, el maltrato a los ancianos y los elevados índices de pobreza infantil. Y como las rupturas y los divorcios no me hacen ninguna gracia, es lógico que me negara a vivir una en mi propia vida. ¿Tan horrible era la relación que había entre Mark y yo que me obligaba a meterme en la ciénaga de los corazones y hogares divididos y a renunciar a las esperanzas y los sueños que durante tantos años había estado cobijando?

Hay infinidad de pequeñas formas en las que un matrimonio se va rompiendo y la mayoría son demasiado triviales para citarlas. Pero lo que nos ocurrió a Mark y a mí, en resumidas cuentas, es que yo cambié. Me refiero a que cambié radicalmente y en muchos sentidos injustamente. Es una especie de riesgo laboral, el inconveniente de dedicarme a enseñar a la gente a crecer y transformarse. Mi marido no me fue infiel, ni me maltrató, ni era un alcohólico o un adicto a los juegos de azar. Sin embargo, con el paso de los años los valores fundamentales que compartíamos en nuestra vida fueron cambiando cada vez más. Yo soy adicta a los cambios, siempre estoy fomentando al máximo tanto mi propia evolución como la de los demás para desarrollar nuestro potencial en todos los aspectos de la vida y del amor. Mark, por el contrario, es un hombre con un corazón enorme que aspira a la idea espiritual de aceptarlo y valorarlo todo tal como es, sin sentir la necesidad de cambiar a nadie ni nada. Mientras que a mí me fascina escarbar en los recovecos más oscuros de la psique para descubrir y purificar nuestros motivos interiores, él prefiere en cambio fijarse lo menos posible en los defectos para valorar la bondad y la belleza de todos los seres vivos. Esto no quiere decir que uno tenga la razón y el otro esté equivocado, ambos caminos son perfectos tal como son. Y, además, cuando una pareja es tan distinta en este sentido, se complementa y llena las carencias del otro de la forma más maravillosa. No obstante, en el caso de Mark y mío, las conversaciones que manteníamos sobre los temas que nosotros considerábamos más sagrados y valiosos nunca llegaban a ninguna parte y en cierto sentido apenas nos permitían ponernos de acuerdo para compartir una visión o una meta, algo que ambos admitimos que necesitábamos profundamente en nuestra vida. Por más cariño que nos tuviéramos, era evidente que lo que más nos unía era el amor por nuestra hija.

Si hubiéramos nacido cincuenta años antes, seguramente habríamos seguido juntos por el bien de nuestra hija sin darle más vueltas. Aunque pensándolo bien, si hubiéramos nacido en aquel tiempo seguramente no nos habríamos casado, porque los matrimonios interraciales eran ilegales en la mayor parte de Estados Unidos, hasta que la Corte Suprema declaró lo contrario en 1967. Al ser yo de raza caucásica y Mark afroamericano, habríamos tenido que arriesgarlo todo, incluso nuestra propia vida, para estar juntos, lo cual demuestra una vez más la evolución natural incesante de la cultura. Pero dejando este pequeño detalle a un lado, yo, como muchos millones de personas del mundo occidental, espero muchas otras cosas del matrimonio aparte de seguir juntos por el bien de los hijos. Como la escritora e historiadora experta en el matrimonio Stephanie Coontz señala, las relaciones de pareja han cambiado[1] más en los últimos treinta años que en los trescientos anteriores. Y yo, como tantas otras personas, aspiraba a mantener una relación muy distinta a la que mi madre, y mi abuela que la precedió, habían esperado mantener. Esto no quiere decir que Mark y yo no nos dedicáramos en cuerpo y alma a criar a una hija equilibrada, sana y feliz. Claro que lo hacíamos, nuestras vidas giraban en torno a este compromiso compartido. Pero ¿acaso por esta razón debíamos seguir juntos el resto de nuestras vidas manteniendo los vínculos del matrimonio y viéndonos obligados moralmente a practicar el sexo?

Me refiero a que Mark era un tipo muy sexi, pero... ¡todo tiene un límite!

Para alguien como yo, que lleva en la sangre el deseo de evolucionar sin cesar, que creo en la noble labor de esforzarnos para convertirnos en seres humanos más sabios, iluminados y evolucionados que ayudemos a crear sociedades humanas más sabias, iluminadas y evolucionadas, no dejan de fascinarme las posibilidades nuevas que están surgiendo de mantener vínculos amorosos un tanto inusuales, por no decir de lo más atípicos. Siempre he sido muy peculiar. Como «creativa cultural»,*[2] y hay millones de

> *He tejido un paracaídas con todo lo que se ha roto en mi vida.*
> WILLIAM STAFFORD

---

* Los sociólogos estadounidenses Paul H. Ray y Sherry Ruth identificaron un segmento de la población que apareció en menos de cuarenta años al que llamaron «creativos culturales», caracterizado por su escala de valores, actitudes y estilos de vida. (*N. de la T.*)

personas por todo el mundo que lo son, me gusta explorar posibilidades nuevas en cuanto a la inmensa frontera de las relaciones humanas. Mi orientación como terapeuta matrimonial y familiar diplomada está muy arraigada en la psicología humanística con una especial devoción por los movimientos humanos que se pueden dar, los cuales no son más que un intento de manifestar nuestro potencial más elevado, tanto a nivel personal como social. De modo que no está en mi naturaleza seguir casada simplemente por las suposiciones culturales actuales sobre lo que es mejor para los hijos. Suposiciones que, aunque se basen en investigaciones sobre las que valdría la pena hablar y reflexionar a fondo, carecen del esfuerzo creativo de intentar averiguar cómo podemos formar una familia equilibrada, estable y afectuosa tras un divorcio. Cuando lo vi de este modo, mi curiosidad sacó lo más positivo de mí y me empujó a descubrir cómo podemos empezar a hacerlo colectivamente de una forma mejor.

El viaje que te espera

En las siguientes páginas compartiré contigo los resultados de esa curiosidad mía. Te invito a unirte a lo que se convertirá en un profundo viaje interior de curación, transformación, expansión y reinvención. Para empezar, te propondré cuestionarte nuestras antiguas suposiciones colectivas sobre las rupturas y los divorcios, y te pediré que te replantees la conclusión común acerca de que una relación ha fracasado si se termina por otra razón que no sea la muerte de uno de los cónyuges o la de ambos. También procuraré hacer que veas con más claridad cómo, en esta suposición colectiva de fracaso, nunca hemos ido más allá de nuestras formas primitivas y destructivas de separarnos, por más malestar y agitación que nos produzcan, hasta el punto de impedirnos en muchos casos a nosotros mismos, a nuestros hijos y a nuestra expareja llevar una vida satisfactoria y feliz en el futuro. Y, por último, te ofreceré una nueva posibilidad, la de la Separación Consciente, que te permitirá poner fin a una relación de pareja de una manera sana y humana.

En la segunda parte del libro encontrarás la orientación y el apoyo necesario para cada una de las cinco etapas de tu proceso personal de la Separación Consciente. En ellas, desde la primera, «Encuentra la libertad emocional», hasta la última, «Crea tu "y vivieron felices *incluso* después de separarse"», obtendrás las herramientas prácticas y las habilidades para superar la delicada transición en la que estás y volver a sentirte a gusto en tu piel.

Si en este momento estás sufriendo enormemente, tal vez desees ir directo a la segunda parte del libro y leer la primera después de haberte puesto con firmeza la mascarilla de oxígeno y poder respirar de nuevo.

Mi dilema moral

Debo confesar que estuve dudando mucho antes de decidirme a escribir este libro, y me costó lo mío llegar a hacerlo sobre todo porque no quería animar a nadie a tomarse a la ligera la importante decisión de poner fin a una relación de pareja duradera. Porque ¿qué ocurre si eliminas el bochorno social del «fracaso» de una relación o el miedo a dejar traumatizados a tus hijos de por vida por la «ruptura» de vuestro hogar? Sin duda no quería ser ni siquiera en parte responsable de que se decantara aún más la balanza del lado de los matrimonios que se terminan antes de que uno de los cónyuges o ambos fallezcan.

> *La vida no siempre es justa. A veces incluso te clavas una astilla mientras te deslizas por un arcoíris.*
>
> CHERRALEA MORGEN

Soy una ferviente partidaria de las relaciones serias y largas y hago todo cuanto está en mis manos para que las parejas sigan juntas siempre que es posible. De hecho, cuando una pareja viene a verme a la consulta para decirme que quiere una Separación Consciente, tiendo a discutir un poco con ella intentando encontrar los puntos débiles de su decisión para que se den cuenta de que es algo prematura. Como acérrima defensora del amor comprometido, estoy encantada con los recientes giros que ha dado el panorama matrimonial en Estados Unidos, ya que ahora hemos invitado a nuestros amigos gays y lesbianas a unirse a formar también parejas estables *y legalizadas* que duren toda la vida y que contribuyan a fortalecer la sociedad estadounidense. Es importante entender que no he creado este proceso para facilitar las separaciones. En realidad, un poco más adelante, en el capítulo de «Cómo y cuándo hacer este programa», hablo seriamente de por qué seguir manteniendo una relación de pareja es la mejor opción.

Me refiero a que como vivimos en un mundo donde la gente se divorcia con la misma rapidez con la que cambia de coche o decide tomar zumo de pomelo para desayunar, creo que es hora de que aprendamos a hacerlo mejor. Y esto es la esencia y el alma de lo que trata el libro.

A quién va dirigido

El proceso de la Separación Consciente no va dirigido solo a las parejas que se prometen fidelidad ante el altar, sino a cualquier persona que sienta en su corazón la tristeza insoportable de una relación rota. Todas las separaciones, además de ser dolorosísimas, también son una encrucijada crítica. La ruptura de una relación es un momento crucial de tu vida que te obligará a tomar una seria decisión. Metido hasta el cuello en la ciénaga de la desesperación, puedes decidir arrojar la toalla y cerrarte a la vida para que no vuelvan a romperte el corazón nunca más, empobreciendo tu vida con ello, o encontrar la manera de aprovechar esta trágica experiencia para volverte más sabio, profundo y maduro, y aumentar tu capacidad de amar y ser amado. Es decir, una ruptura es una oportunidad única para un gran despertar espiritual que te llevará a un nuevo nivel de autenticidad, compasión, sabiduría, hondura y —por más absurdo que parezca— de dicha. La única forma de reducir el sufrimiento atroz de la ruptura es poner tu corazón y tu mente en esa dirección y hacer el esfuerzo consciente y firme de conseguirlo.

> *Si la vida nos da piedras,*
> *de nosotros depende*
> *construir un puente*
> *o un muro con ellas.*
>
> ANÓNIMO

Si tienes el valor de levantarte y aprovechar todo lo que un desengaño amoroso te ofrece, este libro es para ti. Si estás dispuesto a usar tu dolor para echar de tu vida las falsedades que has estado soportando durante demasiado tiempo y liberarte de los dolorosos hábitos amorosos que has sido incapaz de afrontar hasta ahora, este libro está hecho para ti. Si decides usar este revés para liberarte a ti y a los demás de las muchas formas en que te has estado desvalorizando y limitando en la vida, este libro está hecho para ti. Si estás dispuesto a usar esta impactante pérdida para abrir tu corazón de par en par, aumentando y ensanchando tu capacidad de amarte a ti y a los demás de verdad, este libro está hecho para ti. Si tienes la fortaleza de convertir esta ruptura en algo hermoso para ti y los tuyos, este libro está hecho para ti.

Ojalá pudiera prometerte que si sigues el proceso de la Separación Consciente te separarás de tu pareja sin sufrir lo más mínimo, pero no es así. Los seres humanos tendemos biológicamente a vincularnos, y cuando el vínculo afectivo que manteníamos con nuestra pareja se rompe es imposible no sangrar, al menos un poco (y quizá muchísimo), aunque nos separemos con gran delicadeza. Sin embargo, al haber acompañado con éxito a miles de estudiantes a lo largo del proceso, compartiré contigo durante los siguientes días, semanas o meses lo que te prometo será un camino seguro para ti y los tuyos a la plenitud. Te prometo que cuando hayas dejado atrás esta noche oscura del alma tu vida no solo será más soportable, sino incluso mucho mejor y más hermosa que antes por todo lo vivido. Te prometo que volverás a amar con el corazón abierto de par en par, feliz y confiado, sabiendo que no cometerás de nuevo los mismos errores. Y, por último, te prometo que un día al mirar atrás agradecerás con toda tu alma los momentos tan difíciles por los que ahora estás pasando al haberlos transformado en lo mejor que te ha ocurrido en la vida.

> *Si el amor es la respuesta,*
> *¿podrías, por favor,*
> *volverme a repetir*
> *la pregunta?*
> LILY TOMLIN

PRIMERA PARTE

Una forma mejor de romper

1

Vergüenza, reproches
y el fracaso del amor

*Quienes lo hemos vivido en carne propia sabemos que
una relación de pareja es una propuesta a la que te tiras
de cabeza y de la que sales arrastrándote.*

MARTHA BECK

La parte más horrible de una ruptura es que nuestras propias expectativas se ven defraudadas respecto de cómo se *suponía* que esa historia debía suceder frente a cómo sucede *en realidad*. No lograr el objetivo de «y vivieron felices por siempre jamás» al que todos aspiramos se considera un fracaso tan terrible que nos parece que nunca nos recuperaremos de él: del trauma, del dolor de la separación y, sin duda, de la vergüenza que conlleva.

Por más triste que me sintiera por la ruptura de mi matrimonio, he de confesar que también me resultaba mortificante la idea de hacerlo público. Tenemos una historia colectiva sobre cómo funciona una relación amorosa, que parece bastante clara. Funciona de la siguiente manera: si dura, es real. Si no dura, no lo es.

O si no, significa que uno de los miembros de la pareja se la cargó torpemente.

Al contarle a la gente que Mark y yo nos íbamos a separar, me esperaba que infravaloraran de forma encubierta y automática nuestra relación, a uno de los dos, o a ambos. Casi podía oír sus respuestas. No de viva voz, claro está, sino en el espacio íntimo de sus pensamientos privados, que al fin y al cabo no son tan privados como creemos. *Mmm... su amor no debió de ser demasiado real,* o *Mmm... nunca me lo hubiera imaginado de él* (o de ella, dependiendo de con quién estuviera yo hablando). Lo cual bastaba para hacer que deseara encerrarme en casa y pasarme todo el día tumbada en la cama, envuelta con un edredón y con el pijama de franela puesto, sin hacer otra cosa que comer mantequilla de cacahuete directamente del tarro mientras miraba películas clásicas. Filmes que terminaban con la chica saliendo con el chico... y sí, lo has adivinado, siendo felices y comiendo perdices.

La mayoría suponemos que el amor verdadero durará toda la vida, sobre todo cuando una pareja, plantándole cara a los amigos y familiares que ven con malos ojos la unión, se acaba casando de todos modos. «Hasta que la muerte nos separe»[1] ha formado parte de las ceremonias nupciales desde su aparición en la liturgia de la Iglesia anglicana en 1549 o quizá mucho antes de esa fecha. Desde la antigua tradición hindú que obligaba a una mujer a arrojarse a la pira funeraria de su difunto marido, hasta la práctica de vendarles los pies a las mujeres chinas desde pequeñas para asegurarse de que no pudieran abandonar a su esposo en el futuro, la idea de que el matrimonio es para siempre ha estado presente en nosotros... desde toda la vida.

Incluso determinamos el valor de la unión basándonos en la cantidad de tiempo que llevamos juntos, en el que las bodas de oro superan a las de plata en la jerarquía de los regalos sugeridos: de hojalata para conmemorar los diez años de casados, de plata para los veinticinco y de oro para los cincuenta. Mientras estoy escribiendo esto me pregunto qué regalo de hojalata habría recibido de Mark si hubiera seguido un poco más de tiempo con él: ¿tal vez un bonito llavero o un par de esclavas de lo más chic? Recuerdo que hace años, mucho antes de casarme con Mark, mientras leía a altas horas de la noche acurrucada en el sofá artículos relacionados con un máster en psicología clínica, me sorprendió enormemente lo que un respetado psicólogo decía sobre los matrimonios duraderos: «No celebres la unión de dos personas que han estado casadas durante cincuenta años hasta entender lo que la relación les ha hecho a sus almas». Era la primera vez que oía a alguien echar por tierra nuestro ideal de durabilidad como la mejor forma de determinar el valor de una relación íntima.

Ello nos lleva de vuelta a nuestra historia colectiva sobre el fin de una unión amorosa: *si una relación de pareja se acaba por cualquier otro motivo que no sea la muerte de uno de los cónyuges o la de ambos, suponemos que la relación ha sido un fracaso.*

¿Qué historias de amor podemos siquiera citar en las que vivir siendo felices por siempre jamás incluyera tener buen corazón y honrar la ruptura, y donde el amor compartido se hubiera transformado, mejorando y siendo celebrado por todo ello? ¿Una separación en la que ninguno de los cónyuges hubiera sido culpado ni humillado, y en la que ambos hubieran sido valorados y apreciados por todo lo que habían dado al otro, y a la comunidad, gracias a su unión?

¡Sí, lo has leído bien!

En una cultura que asume que *ruptura* es sinónimo de *fracaso*, cuesta no caer en el disparate de escandalizarse porque el amor se acabe. Sentirte menospreciado y humillado forma parte del dolor de una ruptura, sobre todo si ha sido tu pareja la que te ha dejado. Y, sin embargo, el final de una relación ya es lo bastante duro para el corazón como para tener encima que aguantar la pérdida del estatus y el bochorno que conlleva.

> *«Fracaso» no es más que otro nombre para referirse a la mayor parte de la vida real.*
> MARGARET ATWOOD

⁓

17

La raíz de la palabra inglesa «shame»[2] (vergüenza) significa «cubrir» y se caracteriza por la necesidad de huir y ocultarse de los ojos del mundo. Eso fue lo que le pasó a Leslie, una antigua paciente mía. Su marido decidió a los siete meses que había cometido un error terrible al casarse con ella. Una mañana mientras paseaban cerca de su casa en Hollywood Hills, le anunció que iba a dejarla y que volvería solo a su hogar de Londres. Perpleja, se quedó sin habla, pero consiguió a duras penas hacerle varias preguntas para intentar encontrarle un sentido a lo que le acababa de decir. ¿Tenía él una aventura amorosa? No. ¿Echaba de menos Inglaterra? No. ¿Era sexualmente infeliz con ella? No. Simplemente se había dado cuenta de que no le gustaba estar casado. En cierto modo eso era aún peor. Leslie se sintió de lo más avergonzada. Debía de haber sido una mala esposa. Debía de ser indigna de su amor para que él la rechazara de aquella manera.

Empezó a preocuparse obsesivamente: «¿Qué pensará la gente de mí?» «¿Cómo voy a aguantar la humillación de volver a estar sola?» Llena de vergüenza, no se atrevía a contarle a nadie lo que le estaba ocurriendo. En vez de llamar a sus amigas para que la apoyaran, dejó de ponerse al teléfono. En vez de pedirles a los miembros de su familia que le hicieran compañía mientras se adaptaba a la pérdida, corrió las cortinas y se recluyó en casa, aislándose durante meses para no dar la cara ni mostrar la vergüenza que le causaba ser rechazada por su marido. En el momento en que más apoyo y contacto necesitamos, es cuando tendemos a cerrarnos como una almeja y a encogernos de miedo, consumidos por la sensación de haber fracasado en nuestra vida.

> *La vergüenza se alimenta del silencio.*
> **BRENÉ BROWN**

Según Ruth Benedict, antropóloga cultural y antigua profesora en la Universidad de Columbia, la vergüenza se diferencia del sentimien-

❦

to de culpa[3] en que este aparece cuando no respetamos nuestros valores más profundos, inquietándonos al creer que hemos *hecho* algo malo e inapropiado. La vergüenza en cambio aparece al no respetar las reglas externas ni las expectativas[4] impuestas por la sociedad y nos hace creer que somos malos y que hemos obrado de forma equivocada. Cuando nos sentimos vulnerables ante los juicios negativos de los demás al creer que están evaluando de manera encubierta nuestros «defectos», aunque lo hagan con gran amabilidad y lástima en los ojos, podemos caer fácilmente en un mar de vergüenza profundo y tenebroso.

> *Uno de los problemas de la vergüenza es que no te hace sentir más bajo ni silencioso, o menos visible, sino tal como eras.*
>
> **J. R. WARD**

Las expectativas han sido llamadas «la causa de todos los disgustos», y las expectativas fallidas generan sin duda una gran confusión y caos interior. Nuestra mente se desconcierta cuando la realidad no es como habíamos imaginado. Como si nos hubiéramos perdido en un rincón del bosque sin ningún camino a la vista, nos sentimos desorientados e incluso paralizados por el miedo al pensar en el siguiente paso que daremos para poder regresar a la seguridad de lo conocido. Nuestro cerebro prefiere con creces[5] las situaciones en las que el futuro se puede prever con exactitud, por eso tendemos a crear historias culturales y patrones que nos lo permitan hacer. Vivir felizmente por siempre jamás es uno de esos patrones colectivos que nos produce una sensación de previsibilidad y certeza en la vida y que constituye un modelo de armonía social.

En sus estudios realizados con el Instituto Neuroleadership[6] mi buena amiga, la doctora Karey Pohn, asesora principal en el funcionamiento del cerebro, descubrió que cuando nuestras expectativas están a la altura de la realidad, el cerebro recibe una buena dosis de dopamina para recompensarnos. Nos sentimos bien cuando la vida sucede como habíamos imaginado que podría y debería suceder. Sin embargo, cuando nuestras expectativas no se cumplen, los niveles de estrés se disparan haciendo que el cerebro se active preparándose para una amenaza. Los niveles de cortisol suben, la función del sistema inmunitario se reduce y en el cerebro límbico —la sede de nuestra reactividad emocional— se activa la respuesta de lucha o huida mientras los niveles de dopamina y oxitocina bajan en picado, haciéndonos caer en una ciénaga de sufrimiento y depresión.

El érase una vez del vivir felices por siempre jamás

En el fondo siempre me he sentido un poco como una antropóloga *amateur*. Como tal, suelo abordar mis experiencias personales de una forma impersonal. Significa que en muchos sentidos soy mi propio conejillo de Indias, y mis pensamientos, suposiciones, sentimientos y tendencias me sirven como información para saber qué nos está ocurriendo. De modo que te imaginarás la gran curiosidad que sentí por el sentimiento de inferioridad y de vergüenza que me invadió cuando mi matrimonio se estaba yendo a pique. Al principio lo detecté por lo expuesta y desprotegida que me sentí después de quitarme la alianza y de moverme por el mundo sin ella. A menudo me asaltaba el impulso de meter la mano en el bolsillo para evitar lo vulnerable que me hacía sentir mi evidente dedo anular desnudo. También me di cuenta, y además no me hizo ninguna gracia, que me sentía un tanto inferior a las personas que parecían estar felizmente casadas y que temía que me miraran por encima del hombro por estar sola de nuevo.

> *No he fracasado. Simplemente he descubierto 10.000 alternativas que no me han funcionado.*
> THOMAS A. EDISON

Aunque mi mente se rebelara ante tal idea, a nivel emocional me sentía como si en esos momentos que no tenía pareja mi estatus hubiera bajado. Al tener la ventaja de haber estado dando clases a muchos alumnos durante años, sabía lo bastante como para no ver esos sentimientos como una patología personal, sino más bien como una experiencia compartida por mucha gente. La vulnerabilidad emocional que nos produce una ruptura es tan molesta como el chirrido de unas uñas arañando una pizarra, sobre todo si somos muy sensibles, como nos ocurre a muchas personas.

Empezó como una búsqueda a lo Nancy Drew* para ver si podía descubrir de dónde habían salido esos ideales colectivos en los que muchos habíamos caído y que yo, y millones de personas más, no habíamos alcanzado. Comencé por teclear en el ordenador la frase «y vivieron felices por siempre jamás».[7] Una rápida búsqueda en Internet me permitió descubrir que hace varios siglos el «Y vivieron felices por siempre jamás» era la forma de concluir una historia mientras la gente sentada alrededor de una hoguera contaba relatos a altas horas de la noche. Existían muchas variaciones sobre el mismo tema. En Persia, uno sabía que había llegado el final de la historia cuando anunciaba claramente: «Esta historia ha llegado a su fin, pero no se acaba aquí», ofreciendo un adelanto de la continuación del relato para dejarte con la miel en los labios, una táctica que cualquier adicto a un culebrón semanal conoce y ansía. En Noruega terminaban con la sagaz frase: «Y si no están muertos, significa que siguen con vida». Pero mi preferida es la de los hebreos: «Y vivieron rodeados de felicidad y opulencia hasta el día de hoy», mi propia forma de acabar una historia.

Hurgando un poco más, descubrí que aunque los temas de los cuentos de hadas aparezcan en la literatura antigua india, china, griega, hebrea y romana, los propios cuentos de hadas solo surgieron[8] como una forma popular de contar historias a finales del siglo XVI en

---

* La protagonista de una serie de novelas policíacas apasionada por los misterios que siempre quiere resolver. (N. de la T.)

Venecia, Italia. No me extraña que la aspiración de vivir felizmente entre los brazos de tu alma gemela haya surgido de esos románticos italianos remando plácidamente en sus góndolas por los canales de Venecia. Los cuentos de hadas eran muy distintos de los relatos populares más conocidos y consolidados de aquellos tiempos, y se caracterizaban por ser historias llenas de magia y aventuras con un final feliz en las que los deseos se hacían realidad y los protagonistas acababan siempre disfrutando de una gran fortuna además del amor de su vida.

Sin embargo, hicieron que me preguntara: ¿por qué surgieron en aquella época? ¿Es que la vida en Venecia de finales del siglo XVI había creado las condiciones adecuadas para que el mito de «y vivieron felices por siempre jamás» arraigara con rapidez y empezara a prosperar y difundirse? ¿Hasta tal punto que esa nueva aspiración relacionada con el amor acabaría siendo en todos los rincones del planeta, en un espacio de tiempo relativamente corto, el deseo de la mayoría de quienes lo buscaban? Es decir, en poco más de cuatro siglos esta idea ha transformado nuestro mundo de una forma muy importante. A escala evolutiva, cuatro siglos no son más que un instante comparados con la historia de la humanidad. Antes de la aparición de este mito, las uniones y los matrimonios no tenían nada que ver con el *amor*. La gente no se casaba para ser *feliz*, aunque también lo hiciera para siempre, sino sobre todo por las tierras, los intercambios, el comercio y las dinámicas de poder, y esas razones no se pueden cambiar de la noche a la mañana. En el pasado las uniones y los matrimonios se hacían por puro instinto de supervivencia y por la necesidad humana de llevar una vida estable y segura.

Los desafortunados orígenes del amor ideal

En mi afán de comprender de dónde venían nuestras expectativas actuales sobre el amor romántico, descubrí dos condiciones vitales extremas[9] que dejaron una huella muy profunda en los venecianos de aquella época. La primera era una esperanza de vida por debajo de los cuarenta años. Aunque esto no significa que todo el mundo se muriera al cumplir los cuarenta. Muchas personas vivían hasta los cincuenta, los sesenta y los setenta. Sin embargo, la gran mayoría de los europeos de aquel tiempo —el 60 por ciento— morían antes de los sesenta.

¡Caramba! No sé si podrás ponerte en la piel de los venecianos de hace cuatro siglos para intentar siquiera imaginar los sufrimientos y las desgracias tan atroces que les tocó vivir, ya que la mitad de los hijos que dabas a luz, la mitad de los hijos que tus amigas y vecinas traían al mundo, la mitad de los hijos de tus hermanas y la mitad de los amigos de tus hijos, estaban destinados a morir incluso antes de poder crecer siquiera. Y al hacer una pausa lo bastante larga como para digerir esta barbaridad, me ha venido a la cabeza de pronto la parte de las historias de «y vivieron felices por siempre jamás» como si las estuviera oyendo por primera vez. En un mundo donde los niños tenían tan pocas posibilidades de sobrevivir, era probablemente una gran idea apoyar a los padres para que se mantuvieran unidos contra viento y marea a fin de hacer todo lo posible para que esos bebés sobrevivieran.

Lo segundo que me fascinó descubrir tenía que ver con la estructura rígida y opresiva de las clases sociales de aquella época. Aunque existiera en Venecia una nobleza próspera, la mayoría de los habitantes de las ciudades eran muy pobres, y las realidades económicas ofrecían a los trabajadores venecianos muy pocas esperanzas de poder mejorar la situación que les había tocado vivir. La sensación de no tener ningún porvenir se volvió más contundente todavía por una ley promulgada en la década de 1520 que prohibía a los nobles casarse con personas que no pertenecieran a su clase social. No olvides que esto ocurría en una época en que la gente no se «casaba por amor» sino para conservar las riquezas. La angustiante situación económica, unida a esta ley tan rígida, les produjo a los venecianos pobres la aplastante sensación de no poder escapar de las circunstancias de su vida, de no tener la más mínima posibilidad de liberarse siquiera del yugo diario de la pobreza.

Por suerte, en la época posrenacentista hasta los pobres eran cultos y podían evadirse haciendo volar la imaginación con las historias fantásticas de libros escapistas que les ofrecían el milagro de progresar en la vida. ¿Acaso se les puede culpar por devorar la nueva oferta literaria ofrecida por Giovanni Francesco Straparola,[10] escritor y editor italiano, considerado el creador de este género literario? Aunque fueran mucho menos refinados que los cuentos de hadas franceses que aparecerían un siglo más tarde, los cuentos de hadas italianos ofrecían a los lectores el respiro de la magia, los hechizos y el romanticismo, y un final en el que el protagonista o la protagonista tenían la oportunidad de mejorar su vida viviendo felices por siempre jamás en una tierra lejana y remota (porque no olvides que en Venecia esto no podía ocurrir por las leyes que prohibían a las personas de la realeza casarse con los plebeyos).

Me emocioné mucho al descubrir el fértil terreno en el que los cuentos de hadas habían crecido hasta convertirse en una parte muy querida de nuestra cultura. Y también me resultó sumamente inspirador el espíritu indómito de los valerosos venecianos que se negaban a aceptar que las opresivas circunstancias en las que habían nacido fueran insalvables. Incluso empecé a ver el mito de «y vivieron felices por siempre jamás» como el comienzo del movimiento del potencial humano,* ya que nos anima a no dejarnos doblegar

> *Me he casado tres veces y cada matrimonio fue todo un éxito.*
> MARGARET MEAD

---

* Este movimiento apareció en el seno de las contraculturas, en los años sesenta, en Estados Unidos. Fomentaba el cultivo del extraordinario potencial humano que sus defensores creían que todavía estaba por desarrollar en uno. Más tarde el movimiento del potencial humano se unió al de la Nueva Era y llevó a la cultura de los hippies. (*N. de la T.*)

por las condiciones de la vida actual, a esforzarnos noblemente ante la posibilidad de alcanzar una vida llena de abundancia y prosperidad, por más adversas que sean las circunstancias que nos ha tocado vivir. Siempre había creído que el movimiento del potencial humano había empezado con lumbreras como William James, Viktor Frankl, Abraham Maslow, Carl Rogers, Jean Houston y Milton Erickson. Sin embargo, tal vez no presté la suficiente atención a los robustos hombros sobre los que se alzaban, porque fue el imparable Giovanni Francesco Straparola el que popularizó la práctica tan transformadora de imaginar una alternativa mejor.

Sobre la evolución del amor

Por más inspirador que sea todo esto, es hora de considerar que el mito de «*y vivieron felices por siempre jamás*» está durando más de lo debido y que ya ha llegado el momento de analizarlo y revisarlo, porque las costumbres en cuanto al cortejo, la unión y el matrimonio nunca han sido las mismas por mucho tiempo. Desde la idea flamante del amor romántico como la razón del matrimonio a mediados del siglo XVIII, hasta la de la madre hogareña «tradicional» y el padre como mantenedor de la familia idealizados de los años cincuenta y, por último, la del hogar formado por dos papás en el que las mamás de alquiler les hacen una visita dos fines de semana al año, las costumbres relacionadas con el amor no han dejado de cambiar y seguirán haciéndolo.

La doctora Helen Fisher, profesora en la Universidad Rutgers y conocida antropóloga experta en relaciones humanas, afirma que ahora la monogamia se ha convertido en la norma,[II] sugiriendo que la mayoría de las personas mantendrán dos o tres relaciones importantes en su vida. La implicación es, claro está, que la mayoría también vivirá una o dos rupturas importantes. Del mismo modo que en el

ৎৎ

pasado la norma era conocer y casarte con tu media naranja, ahora la norma es que una unión *no* dura toda la vida. Con más del 40 por ciento de primeras nupcias,[12] más del 60 por ciento de segundas nupcias, y más del 70 por ciento de terceras nupcias acabando en divorcio, tal vez cambiar de pareja nos tendría que parecer de lo más normal. Es decir, la mayoría de las personas no viven toda la vida con una sola pareja a la que permanecerán fieles y cuidarán en la riqueza y en la pobreza hasta que la muerte los separe. En una época en la que reconocemos la necesidad de mejorar cualquier aspecto de la vida para no quedarnos atrás respecto a las condiciones de la misma que siempre están cambiando —el mundo laboral, los hábitos de sueño, la crianza de los hijos, las dietas y los programas informáticos—, quizá también deberíamos considerar desprendernos de nuestro modelo anticuado y demasiado simplista del amor romántico, olvidarnos de nuestras fantasías escapistas sobre la vida que nos gustaría *llevar* y adquirir en su lugar una visión más realista que sea importante para la vida que *llevamos*.

Un artículo, publicado recientemente en *The New York Times*, afirmaba que por primera vez en la historia la mayoría de las personas de más de cincuenta años[13] ahora están divorciadas en lugar de viudas, el índice de separaciones tras un matrimonio duradero se ha casi doblado desde 1990. ¿Y por qué no? Las maravillas de la Viagra y los milagros de la terapia hormonal sustitutiva nos permiten mantenernos sexualmente activos muchos más años de lo que la abuela y el abuelo hubieran soñado. Cuando la abuela estaba reduciendo sus expectativas y se conformaba con disfrutar de algunas agradables partidas de bridge al cumplir los sesenta, ahora a esa edad nuestra vida no ha hecho más que empezar, y esperamos con ilusión la sesión de maquillaje, la participación en uno o dos

> *El fracaso no es sino otra manera de aprender a hacer algo bien.*
> MARIAN WRIGHT
> EDELMAN

maratones y el prepararnos para nuestro siguiente gran amor. Los estudios revelan que en la actualidad «Los buscadores maduros» de más de sesenta años[14] son uno de los grupos demográficos que con más rapidez está aumentando como usuario de sitios de citas en Internet. Las personas en «edad de jubilarse» quieren sacarle más jugo a la vida en lugar de limitarse a jugar con los nietos una vez a la semana. Quieren jugar una vez a la semana con quienes saben que les darán un buen repaso.

Espero que iniciemos una conversación que nos ayude a captar con más sabiduría los matices de la vida moderna y del amor moderno, sobre todo en cuanto al fin de una unión. Que en lugar de determinar el valor de nuestras relaciones de pareja con la pregunta demasiado simplista de «¿Cuánto duró?», nos hagamos preguntas como «¿Tengo una mayor sabiduría vital?» y «¿Qué he aprendido sobre el amor que pueda aplicar a partir de ahora?»

Creo de todo corazón que el amor sigue existiendo, aunque lo tenga todo en contra para que no sea así. Y por lo visto no soy la única. Andrew J. Cherlin, autor de *The Marriage-Go-Round* [El carrusel del amor], que recibió una gran acogida por parte de la crítica, cuenta que los estadounidenses, a pesar de tener el mayor número de divorcios[15] del mundo occidental, tienen también uno de los índices más altos de matrimonios. De hecho, se estima que cerca del 90 por ciento de las personas se casarán[16] por lo menos una vez a lo largo de su vida, pese a las pocas probabilidades de que ese matrimonio dure para siempre. Nuestro intento de redefinir lo que es un «final feliz» no demuestra que ya no creamos en el amor. Al contrario, creemos con toda nuestra alma en él y en una unión

> *Incluso el divorcio puede verse como el triunfo del amor. El amor nos exige muchas cosas, como actos que parecen ser lo diametralmente opuesto al cariño y a la fidelidad.*
>
> THOMAS MOORE

para toda la vida. Sin embargo, dada la realidad de la época en que vivimos —como las tensiones posmodernas entre la estabilidad del matrimonio y los ideales estadounidenses de la libertad individual, la autoexpresión y el crecimiento personal—, no nos queda más remedio que aceptar la decisión de muchas personas de separarse. Ya que aprender a vivir felices *incluso* después de la ruptura, encontrar la manera de perdonar lo imperdonable, y seguir adelante con optimismo, con el corazón lleno de esperanza y gestos y palabras cargados de buena voluntad, podría muy bien ser la esencia del amor verdadero.

Antes de hablar de la evolución y la expansión del amor, me gustaría analizar un poco más a fondo los lados oscuros del amor mientras doy un pequeño rodeo para presentarte las sórdidas hermanas de la Vergüenza: el Odio y la Rabia. Abróchate el cinturón, ya que empezaremos a descender a toda velocidad a los infiernos peligrosamente imprevisibles y primitivos del odio, la venganza y los inquietantes lados oscuros del amor.

2

Rupturas amargas, finales ingratos y el arte de vivir *infelices* por siempre jamás

¿Si nos pinchas, acaso no sangramos?... ¿Si
nos envenenas, acaso no morimos? ¿Y si nos haces
daño, acaso no buscamos la venganza?

WILLIAM SHAKESPEARE

En un precioso día de otoño de 1959 en Nueva York, un abogado joven y atractivo, elegantemente vestido, giró con su flamante Cadillac azul celeste por una calle que raras veces visitaba, y divisó a una chica preciosa de cabello negro como el azabache sentada en el banco de un parque. Volviéndose hacia su amigo, exclamó: «¡Mira a esa chica! ¡No voy a dejarla escapar!» Se apresuró a aparcar junto al bordillo para abordarla. Así fue como empezó una de las aventuras amorosas más infames de los tiempos modernos, el idilio apasionado y tremendamente perturbador y obsesivo entre Burt Pugach y Linda Riss.[1]

☙

Cuando Burt empezó a cortejarla, Linda no sabía que él era un hombre casado con una hija de corta edad discapacitada esperándole en casa. Al principio se resistió, pero al final cayó en sus brazos esperando que fuera el hombre con el que se casaría y crearía una familia. Sin duda Burt le sugirió esta clase de futuro mientras se la llevaba de compras para mostrarle el anillo de compromiso y la casa que iban a adquirir. Pero en cuanto Linda descubrió la verdad, hizo lo que en aquella época se esperaba de cualquier mujer decente: rompió con él en el acto. O al menos lo intentó. Burt, que quería lo que quería en el momento en que lo quería, no aceptó un no por respuesta y empezó a seguirla por todas partes, amenazándola y acosándola en nombre del amor. Cuando el padre de Linda le dijo que su hija se iba a casar con otro hombre, enloqueció de celos. Contrató a tres sicarios y les pidió que le arrojaran a Linda ácido en el rostro. Ella se quedó ciega y desfigurada para toda la vida.

En un irónico quiebro de la trama, la rabia corrosiva de Burt por lo visto se aplacó, pero el amor que sentía por ella no lo hizo. Se pasó los siguientes catorce años cumpliendo condena en una cárcel federal, escribiéndole a Linda cartas de amor, rogándole que le perdonara y proclamándole la devoción que siempre sentiría por ella. Un año después de salir de la cárcel ya se habían casado y vivieron juntos casi cuarenta años, hasta que ella murió a los setenta y cinco.

Al escuchar esta clase de historias nos convertimos en *voyeurs*, en mirones contemplando con curiosidad el lado oscuro del amor, creyéndonos inmunes a tamaña confusión entre el amor, el odio, la pasión y la venganza. Sin embargo, lo único que nos diferencia de Burt Pugach es nuestra personalidad. Porque si bien la voz de tu conciencia y la de la mía nos impide cometer un acto de venganza tan despreciable, nuestra biología, como la de Burt, nos anima a ello. Aunque no realicemos semejante salvajada por despecho, biológicamente estamos predispuestos a desearlo.

☙

En una charla TED* reciente,[2] la doctora Helen Fisher describe la desafortunada ironía de lo que sucede en nuestro cerebro cuando la persona amada nos da calabazas. La parte del cerebro que se activa con el enamoramiento es la misma que la que se estimula incluso más aún cuando nos dan calabazas. En lugar de permitirnos actuar con sensatez y centrarnos en rehacer nuestra vida, nuestro cerebro está diseñado para aumentar nuestro deseo por la persona que estamos perdiendo, enredándonos en una maraña de emociones contrapuestas mientras intentamos desesperadamente hacer virar el *Titanic* hacia la dirección contraria en un estado desesperado y obsesivo de deseo, avidez y ansias. Como el poeta Terencio dijo en una ocasión: «Cuantas menos esperanzas tengo, más ardiente es mi amor».

Durante esta primera etapa de protesta[3] nos mantenemos en guardia, en un estado alterado similar al de una cría abandonada por su madre. Desesperados y trastornados, sentimos el irreprimible deseo de recuperar el afecto de la persona amada a toda costa, y estamos dispuestos a hacer lo que sea para conseguirlo. Porque el rechazo del ser amado genera en el cerebro humano una actividad parecida a la de un cocainómano buscando como loco la siguiente dosis. El mono del amor es como el mono de la droga, y va acompañado de los mismos impulsos irracionales y destructivos que sienten de pronto los drogadictos, desesperados por meterse un chute, entre rejas.

De alma gemela a alma odiosa

En la literatura una historia sin un final feliz se considera una tragedia. Por desgracia, muchas relaciones de pareja que no consiguen

---

* TED es una organización sin ánimo de lucro dedicada a compartir las ideas dignas de ser difundidas. (*N. de la T.*)

encontrar la olla llena de monedas de oro al final del arcoíris también lo acaban siendo. Los circuitos del cerebro que controlan tanto la recompensa como la furia están muy entrelazados y en cuanto vemos la inutilidad de intentar recuperar el objeto de nuestro afecto, se arma la de San Quintín.

Veamos lo que hizo Christina Reber,[4] una mujer de cuarenta y tres años de Muncie, Indiana, que acaparó la atención nacional a causa de la violenta y salvaje venganza que llevó a cabo contra su novio de cincuenta y siete años después de que él la dejara. Invadida por una rabia del calibre de «no hay nada peor que una mujer despechada», Christina se presentó por las buenas en la casa de su antiguo amante, borracha como una cuba. Fue directa al lugar donde él estaba trabajando en silencio sentado frente al ordenador, le golpeó encarnizadamente la cabeza una y otra vez con sus propias manos y luego, agarrándole el escroto, se lo estrujó con todas sus fuerzas. Él, retorciéndose de dolor, intentó quitársela de encima. Cayeron rodando por el suelo en una sangrienta refriega en la que Christina, implacable, decidida a ensañarse con el hombre al que aparentemente todavía amaba hacía solo unos días atrás, casi le arranca los testículos de cuajo, dejándoselos medio colgando después de que él se deshiciera por fin de sus vengativas garras y corriera al teléfono para llamar desesperado a urgencias. A los pocos minutos llegó la ambulancia y los paramédicos lo transportaron rápidamente al centro médico más cercano, el Ball* Memorial Hospital, cuyo nombre le iba como anillo al dedo, donde recibió enseguida tratamiento médico.

Evidentemente, hay factores psicológicos que hacen que unas personas sean más vulnerables que otras a perder la cabeza hasta tal punto. Sin embargo, dejando de lado las tendencias autodestructivas, la falta de control y el poco juicio, ¿acaso hay alguno de nosotros que no conozca el sentimiento que llevó a esa mujer a actuar como

---

* En inglés «balls» significa «pelotas». (*N. de la T.*)

una enajenada? Me refiero a que nunca haríamos tamaña barbaridad, pero se nos ha pasado por la cabeza alguna vez. La hemos sentido. Nos la hemos imaginado en nuestras fantasías. ¿No es cierto? No creo que yo sea la única. Me refiero a que alguien debió de comprar esos 33 millones y pico de copias de la canción «You Oughta Know» [Al menos debes saber] de mi amiga Alanis Morissette.[5] Una canción que puedes cantar a grito pelado, escupiendo cada palabra como si fuera un puñetazo en la entrepierna, mientras conduces por la autopista a cien por hora cuando nadie puede oírte. «¿Te has olvidado de mí, Don Duplicidad? / Odio molestarte mientras estás cenando / Me sentó como una bofetada la rapidez con la que me reemplazaste / ¿Piensas en mí cuando te la estás f...?»* Caramba, es casi tan liberador como una buena patada donde tú ya sabes. Venga. Admítelo. Será nuestro secreto y no se lo contaré a nadie. En el fondo todas somos unas salvajes.

Pero no te sientas mal, por lo visto está en la naturaleza humana que las personas heridas quieran herir a otras. Como esas crías de animales que se vuelven hipervigilantes al ser abandonadas por su propia madre, nosotros también perdemos un poco la cabeza cuando las figuras principales con las que nos hemos encariñado empiezan a desaparecer de nuestra vida. Las relaciones que mantenemos son nuestro hogar y cuando nos sentimos amenazadas el cerebro se altera un poco y envía una señal para activar la secreción de las hormonas de la lucha o huida, por lo que el cerebro pensante se enlentece justo cuando nuestro impulso de movernos se acele-

> *No hay mayor rabia que la del amor trocado en odio. No hay nada peor que una mujer despechada.*
> WILLIAM CONGREVE

---

* Agradezco en especial a la extraordinaria Alanis Morissette y a su brillante coautora, Glen Ballard, por haberme concedido generosamente el permiso para citar la letra de su canción.

ra. No siempre es una buena combinación. Incluso la persona más sensata puede dejarse llevar por la biología y comportarse de manera extraña.

Rita, una mujer encantadora de treinta y seis años que ejerce de profesora en una escuela de primaria de Kansas, consagrada a formar a buenos ciudadanos enseñando a los niños lo que está bien y lo que está mal, vino a verme una primavera. Con los ojos clavados en el suelo y deshecha en lágrimas me confesó a su pesar que, mortificada por la ruptura, había sentido un día el irreprimible deseo de ir con el coche a altas horas de la noche a la casa de su antiguo novio para confirmar sus sospechas sobre que él ya la había reemplazado por otra. Ahí estaba la prueba. El Honda Accord verde de «su» nueva chica al lado del flamante Mercedes-Benz de color azul oscuro de él aparcado en la calle delante de la casa de su ex. Destrozada y ofuscada por la rabia, Rita se levantó como una flecha del asiento del conductor y, sin pensarlo dos veces, se acercó corriendo al coche de su antiguo novio y volcó toda su rabia en él, rayando con saña con una llave la carrocería y dejando una aparatosa e inconfundible marca para que todo el mundo la viera. Se sintió liberada y poderosa durante veinte segundos, antes de que, volviendo a sus cabales, regresara horrorizada a su coche para salir a toda velocidad del lugar. Le aterraba que la pillaran con las manos en la masa. Sí, por supuesto, él sabría quién le había estropeado el Mercedes Benz. ¡Quién si no iba a ser! La vengativa acción de Rita no hizo como era de esperar que su ex dejara a su nueva chica. Lo más probable es que la pareja se dijera que él había sido muy juicioso al poner tierra de por medio alejándose lo máximo posible de ella. Ahora él la recordaría como la loca perturbada que había rayado su flamante coche. Cuando Rita vino a verme

> *Lo más curioso de la venganza es que puede convertir a una monja en una asesina.*
>
> KEVIS HENDRICKSON

ya llevaba meses sufriendo esa paranoia, sintiéndose de lo más humillada y avergonzada, incapaz de calcular cuántas personas estarían ahora cuchicheando sobre ella a sus espaldas y riéndose por lo perturbada que estaba. Mortificada por su conducta, simplemente no sabía cómo perdonarse a sí misma por habérsele nublado la razón de una forma tan horrible.

Al descubrirnos haciendo y diciendo cosas que jamás habríamos imaginado poder hacer y decir, nos cuesta aceptar esas partes primitivas de nuestro ser. La doctora Fisher viene en nuestra ayuda[6] una vez más para que entendamos nuestro lado salvaje, sugiriendo que la rabia y el odio que nos inspira la persona a la que hace solo unos días amábamos con locura son en realidad una «reliquia evolutiva del pasado», la forma de la naturaleza de ayudarnos a separarnos de esa persona y a cortar por lo sano. Caramba. ¡Qué capacidad tan desmesurada de destrucción!

La mayoría de las personas llamaríamos a un amigo antes de dejar que la situación se nos fuera de las manos. Y el Código de Honor de un Buen Amigo exigirá que él o ella se una a nuestro victimismo y rabia diciendo cosas como: «Es un estúpido. Ni siquiera se merece que derrames una sola lágrima por él». «A mí esa chica nunca me gustó. Olvídate de ella, no es más que una cazafortunas.» O «Es un perdedor y no te llega ni a la suela de los zapatos», insistiendo en menoscabar, subvalorar y

> *Si nos rigiéramos por la ley del ojo por ojo todo el mundo acabaría ciego.*
> MAHATMA GANDHI

descartar a tu antiguo amante y de paso la relación que has mantenido con él, para intentar ayudarte a rehacer tu vida, lo cual a simple vista parece una buena táctica. Sin embargo, avivar las llamas del desdén para olvidarte de tu amor no te dará en el fondo el alivio que anhelas. No es más que un parche, un remedio temporal. Odiar a alguien de quien has estado enamorado para intentar quitártelo de la cabeza es como la práctica medieval de someter a un paciente a una lobotomía para que se le vaya la depresión. Tal vez te funcione momentáneamente el hecho de que el corazón se te endurezca contra el antiguo objeto de tu afecto, pero en ese caso te quedarás con... un corazón frío, cerrado a cal y canto, y duro como una piedra. Y se habrá vuelto así por tu decisión de odiarle.

El precio y las consecuencias de un vínculo negativo

Lo opuesto del amor no es el odio, sino la indiferencia. El odio es un vínculo tan fuerte como el del amor, y transforma en un abrir y cerrar de ojos un vínculo positivo en uno negativo, manteniéndonos tan atados como antes a nuestro antiguo amor. Los vínculos que se establecen en una relación de pareja son un continuo intercambio de energía que nos mantiene interesados, volcados e implicados el uno en el otro, tanto si la relación es positiva como negativa. Son la sinergia emocional que compartimos y que va mucho más allá de las palabras o de la cercanía física. ¿Acaso no te ha ocurrido alguna vez estar pensando en un amigo del que llevas un tiempo sin saber nada y a los cinco minutos de pronto suena el teléfono y descubres que es él? El compositor Claude Debussy dijo en una ocasión: «La música es el espacio entre las notas», y al igual que la música, el vínculo de una relación es la conexión que compartimos entre las palabras. La influencia que ejercemos el uno sobre el otro no desaparece simplemente al devolverle a nuestra expareja la llave de su piso. Y cualquier intento de cortar con ella por despecho no hará más que exacerbar nuestro dolor hasta que este acabe instalándose en nuestro corazón.

Hace poco fui a ver al doctor Louis Cozolino,[7] autor de *The Neuroscience of Human Relationships: Attachment and the Developing Social Brain*, y profesor de psicología en la Universidad Pepperdine, para saber lo que ocurría en el cerebro cuando nos habían destrozado el corazón. Al comienzo de nuestra conversación me dijo que la misión más importante del cerebro es mantenernos a salvo y asegurar nuestra supervivencia. No le importan demasiado nuestras aspiraciones espirituales, nuestros nobles ideales o nuestra autoimagen de persona agradable y afectuosa. Y como el cerebro es un órgano social y está diseñado para mantenerse conectado, no estará dispuesto a abandonar fácilmente un gran apego. En el mundo del cerebro, es mejor tener un vínculo negativo que la muerte existencial de no tener ninguno. Por eso, aun sabiendo en el fondo que lo mejor es dejar a tu pareja, aunque los días malos compartidos sean tan numerosos como los buenos, y aunque las mentiras entre vosotros te estén haciendo enfermar en el sentido literal del término, el cerebro sigue aferrándose a la relación.

> *El odio de los amantes es más fuerte que su amor. Incurables son las heridas que les deja.*
> EURÍPIDES

En un estudio reciente llevado a cabo en la UCLA,[8] la doctora Naomi Eisenberger y el doctor Matthew Lieberman descubrieron que el rechazo de la persona amada activa el mismo estado de alerta en el cerebro que una amenaza primitiva. Nos recuerda que hace mucho tiempo formar parte de una tribu era esencial para sobrevivir y que la expulsión del clan significaba casi siempre una muerte certera. Tú y yo lo hemos experimentado en la sensación lacerante de pánico que nos invade de pronto, haciendo que el corazón nos martillee en el pecho, cuando nuestra pareja nos amenaza con dejarnos; creemos que no sobreviviremos a la ruptura del terror que nos produce. Y, sin embargo, en cuanto el sufrimiento de seguir con la relación es más fuerte que el miedo a dejarla y decidimos romper, el cerebro sigue aferrándose a la relación de distintas maneras.

Una forma de intentarlo es por medio de una separación tremendamente conflictiva y desagradable en la que la pareja se alimenta mutuamente con una dieta de hostilidad y desdén, comportándose cada vez con una actitud más barriobajera, con uno de los miembros, o los dos, obsesionados con ganar o vengarse, o con ambas cosas. Esta relación negativa puede durar toda la vida si uno le da carta blanca a su cerebro. La exmujer de un hombre al que yo conocía nunca llegó a superar que él la hubiera dejado por otra hacía ya diecisiete años. Ferviente católica, siempre había supuesto que el matrimonio era para toda la vida. Al dar a luz a sus tres hijos creyó que tenía derecho a todo el dinero que él ganaba antes y después del divorcio, y se convirtió en la misión de su vida sacarle el máximo posible. Incluso después de divorciarse estuvo durante años pegada al ordenador noche tras noche investigando los últimos negocios de su ex, para calcular cuánto dinero le correspondía. Siempre había algún abogado ávido de dinero dispuesto a llevarlo a los tribunales contratado por ella, y cuando le conocí a él aún seguía sin librarse de la persecución de su antigua esposa, que no había dejado de acosarle desde la noche que la dejó, y de eso hacía ya dos décadas. Como ella no había rehecho nunca su vida de manera significativa, ya no era ni sombra de lo que había sido. Sin amigas y sin otra fuente de ingresos que el dinero que lograba sacarle a su exmarido, no hacía otra cosa en la vida que alimentar obsesivamente aquel vínculo negativo.

> *Nada inspira*
> *tanto el perdón como*
> *la venganza.*
> SCOTT ADAMS

Otra forma de mantener una conexión llena de resentimiento en nuestra psique es, irónicamente, cortándola demasiado aprisa. Dominado por el furioso impulso de cortar por lo sano, tal vez sientas la tentación de intentar arrojar de golpe a tu pareja de tu corazón y de tu alma. Esta puede ser la manera más cruel y fría de terminar una relación. Al cortar el vínculo con tanta brutalidad, la persona con la que has cortado se siente como si estuviera allí tendida desangrándose hasta la muerte. Son la clase de rupturas desagradables que pueden provocar el llamado «síndrome del corazón roto»,[9] en el que el corazón físico se queda tan aturdido que se comporta como si estuviera sufriendo un infarto. Incluso ha habido algunos casos en los que una persona tras levantarse sorprendida al oír la noticia, ha caído fulminada al suelo muriendo en el acto del profundo impacto y dolor causado por el súbito final de una relación. Al destruir un miembro de la pareja la relación, a menudo sin avisar o ante las fuertes protestas del otro cónyuge, la persona abandonada se siente como si estuviera hueca por dentro. Ahora le espera además la morbosa tarea de intentar por sus propios medios aceptar el final de la relación. Conmocionada, intenta descubrir obsesivamente por qué se ha acabado el amor repasando una y otra vez cada pequeño detalle hasta el pavoroso momento de la ruptura.

Janet, una paciente mía, tuvo esta clase de experiencia a los cuarenta y pico. El chico con el que llevaba tres años saliendo, un hombre casado que la había estado persiguiendo con tesón y prometido en numerosas ocasiones que pronto dejaría a su mujer, cambió de repente de parecer en cuanto su mujer descubrió el *affaire*. Sin embargo, en lugar de explicarle su decisión de rehacer su matrimonio como era de esperar, la tomó con Janet. La llamó y, en un tono de voz frío y despiadado, la acusó de haberlo seducido y manipulado para que tuviera una aventura con ella, distorsionando totalmente lo que había sucedido. Proyectando sus propios defectos en ella, la acusó de ser una seductora sin escrúpulos y no dudó en usarla como chivo expiatorio para proteger su imagen de hombre bueno y honorable y recuperar a su mujer. Profundamente traumatizada y sintiéndose como la víctima de un crimen, Janet tuvo que cargar con la penosa tarea de sacar toda la metralla de su psique durante meses. Porque en su corazón helado ya no cobijaba los recuerdos felices que compartieron, sino el momento horrible y pavoroso que la había dejado traumatizada: la espantosa conversación que la mantenía atrapada en las partes más abusivas y feas del amor. Por eso, durante más de un año estuvo sin apenas poder comer o dormir, y se le revolvía el estómago solo con pensar en volver a amar a otro hombre.

Estos son los peligros de una separación *inconsciente* que tantas personas conocen demasiado bien. Ya que el comportamiento primitivo y protector que adoptamos cuando una relación se acaba para que nuestro corazón no sufra es lo que al final hace que se calcifique hasta volverse duro como una piedra.

Los riesgos de esperar que tu corazón roto se cure con el tiempo

Si te sientes unido a tu pareja hasta el punto de haber entrelazado tu identidad con la suya, sentirás el irrefrenable deseo de sacártela de dentro lo antes posible, simplemente porque de pronto ya no deseas llevarla contigo. La ruptura exterior tal vez sea rápida, pero la interior raras veces lo es. Es como si intentaras desenredar un mechón de pelo. Tu psique está tan interconectada con la de tu pareja que parece casi imposible poder separarlas. ¿Qué opinión es tuya? ¿Qué creencia es suya? ¿Qué objetivo quieres tú alcanzar o abandonar? Todas estas cosas cuesta dilucidarlas. Como si te estuvieras moviendo por una casa llena a rebosar de libros usados y con las esquinas dobladas, de adornitos y de muebles hechos a medida, ahora tienes que ir separando cada elemento de tu psique para reclamar tu autonomía y reinventar tu vida.

> *Antes de levantar un muro*
> *me gustaría saber*
> *qué es lo que se queda*
> *a un lado y a otro.*
> ROBERT FROST

Cuando tenía ventiún años, viví en el centro de Greenwich Village, trabajando de camarera, cantando en cabarets locales y deseando ser descubierta como la siguiente Edith Piaf. Una de mis preferidas[10] de todas las épocas es la canción escrita por Jerry Herman y popularizada por la gran Barbara Cook. Se titulaba «El tiempo lo cura todo» y me encantaba acariciar su letra aterciopelada como si fuera una oda sagrada dedicada a la nostalgia. Un lamento que concluía con la triste aceptación de que el tiempo lo cura todo... «pero amándote».

Sabía perfectamente de qué iba la canción. Al haber sufrido durante años por un desengaño amoroso y haberme apegado al dolor prolongado y sin asimilar de una infancia más bien caótica y desconcertante, repleta de una infinidad de pérdidas, acabé tejiendo un ambiente de sufrimiento a mi alrededor como un manto grueso y pesado. La gente me comentaba la tristeza que asomaba en mis ojos, pese a mis numerosos intentos de ocultarla. Sé por experiencia propia que hasta que no nos volquemos en la absorbente tarea de curar nuestro corazón y demos los pasos para iniciar el proceso alquímico de transmutar la situación en algo bello, el sufrimiento atroz del desamor puede robarnos, y a menudo lo hará, años de felicidad de nuestra vida, al igual que una grave enfermedad o un agudo dolor físico.

Una pérdida mal llevada y el corazón mal curado que acarrea pueden hacer de ti una víctima del lado más oscuro del amor para siempre y abocarte a una vida menos rica con una capacidad reducida de amar[11]

> *Siempre están diciendo que el tiempo lo cura todo, pero en realidad eres tú quien lo debe hacer.*
> ANDY WARHOL

y de ser amado. En la comunidad terapéutica hay un movimiento[12] para conseguir que el Trastorno por Duelo Prolongado, también referido como Duelo Complicado, se incluya en el *Manual de diagnóstico y estadístico de los trastornos mentales* (DSM, por sus siglas en inglés). El Duelo Complicado es descrito por la Clínica Mayo[13] como un estado alterado de duelo crónico, caracterizado por embotamiento, nostalgia intensa, irritabilidad, pérdida de sentido de la vida, depresión y falta de confianza en los demás. Significa quedarte atascado en el cenagal de un arrepentimiento, pesar y vergüenza persistentes, donde la vida está tan vacía de alegría como lo está de esperanza de que las cosas lleguen a mejorar algún día. Eres vulnerable a sufrir un Duelo Prolongado si has sido proclive a la ansiedad y la depresión, o si la ruptura te chocó y tomó por sorpresa. También te puede pasar si la forma en que se estropearon las cosas entre tú y tu ex confirma tus peores miedos sobre ti, o si el síndrome te viene de pérdidas no resueltas que sufriste en la vida. Mientras que algunas personas son más vulnerables que otras en cuanto a sufrirlo, todos corremos un pequeño riesgo de que nos suceda, ya que una ruptura puede partirnos el alma en mil pedazos con la misma fuerza con la que nos rompe el corazón.

Al contrario de lo que se cree, el tiempo no cura todas las heridas. Somos nosotros quienes lo hacemos. Debes ocuparte de tu corazón roto[14] con el mismo esmero que pondrías en cuidar tu pierna rota si este fuera el caso. Imagínate por unos momentos que te has roto el fémur y que estás tendido en una camilla sin poder levantarte, retorciéndote y gimiendo de dolor. La doctora le echa una ojeada a la lesión, con la radiografía de la fractura en la mano, y ladeando la cabeza te dice amablemente: «Y ahora a esperar a que se cure. En unos días ya te sentirás mejor». Un corazón roto, como una pierna rota, necesita recibir muchos cuidados para sanar como es debido. A no ser, claro está, que no te importe que te quede un poco torcido, demasiado cerrado y a la defensiva, y que tienda a romperse de nuevo a la mínima de cambio. Equivaldría a cojear el resto de tu vida y que la pierna te duela cada vez que va a llover.

Tal vez sientas que el dolor de la ruptura te va a matar. No te preocupes, te aseguro que si has tenido el acierto de elegir este libro y de leerlo hasta aquí, no te ocurrirá. Pero si te cierras en banda y pierdes las ganas de vivir, usando el desengaño amoroso como excusa para no volver a amar a nadie nunca más, renunciando a tus esperanzas y levantando un muro para que no vuelvan a hacerte daño de esa manera, ya puedes unirte al grupo de los muertos vivientes. Perder a tu pareja no significa que también tengas que perderte a ti.

¿Qué cosas buenas aporta una mala ruptura?

Reconozco que, debido al calvario por el que estás pasando, soltarte unas cuantas palabras para animarte explicándote cómo puedes transformar la ruptura en un gran avance —o convertir tu trauma en triunfo— es una cuestión muy delicada. Las fuertes emociones que ahora te están invadiendo, junto con las terroríficas y gigantescas olas de un mar embravecido —desesperanza, odio, desesperación, tristeza y amargura—, haciéndote dar vueltas y más vueltas y arrojándote con furia contra las rocas una y otra vez, no son para tomárselas a broma.

Sin embargo, aquí viene la parte que me gustaría recalcar. Te ruego que no la olvides, pues aunque esta experiencia sea una de las más dolorosas de tu vida, también te permitirá experimentar un despertar tan profundo que nada tendrá que ver con los que hayas vivido en el pasado. Si te encuentras en el centro de la tormenta, lo que te acabo de decir tal vez te parezca un premio de poca monta y no lo que tú realmente quieres. Pero te aseguro que a medida que sigas adelante con tu vida, esta observación te será muy útil.

Lo bueno de una ruptura es que la

> *Cuando te topas con una de esas personas que están como vacías por dentro, te preguntas: «¿Qué diablos le ha ocurrido?» Pues lo que le ha ocurrido es que la vida la llevó a una encrucijada, obligándola a ir a la izquierda o a la derecha.*
> *Y en esos momentos no puedes ser un gallina.*
>
> SANDRA OH ENCARNANDO A PATTI, EN *BAJO EL SOL DE LA TOSCANA*

☙

43

vida, que no se anda con miramientos, te ha obligado a hincar las rodillas en el suelo. Tu desengaño amoroso te ha dejado totalmente aturdido, haciendo aflorar con furia de las grietas de tu psique todas las mentiras con las que has vivido. Cada miedo que has metido bajo la alfombra, minimizado o negado, ahora te está plantando cara para que lo resuelvas. Ahora ha salido a la luz cada forma en la que has renunciado a tu poder, en la que no has escuchado tu intuición, en la que has antepuesto las necesidades de otro a las tuyas, en la que te has sumergido en una historia de victimización o conformado con menos de lo que te correspondía. Ya no tienes donde esconderte. La vida te ha hecho sacar todo lo que llevabas dentro y te está obligando violentamente y de forma despiadada a evolucionar, a desarrollarte y a crecer. Según las palabras inmortales[15] del gran Leonard Cohen: «En todo hay una grieta. / Así es como entra la luz».

La única forma de superar el dolor de haber perdido la atención y el cariño de la persona amada es usar el dolor acuciante y lacerante del desamor para catalizar tu propio despertar y animarte a convertirte en la persona que estás destinada a ser. Tanto si dejaste a tu pareja como si te dejó ella a ti, si rompisteis hace cinco minutos, cinco meses o cinco años, este libro te ayudará a verlo todo desde una cierta distancia y a llevarte sano y salvo a la nueva y maravillosa vida que te está esperando al final de esas tinieblas.

3

Una nueva posibilidad: la Separación Consciente

Hemos decidido separarnos con el corazón lleno de tristeza...[1]
hemos llegado a la conclusión de que aunque nos queramos mucho, ya no
viviremos juntos. Pero somos y siempre seguiremos siendo una familia
y en muchos sentidos ahora estamos más unidos que nunca.

GWYNETH PALTROW Y CHRIS MARTIN

El término *Separación Consciente* entró a formar parte del léxico de la conciencia global después del comunicado ofrecido por una bella actriz y su talentoso marido músico, que lo usaron para hacer pública su intención de separarse. Siempre les estaré profundamente agradecida por ello. A las veinticuatro horas, millones de personas estaban hablando de cómo hacer que sus relaciones de pareja fueran más conscientes y de cómo podían mejorar la forma antagonista y conflictiva de terminar una relación que hemos acabado aceptando como la norma.

Por aquel entonces me encontraba en el corazón del bosque tropical de Costa Rica en un retiro de escritura autoimpuesto para trabajar en la propuesta de este libro. El libro (que desde entonces se convirtió en *esta* obra) compartiría el proceso de la Separación Consciente, que había estado desarrollando y enseñando a miles de personas desde 2009, sobre cómo terminar una relación de pareja con dignidad. Durante años, al igual que muchos colegas míos, había estado reflexionando largo y tendido sobre hasta qué punto un cambio de paradigma en este campo no solo era posible sino, también, muy necesario.

Aunque fui al lugar más remoto que pude encontrar para reducir las distracciones el máximo posible, en nuestro mundo virtual hay muy pocos sitios donde escondernos. A las pocas horas de hacerse público el comunicado me descubrí plantada en una habitación diminuta que era poco más que un armario, hablando por el único teléfono fijo del que disponía el centro de retiro para los huéspedes, con periodistas de todas las partes del mundo que, uno tras otro, querían saber la respuesta a una pregunta muy sencilla:

¿Qué diablos es una Separación Consciente?

Esto fue lo que les dije: una Separación Consciente es una ruptura o divorcio caracterizado por una cantidad tremenda de buena voluntad, generosidad y respeto, en el que la pareja que se separa intenta hacerse el mínimo daño posible el uno al otro, así como a sus hijos (si es que tiene alguno), y procura, además, crear acuerdos y estructuras nuevos concebidos para que todos los implicados puedan ganar, progresar y crecer a partir de ese momento.

Las Separaciones Conscientes se conocen sobre todo por los abundantes actos de bondad, los gestos generosos de amabilidad y los esfuerzos genuinos para hacer lo correcto por las razones correctas que se dan en ellas. Es decir, son una ruptura que consigue superar, desafiar e incluso vencer los impulsos inconscientes, primitivos y biológicos que podamos sentir de atacar, castigar, vengarnos o herir al que nos ha herido.

Te aseguro que es más fácil decirlo que hacerlo.

Por lo que se ha descubierto hasta ahora, el cerebro no es un gran fan de reconfigurar nuestras relaciones más importantes. En mi reciente encuentro con el doctor Louis Cozolino, en su acogedor consultorio en Beverly Hills, con las paredes forradas de libros y una montaña de artículos y publicaciones científicas sobre el escritorio, tuve la oportunidad de preguntarle qué le ocurría a nuestro cerebro para empujar a la persona más dulce del mundo a convertirse de súbito en un depredador despiadado. El atractivo doctor, que es la viva imagen del actor Harry Hamlin, hasta en el corte de pelo estilo *spiky*, se acomodó en la silla y se dispuso a explicármelo. A diferencia del páncreas, los riñones o el hígado, el cerebro, que se ha ido desarrollando a lo largo de millones de años, es en realidad un órgano social para conectar con los cerebros de las personas que nos rodean. El circuito del apego hace[2] que nuestros cerebros se conecten para convertirse en un sistema interactivo que, además de otras funciones, sirve para regular los estados de ánimo y las emociones. En el mundo de la neurociencia esto se llama «socioestasis», y es la razón por la que podemos volvernos tan dependientes de nuestros amantes e incluso adictos a ellos. Es decir, la razón de ser de cualquier apego es la regulación del miedo, y nuestras relaciones más estrechas nos sirven para calmarnos cuando corremos peligro de perder el control.

Después, para demostrarme[3] cómo funciona el proceso compartió conmigo una historia de una pelea entre dos chimpancés y me explicó que los chimpancés se pelean hasta la muerte. Cuando es evidente que un chimpancé está perdiendo, el chimpancé beta, para salvar el pellejo, suele ir corriendo hacia una madre que esté cerca para arrancarle la cría de los brazos y arrojársela a la cara a su encolerizado enemigo. De inmediato, al ver a la cría, el nivel de testosterona del chimpancé alfa cae en picado y se tranquiliza, por lo que se reduce la posibilidad de que el chimpancé beta muera en la lucha. En ese momento la cría de chimpancé ha regulado las emociones del alfa.

Vaya, me digo a mí misma, esto explica por qué incluso después de que un amante haya sido abusivo y cruel con nosotras, el rostro que más queremos ver es el suyo, desesperadas por verle, como un heroinómano muriéndose de ganas de recibir un chute. Injustamente, la naturaleza parece habernos diseñado para que la persona que más puede calmarnos de todo el mundo cuando estamos aterrados sea por desgracia la misma que nos aterroriza. También estoy empezando a comprender por qué perdemos la cabeza durante una ruptura, con tornados de emociones terroríficas arrastrándonos de aquí para allá, amenazándonos con vaciarnos de sentido común y de cordura hasta dejarnos secos. La ruptura de una relación nos arroja a un estado intensísimo de miedo en el que nuestra capacidad para regular las emociones disminuye, porque todavía no nos hemos adaptado a las nuevas circunstancias encontrando otras formas de sosegarnos para no caer en una crisis.

Todos sabemos que en cuanto dejamos que el miedo se apodere de nosotros y se instale en el asiento del conductor de nuestra vida, podemos decir y hacer cosas de lo más absurdas y destructivas. El miedo nos convierte simple y llanamente en estúpidos. Justo cuando más necesitamos tener la cabeza clara para tomar algunas decisiones de extrema importancia, con las consecuencias de las cuales tendremos que vivir muchos años, nuestro cerebro está programado para no pensar demasiado.

Al entenderlo, todavía sentí un mayor respeto por las personas que deciden separarse de manera consciente. Por intentar superar los impulsos inducidos por el sistema límbico del cerebro de querer quemar la casa hasta los cimientos, hacer añicos toda la porcelana o donar los caros trajes de su ex a una oenegé, y en su lugar decidir actuar con sensatez y tomar decisiones sanas más afines a su conciencia que provienen de la corteza cerebral, la parte racional del cerebro. Es la parte que controla nuestro deseo compulsivo de actuar como un animal en peligro, herido y enloquecido, para asegurarse que nos sea incluso posible reaccionar de tal modo que nuestros valores éticos triunfen por encima de nuestras emociones.

La Separación Consciente de Dianna y Brian

Para comprender en qué consiste una Separación Consciente, pacífica e ideal, he desarrollado un proceso de cinco pasos que nos ayuda a movernos por el espinoso terreno de una ruptura sentimental y que nos lleva sanos y salvos al otro lado de la separación con el corazón, la psique y el alma intactos. La tarea consiste en aprovechar el tremendo dolor del desamor y usarlo para evolucionar más allá de nuestros antiguos y dolorosos hábitos amorosos, y tomar conciencia de nuestro poder para recrear nuestra vida y hacer que sea incluso más maravillosa que antes. Al ser arrojados a un pozo de un sufrimiento indescriptible, se nos está ofreciendo una alternativa aterradora. ¿Nos hundiremos o aprenderemos a nadar?

Dianna aprendió a nadar. Aunque al comienzo de nuestro viaje yo no estaba segura de hacia qué dirección iría.

Lo primero que advertí de Dianna, una atractiva abogada de cuarenta y pico años especializada en bienes inmuebles, mientras hojeaba con impaciencia la revista *People* en la sala de espera de mi consulta, fue el bello traje de lana azul marino que llevaba. Y lo segundo, la ira de sus ojos cuando alzó la cabeza para saludarme. En cuanto entró en mi consulta y cerré la puerta tras ella, se le suavizó la cara de golpe reflejando una expresión tristísima de dolor y confusión. Empezó a contarme su historia enseguida, sin darme apenas tiempo a sentarme. Brian, su marido, aspirante a cineasta y el principal cuidador de Stephanie, la hija de cuatro años que tenían en común, se había liado con otra mujer. Unos días antes le había comunicado que iba a dejarla por ese nuevo amor. Era evidente que quería el divorcio.

Dianna se quedó impactada y furiosa. Durante años había ayudado económicamente a Brian trabajando muchas horas como abogada mientras él perseveraba en su «carrera inexistente de cineasta». No estaba preparada para la intensidad de su furia, lo injusta e insultante que era la situación la estaba consumiendo viva. Fantaseaba sin querer con echarle lejía en la ropa, con hackearle el ordenador para eliminar y destruir sus guiones de películas, y con conducir hasta la casa de su amante para romperle todas las ventanas de su casa. Se sentía aterrada por tener esos sentimientos y en el fondo hasta se daba miedo a sí misma, porque si él la seguía provocando podía llegar a perder el control y acabar haciendo un disparate. Al principio reaccionó a esos sentimientos contratando a un agresivo abogado, el cual le aseguró que Brian ya no le daría más problemas aparte de los que ya le había dado en su matrimonio. Sin embargo, haciendo una pausa para respirar hondo, me confesó mirándome a los ojos que no quería comportarse de una forma tan hostil y odiosa como sus padres habían hecho al divorciarse treinta años atrás, una conducta que sazonó su infancia con periodos de profunda depresión y desesperanza.

Juntas, empezamos a analizar el dolor y a pensar en algunas cuestiones para intentar adquirir una cierta perspectiva. ¿Cómo le afectaría a Stephanie descubrirse en medio de sus padres enfurecidos sin saber de qué lado ponerse? Si Dianna actuaba vengativamente dejándose llevar por sus impulsos, ¿qué efecto tendrían sus furibundas acciones sobre cualquier relación futura de pareja que decidiera mantener? ¿Quería de verdad darle a Brian y a su amante el poder para determinar la clase de ser humano en que ella se convertiría? Dadas las circunstancias, y teniendo en cuenta que no parecían que fuesen a cambiar, ¿cuál podía ser el mejor resultado para todos los implicados?

Nos pusimos manos a la obra. Empezamos con el primer paso del proceso de la Separación Consciente: «Encuentra la libertad emocional», que le enseñó a aprovechar la intensidad de las difíciles emociones que sentía y a transformar su impulso *destructivo* de hacer daño en las energías *constructivas* de un cambio positivo y duradero. Esas energías constructivas le ayudarían a catalizar su propio crecimiento interior más allá de la mujer que había sido en su relación con Brian: insegura, complaciente, abnegada y excesivamente generosa como un modo de demostrar su propia valía.

Al desprenderse de su rabia enconada y ablandársele el corazón, sintió un dolor tan profundo que creyó que iba a ahogarse en él, y tras un largo silencio cargado de significado, admitió que esa tristeza no era nueva. Ya la había sentido mucho antes de conocer incluso a su marido. Al haber crecido con una madre alcohólica que apenas le dirigía la palabra, por más bien que se portara en casa o por más que intentara complacerla o sacar buenas notas en el colegio, Dianna conocía demasiado bien el dolor de vivir con una falta de cuidados crónica y de tener que arreglárselas sola. Decidió usar esta crisis para dejar atrás el hábito antiguo y doloroso de sentirse sola en la vida y utilizar la ruptura como catalizador para empezar de nuevo.

Después iniciamos el segundo paso: «Recupera tu poder y tu vida», para que dejara de cavilar obsesivamente acerca de todas las cosas ofensivas que Brian le había hecho y se centrara en sí misma, a fin de descubrir qué papel había desempeñado en lo que había sucedido entre ellos, lo cual no era fácil de hacer. Sin embargo, reconoció que si esperaba enamorarse en el futuro, debía entender el papel que había desempeñado en el deterioro de su relación para evitar que le ocurriera algo parecido nunca más.

> *No quiero la paz que sobrepasa todo entendimiento. Quiero el entendimiento que da paz.*
> HELEN KELLER

Dianna me confesó tímidamente que antes de la ruptura Brian le había estado pidiendo durante dos años que fueran a ver a un terapeuta matrimonial, quejándose de lo frustrante que era que ella trabajara tantas horas. Pero en aquella época estaba demasiado ocupada como para plantearse recurrir a un terapeuta. Empezó a ver la relación entre la falta de cuidados sufridos de niña y la negligencia con la que había estado actuando con su marido y su hija. Aunque fue doloroso admitirlo, enfrentarse a esa verdad la liberó para poder hacer varios cambios importantes en su vida. También le ayudó a comprender las complejidades de lo ocurrido en lugar de conformarse con la media verdad de una historia de victimización que podría hacer que desconfiara de una futura pareja.

Después pasamos al tercer paso: «Deja atrás los hábitos, cura tu corazón», analizándolo todo para descubrir la «herida de la fractura original» de Dianna, la primera vez que le rompieron el corazón, lo cual sucedió durante el divorcio de sus padres al dejarla emocionalmente sin un hogar y sentirse ella de lo más desplazada. Juntas, hicimos que tomara conciencia de la historia que había creado en respuesta a esa experiencia: «Estoy sola», «Los hombres siempre me dejan» y «Nunca puedo recibir lo que realmente necesito de los demás». Tomando distancia, como si contemplara su vida en una película, intentó descubrir cómo sin darse cuenta había estado repitiendo esa triste historia desde entonces. Se sorprendió al ver las numerosas formas encubiertas en las que había estado pensando y actuando que hacía que a los demás les resultara muy difícil poder entrar en su mundo. Dianna se enorgullecía de ser autosuficiente. Como mujer que disfrutaba siendo independiente, raras veces pedía ayuda, y a menudo no la aceptaba ni siquiera cuando se la ofrecían. Le incomodaba compartir sus sentimientos y proyectaba la imagen de tenerlo todo resuelto, como si no necesitara nada de nadie. En cuanto vio que era responsable de su decepcionante historia de amor, se percató de que también era sin duda la creadora de su profunda soledad en la vida.

Dianna se propuso dejar atrás ese doloroso hábito y empezó a hacerlo cuestionándose sus antiguas creencias. Admitió que tenía una gran capacidad y deseo de intimidad y amor. Decidió que las pérdidas del pasado no determinarían lo que era posible en el futuro, y empezó a reconocer nuevas formas de relacionarse que le permitieran crear una historia distinta. Comenzó a actuar de un modo que favorecía el mantener relaciones felices y sanas con todas las personas de su vida: compañeros de trabajo, familiares y amigos, incluyendo a Brian, porque después de todo era el único padre que Stephanie tendría.

Al iniciar el cuarto paso: «Conviértete en un alquimista del amor», aprendió a eliminar cualquier vestigio de resentimiento, responsabilizándose de cómo le afectó a Brian cuando estaban juntos que ella apenas estuviera pendiente de él. Aunque Dianna no podía culparse por la decisión destructiva que él había tomado como respuesta, admitió, ablandándosele el corazón, que su propia conducta había hecho sufrir mucho a Brian. Y al reconocer generosamente sus errores, le inspiró a imitarla asumiendo la forma inmadura e hiriente en la que él se había separado. Profundamente arrepentido, admitió el efecto negativo que había ejercido sobre ella y Stephanie.

Dianna descubrió que ya no quería que la infidelidad de Brian caracterizara la conexión entre ambos. En lugar de castigarlo por elegir a otra mujer por encima de ella, decidió mostrar su buena voluntad regalándole una suma de dinero para agradecerle los años que habían estado juntos y por la preciosidad de hija que le había dado. Le escribió una amable nota diciéndole que le perdonaba y que esperaba que él hiciera lo mismo con ella, sugiriéndole que tal vez quisiera usar el dinero para terminar el cortometraje que había dejado aparcado durante la

> *El amor perdido sigue siendo amor, lo que ocurre es que toma otra forma.*
> MITCH ALBOM

agitada etapa de la separación. Asombrado, lo aceptó agradecido y usó el dinero para lo que Dianna le había sugerido. Fue el filme que le lanzó en su carrera como cineasta.

Brian, abrumado y emocionado por la bondad de Dianna, intentó corresponderle a su vez. Reorganizó su agenda para seguir ocupándose de Stephanie cada tarde, de modo que ella se ahorraría los gastos de contratar a una canguro. La rutina de que su padre la fuera a recoger al colegio cada día le dio a la niña una mayor sensación de cohesión, ya que de esta manera podía pasar un rato con él por lo menos cinco días a la semana. Fue el primero de los numerosos intercambios positivos y bondadosos que desde entonces han caracterizado la relación entre Dianna y Brian.

Gracias a esos gestos y a otros sugeridos en el quinto paso: «Crea tu "y vivieron felices *incluso* después de separarse"», que ayuda a restablecer una sensación de bienestar en la comunidad extendida de familiares y amigos, Stephanie se mueve ahora entre sus dos hogares con un cálido sentimiento de cordialidad y un sentido expandido de familia, el resultado que uno aspira a obtener en una Separación Consciente.

Si bien no es necesario que todas estas historias acaben con un nuevo amor para tener un final feliz, me alegra decir que los esfuerzos de Dianna fueron recompensados con el afecto de un hombre bueno y cariñoso que la hace muy dichosa. A raíz de su ruptura, ella vive ahora estando más presente, despierta y consciente, y además ha comprendido la atención y los cuidados que requiere una relación de pareja para mantenerla viva y fuerte. Por más sencillo que parezca, es algo que antes no sabía. También ha aprendido a ocuparse de sus necesidades y sentimientos más profundos y ya ha dejado de ser demasiado generosa como una forma de demostrar su propia valía a los demás. En lugar de trabajar día y noche para apoyar los sueños y las aspiraciones creativas de los demás, como hizo con Brian cuando estaban casados, ahora da prioridad a sus propias aspiraciones creativas y en la actualidad está escribiendo su primera novela. Dianna lleva una vida mucho más auténtica y equilibrada que antes y se siente muy agradecida por ello.

Las lecciones del amor pueden ser muy caras y el precio de la sabiduría es muy elevado. Sin embargo, estos tutoriales que empezaron siendo tan desagradables contienen las semillas de un gran potencial para liberarnos de tal modo que nos permita llevar una vida más auténtica y significativa. La doctora Ginette Paris,[4] psicóloga junguiana y autora del delicioso libro *Roto. El desamor como un fenómeno emocional y biológico*, nos recuerda que «el único dolor eludible es el de vivir con el corazón cautivo». Si bien el sufrimiento es inevitable en la vida, sin duda podemos evitar ser prisioneros de la pérdida al decidir transformarla en algo hermoso. Tal es la oportunidad de un corazón roto.

> *Si estamos dispuestos a dirigirnos sin miedo y con ternura al crisol de un final doloroso, descubriremos esperándonos allí regalos que nunca habríamos recibido de haber seguido aferrándonos a la seguridad de lo conocido.*
>
> CRAIG HAMILTON

La práctica de la generosidad, la buena voluntad y la cortesía

El maestro budista Ken McLeod habla sobre el concepto del karma,[5] algo que muchos buscadores espirituales interpretan como la causa y el efecto de nuestras acciones. Si piso el pedal del acelerador, el coche aumenta de velocidad. Si asalto a alguien, puede que me golpee al intentar defenderse. O que la vida encuentre el modo de igualar las cosas haciendo quizá que tenga un topetazo esa noche con el coche o que me roben el monedero la próxima vez que vaya al mercado. Nos motiva a portarnos bien simplemente porque no queremos crear «mal karma» y ser castigados por nuestros actos egoístas e inmaduros. Esta interpretación del karma no incluye, sin embargo, matices que se pierden fácilmente al traducir la palabra a otro idioma, y el sistema de creencias de una cultura al de otra.

En la lengua tibetana la palabra «karma», *las.rgyu.abras*, significa literalmente «acción-semilla-resultados». Ken McLeod explica que los tibetanos suelen unir dos o tres palabras para definir ideas abstractas, como al combinar las palabras «cerca» y «lejos» para explicar el concepto de distancia, o «grande» y «pequeño» para representar el concepto de tamaño. El karma, como se definió en un principio, significa que cada acción que hacemos es como plantar una semilla que crecerá hasta dar un resultado determinado. Más que causa y efecto, el karma es la idea de que nuestras acciones harán que con el paso del tiempo nuestra vida tome una dirección en particular. Durante una ruptura amorosa, cuando nuestra biología nos empuja a actuar de manera irreflexiva, el reto consiste en no caer en la tentación de plantar semillas de mala voluntad y venganza: acciones que podrían crecer en frutos amargos que nos veríamos obligados a consumir durante muchos años. En su lugar, queremos plantar semillas de perdón, de buena voluntad y generosidad, de ese modo con el paso del tiempo nuestras acciones generarán una abundancia de riquezas para nosotros y para nuestros seres queridos. Cada acción que hagas, cada decisión que tomes, fructificará en algo en tu vida y en tu mundo. Las acciones y las decisiones conscientes tal vez no te den el subidón eufórico propio de la venganza, pero tampoco harán que crezca la venenosa adelfa en el jardín de tu casa. Sin embargo, te crearán una vida llena de abundancia y belleza.

La finalidad de la Separación Consciente no es necesariamente la restauración de la justicia, el resarcimiento por el daño sufrido o

> *Prefiero tener ojos que no puedan ver, oídos que no puedan oír y labios que no puedan hablar, antes que un corazón que no pueda amar.*
>
> ROBERT TIZON

la confirmación de tener la razón, sino ser libre. Y seguir adelante lleno de fuerza para crear una vida feliz, saludable y sobre todo buena, para ti y para los tuyos. Por eso intentamos transformar todo lo feo y podrido en abono orgánico, para que crezca de él una vida maravillosa. En respuesta a la espiral tóxica creada por el entrelazamiento de dos cerebros del sistema límbico, buscamos la manera de interrumpir y redirigir el empuje que va cobrando la energía de las palabras y las acciones airadas y reactivas. Y no hay acción más poderosa para lograr que las cosas tomen una dirección armoniosa que un gesto de auténtica generosidad. Ya que un gesto generoso es como verter agua fresca y cristalina en las ardientes brasas del dolor y el resentimiento, evitando a menudo un fuego que podría haber hecho que la casa ardiera hasta los cimientos como si nada, y devolviendo el mando a la corteza cerebral, la parte del cerebro con la que debemos actuar para proteger la seguridad y el bienestar de todos los implicados. Aunque la mayoría no podamos regalar una gran suma de dinero como hizo Dianna, podemos ofrecer un gesto de bondad tierno y sincero al despedirnos de nuestra expareja, para que los dos tomemos la dirección adecuada.

Al decidir ser generosos ante un gran sufrimiento y pérdida descubriremos lo mejor de quienes somos. La palabra «generoso»[6] tiene la misma raíz que «génesis» y «generar»: *gen* significa «dar a luz». Un gesto generoso engendra una nueva vida, crea comienzos maravillosos y nos libera del ciclo de la reactividad y las represalias. Lo cual no debe confundirse con una generosidad motivada por la codependencia que no espera más que obtener algo a cambio, ya sea aprobación, validación, seguridad o amor. Un acto de generosidad no pide nada a cambio. Es una ofrenda al universo motivada únicamente por el amor, un simple acto de bondad que reafirma la delicia de la vida, incluso ante el sufrimiento y la decepción.

Una forma de ser generosos sería el simple gesto de ofrecerle nuestros buenos deseos a nuestra expareja. Como las rupturas suelen acabar con palabrotas de rabia saliendo de nuestros labios y de nuestros corazones, despedirnos deseándonos lo mejor es de lo más emocionante.

Doju y Lucio llevaban casados treinta años cuando ella le confesó a su marido que quería divorciarse. No le resultó fácil explicarle la razón. En muchos sentidos era el matrimonio ideal. La devoción que compartían por el budismo era el núcleo de su relación, ya que practicaban juntos el desprendimiento y el liberarse del apego al yo con un firme compromiso y una fe inquebrantable. Lucio se quedó destrozado. Perder a su mujer después de estar juntos tantos años no era la vida que había planeado. Fue la peor prueba de su fe. No obstante, Doju sentía que las limitaciones que conllevaba el matrimonio no la dejaban ser ella misma. Aunque Lucio había sido un marido encantador, el papel de esposa ya no iba con ella y no soportaba seguir en una estructura que le resultaba opresiva. Lucio, de manera respetuosa, aunque a su pesar, aceptó el deseo de su mujer de liberarse de los votos matrimoniales y accedió a que fuera libre. El día que ella se fue Lucio la llevó al aeropuerto para que regresara al hogar de su familia, a miles de kilómetros de distancia. Después de facturar el equipaje de Doju y de acompañarla hasta la zona de control de seguridad, la miró intensamente a los ojos. A los dos se les empañaron de lágrimas. Sin embargo, Lucio, sonriendo, dio un paso atrás y, con un profundo amor y respeto, se inclinó ante su esposa, aceptando su decisión de dejar la relación y deseándole lo mejor en su viaje. Ella le devolvió la reverencia para recibir sus bendiciones, y luego, dando media vuelta, se dirigió sobriamente al comienzo de su nueva vida. Incluso ahora, después de diez años, se le nublan los ojos de lágrimas al compartir esta historia conmigo, tremendamente conmovida aún por la generosidad, la bondad y la amabilidad de Lucio.

> *Hay flores por todas partes para quienes se molestan en mirarlas.*
>
> HENRI MATISSE

El poeta sufí Hafiz, que vivió en el siglo XIV, escribió uno de mis poemas preferidos. Se titula: «El sol no le dice a la tierra».[7]

> Incluso después de todo este tiempo,
> el sol no le dice a la tierra:
> «Estás en deuda conmigo».
> Mira lo que ocurre con un amor semejante,
> ilumina todo el cielo.

Al animarte a ser generoso no te estoy sugiriendo que te niegues absurdamente a reclamar lo que te corresponde mientras empezáis a separar y a dividir con esmero vuestra vida y vuestros bienes. Sin embargo, en medio de toda la oscuridad por la que puedas estar avanzando a tientas, es bueno recordar que donde no hay luz, tú puedes convertirte en ella.

Una nueva narrativa para el fin de una relación

El futurólogo Buckminster Fuller[8] dijo en una ocasión: «Nunca cambiarás las cosas luchando contra la realidad. Para cambiar algo, construye un nuevo modelo que haga que el existente se vuelva obsoleto». La Separación Consciente no trata de cómo arreglar un sistema antiguo que ya no funciona, sino de sugerir construir uno nuevo que nos permita terminar una relación de un modo más sano, sensato e incluso feliz. Muchas personas brillantes y entregadas en el ámbito de la terapia y el derecho familiar han estado trabajando para que se dé esta evolución

> *Me limito a ver las cosas como hermosas o no... No las considero buenas o malas, sino simplemente hermosas o feas. Creo que muchas cosas bonitas son feas y que muchas cosas desagradables son hermosas.*
>
> JOHN FOWLES

durante décadas, y sería un descuido imperdonable por mi parte no reconocer sus pioneros esfuerzos. Cuando es el momento de la aparición de una idea, esta siempre viene de la mano de una tribu de personas y no de una sola, y mucha gente ha estado trabajando durante años preparando el terreno pacientemente para que llegara este día.

Si decidimos ahora empezar a cambiar la narrativa de las rupturas y los divorcios para que favorezcan más la vida, debemos considerar incluso crear un nuevo lenguaje. Mi buen amigo Kit Thomas, cineasta y fundador de CircleOfWisdom.org, me señaló recientemente los sesgos negativos del lenguaje relacionados con el fin de una relación. Palabras y frases como «romper», «terminar», «irse a pique», «plantar», «todo se ha acabado» y «se ha ido al traste», junto con nuestros pobres niños viniendo ahora de «*hogares rotos*», quizá por algún desvergonzado «*destrozahogares*», dejan mucho que desear. Y cómo no, también esta el ofensivo título de ex, que rima con *hex* (mal de ojo), *ejects* (echa), *wrecks* (destroza) y *vex* (irrita), y que nos recuerda a *x-ing*, que significa en inglés tachar algo para eliminarlo del todo de nuestra vida. Sin embargo, la frase «Separación Consciente» en sí misma y por sí misma abre un mundo de posibilidades para que las rupturas lleguen a buen puerto, y yo tengo la teoría de que por esta razón ha tomado el rumbo que ha tomado cuando fue presentada al mundo. Porque el lenguaje es generador e informador, y nos inspira lo que es posible. Frases y palabras nuevas[9] —algunas de ellas en inglés— como «wevorce», «familias expandidas», «wasband», «sister-out-law», «familias binucleare» y «stepwives» empiezan a tener sentido al ayudarnos a describir de una forma más tierna y amable la matriz de nuestras relaciones en un mundo de posrupturas.

Si bien este libro trata sobre todo de la disolución de las uniones sentimentales, del desamor y la pérdida, no va dirigido solo a los amantes. Me llevé una grata sorpresa cuando después de presentar el término «Separación Consciente» empezaron a aparecer

☙

en los periódicos y las revistas de todo el mundo viñetas sobre él. En lugar de centrarse en el amor romántico, la mayoría de las tiras cómicas se referían al final de relaciones profesionales, políticas o de otras clases. En una sociedad móvil, donde la mayoría de las personas cambiarán de trabajo, de ciudad, de redes profesionales, de círculos de amistades y de comunidades espirituales casi tan a menudo como cambian el aceite del coche, nos estamos separando continuamente. A medida que nos descubrimos a todas horas en el estado de dejar la vida que llevamos por la posibilidad de vivir la que deseamos crear, es el deber de todos aprender el arte de poner fin a una relación de manera sana para cosechar los beneficios en cualquier área de nuestra vida.

Mientras que muchas personas han aspirado a terminar una relación de forma amistosa, muy pocas han sido capaces de superar la tendencia biológica del cerebro a ver una ruptura como una amenaza para la vida. El proceso de cinco pasos que ofrezco en este libro sirve como modelo para sacar lo mejor, y no lo peor, de quien eres durante uno de los momentos más estresantes y difíciles de la vida. Espero que estos pasos te sirvan de guía en el proceso de una separación sana, al igual que las cinco etapas del duelo de Elisabeth Kübler-Ross son una hoja de ruta para ayudarnos a comprender el proceso emocional de la pérdida y el duelo. Del mismo modo que el modelo de Kübler-Ross nos ofrece una linterna para orientarnos por el bosque, la Separación Consciente también

> *Las personas más maravillosas que hemos conocido son aquellas que han vivido la derrota, el sufrimiento, la lucha y la pérdida, y que han sabido salir de las profundidades. Esas personas muestran un aprecio, una sensibilidad y una comprensión de la vida que las llena de compasión, ternura y un gran interés por todo. Las personas maravillosas no nacen, sino que se hacen.*
>
> ELISABETH KÜBLER-ROSS

nos ayuda a tomar decisiones sanas y acertadas cuando nos es imposible mantener la cabeza clara.

Te guste o no, durante una ruptura estás abandonado a tu suerte entre dos mundos. Ya no eres la persona que eras ni tampoco la que serás. Te animo a usar la guía de la Separación Consciente a modo de linterna para que te oriente en la noche oscura del alma y te lleve sano y salvo a la nueva vida más plena, espaciosa y rica que pronto estará a tu alcance. No solo pese a tu ruptura, sino paradójicamente y en muchos sentidos, gracias a ella.

4

Cómo y cuándo
hacer este programa

Cuando lleguen a su término, retenedlas decorosamente o
separaos de ellas decorosamente.

EL CORÁN

Al llegar a este capítulo tal vez te sientas como si de pronto te estuviera obligando a lanzarte de cabeza al agua. Una cosa es hablar de separarse conscientemente y otra muy distinta enfrentarte a cómo lo harás. Sin embargo, la opción de dejar que las cosas se desarrollen solas o de esperar a que el tiempo haga el trabajo sucio por ti es un plan demasiado arriesgado. Cuando tu felicidad futura está en juego, así como la salud y el bienestar de tus hijos, en el caso de tenerlos, te aconsejo que te identifiques con las partes más fuertes, sabias y corajudas de ti y que decidas hacer lo correcto, comprometiéndote con toda tu alma con la Separación Consciente.

El clima de las historias que acaban mal tiende por desgracia a perdurar en nuestra vida, contaminando cualquier amor futuro y el deseo de seguir adelante con ilusión. De todas las cosas que lamento

❧

en mi vida, las que más grabadas me han quedado han sido las malas separaciones. Todavía recuerdo con viveza los dolorosos recuerdos de las palabras cáusticas lanzadas y de los silencios cargados de reproches mucho después de que los recuerdos más cariñosos sobre la relación se hayan borrado de mi memoria. Los estudios demuestran que por más buenos momentos que hayamos compartido con nuestra pareja antes de una ruptura, un final horroroso echará a perder[1] nuestro recuerdo de la relación y condicionará nuestro punto de vista sobre el amor en el futuro. Y aunque por el momento no te estés planteando ni por asomo *volver* a mantener otra relación sentimental (consumido como estás por la pérdida de esta), te advierto que tu siguiente aventura amorosa no empezará al conocer a tu siguiente amante, sino que dependerá de cómo termines esta relación. Ya que los fardos que llevamos a cuestas, los desastres sin resolver y un corazón sin curar no desaparecen por las buenas, sino que esperan agazapados dispuestos a abalanzarse sobre una posible nueva pareja que no se imagina lo que le espera. Además, el clima que dejó la última relación se va filtrando de manera tóxica y destructiva en la actual, incluyendo la que mantienes contigo mismo.

> *Así como el último sabor de los manjares es el más dulce,*
> *así la puesta de sol y los postreros acentos de la música*
> *se graban con mayor fuerza en el recuerdo que las cosas remotas.*
>
> WILLIAM SHAKESPEARE

En cambio, las historias que acaban bien valen la pena, por más trabajo que den.

La Separación Consciente no es una solución fácil a modo de parche para un desamor. Ni tampoco una senda espiritual elevada que te librará por arte de magia de cualquier tipo de sufrimiento. Cuando nos enfrentamos a la pérdida de nuestra pareja es lógico que suframos. Por mucho que desee poder prometerte que este proceso hará que dejes de sufrir tras seguir varios pasos, nada puede reducir los ritmos orgánicos del dolor. Sin embargo, el dolor, el más temido de los maestros, no llega con las manos vacías. Aunque te arrebate violentamente casi todo lo que has conocido y amado, también te da regalos muy valiosos. Por eso, como te ofrece la oportunidad de esculpir una bondad, compasión, sabiduría y coraje de mayor hondura en la esencia de quien eres, lo mejor a veces es aceptar lo que ha tramado para ti. Hasta lo puedes invitar a quedarse una temporada y hacer amistad con él, reconociendo que algo hermoso está intentando despertar en tu vida con la presencia del dolor. Cuando estés atravesando las noches más oscuras, avanzando por la espesura del bosque, lo único que necesitas hacer es aprender a amar la silenciosa luz de la luna, ya que la Vida encuentra milagrosamente la manera de iluminar paso a paso el camino que te llevará a casa.

¿Este programa es para ti?

Este programa es para cualquier persona que desee sinceramente superar el final de una relación con integridad, honestidad, bondad y respeto. Va dirigido a ti tanto si has estado con tu pareja treinta días, treinta meses o treinta años, al margen de si te estás separando, de si estás recuperándote de una ruptura o de si te planteas mantener una nueva relación en el futuro. Este programa es para ti independientemente de si has dejado a tu pareja o de si ella te ha dejado a ti, de si eres gay, heterosexual o alguna variación del tema. No importa si has sido monógamo o poliamoroso, si has mantenido una relación seria o si simplemente te hubiera gustado mantenerla. Una ruptura es un calvario para todo el mundo —jóvenes, viejos, ricos, pobres, sanos o enfermos— y nadie se libra del mal trago que comporta. Aunque si has tenido el valor de dejar a tu pareja después de saber durante mucho tiempo y en el fondo que lo vuestro se había acabado, tal vez te sientas un poco eufórico por ser libre al fin. Si es así, este programa también es para ti, porque te ayudará a no volver a caer en los mismos hábitos tóxicos o empobrecedores en tu nueva relación.

En esta oportunidad, que incluye a todo el mundo, solo hay una excepción. Y es la siguiente: si estás tomando la decisión precipitada y prematura de romper con tu pareja cuando todavía hay esperanzas de que seáis felices, o si se merece al menos la deferencia de que intentes por última vez salvar vuestra relación con todas tus fuerzas. O ambas cosas al mismo tiempo.

¿Debes seguir con tu pareja o dejarla?

Claudia y Andrew llevaban casados poco más de doce años cuando ella entró resuelta en mi consulta un martes por la tarde, se sentó y me preguntó cuál era la mejor manera de decirle a su marido que quería el divorcio. No la había visto desde que se había comprometido con él trece años atrás, cuando todavía estaba de lo más ilusionada. Por lo visto, desde entonces habían cambiado mucho las cosas y Claudia estaba deseando ponerme al día. Tenían tres hijos de cinco, ocho y once años, respectivamente. Al mayor le habían diagnosticado TDAH (Trastorno por Déficit de Atención e Hiperactividad) y ella dedicaba una tremenda cantidad de tiempo enseñándole las habilidades que necesitaría en la vida para triunfar pese a esta dificultad. Sin embargo, no era el TDAH de su hijo lo que más la agobiaba, sino el

> *Cuanto mayor eres, más te das cuenta de que la mitad de ti puede creer firmemente en una cosa mientras que la otra mitad la rechaza con la misma vehemencia.*
>
> CONSTANCE HOLME

de su marido. Aunque nunca se lo hubieran diagnosticado, Claudia estaba segura de que él también lo sufría. Empezó a contarme todas las pruebas que había ido reuniendo a lo largo de los años para demostrarme que tenía razón, y terminó dándome una detallada explicación de las muchas formas en las que ella se había estado deslomando en la relación: gestionando la agenda de su marido, ocupándose de las facturas y los asuntos relacionados con la empresa y asegurándose de que él rindiera en el trabajo; en realidad parecía más bien ser su madre que su esposa. Se sentía quemada, agobiada y rendida, y ahora lo único que quería era dejar a su marido.

Al analizar con más detenimiento cómo había llegado a esa conclusión, descubrimos que se había olvidado de un detalle en las interminables horas que invirtió obsesivamente intentando esclarecer qué debía hacer con su vida. Aunque ella estuviera segura de que Andrew sufría TDAH, nunca le habían hecho ninguna prueba para confirmarlo y, por lo tanto, nunca había recibido un tratamiento para ese trastorno crónico que le impedía concentrarse en lo que tenía entre manos. Decidimos, dado todo lo que había en juego, darle una última oportunidad a la relación antes de que tomara la drástica decisión de deshacer su familia.

Aquella noche, cuando sus hijos ya se habían acostado, Claudia encendió la chimenea, llenó dos copas de vino y, ofreciéndole una a su marido, le dijo que tenía algo que confesarle. Compartió lo agobiada y desesperada que estaba, pero se las apañó para no acusarle de ser un insensible ni un pasota como en el pasado. Le reveló con franqueza que ese día había estado a punto de dejarle, dándole la oportunidad de entender lo grave que era su situación. Aunque ella llevara ya un tiempo pidiéndole que se hiciera la prueba del TDAH, en esta ocasión la sinceridad de su mujer le animó a concertar una cita con su médico para la semana siguiente. Cuando hablé con Claudia al cabo de varios meses, me dijo que Andrew había dado positivo en la prueba como era de esperar y que ahora se estaba tratando para el TDAH. También habían empezado a ir a sesiones de terapia de pareja con un psicólogo experto en la dinámica familiar del TDAH y su relación había mejorado mucho desde la última vez que hablamos. Andrew se estaba responsabilizando más de sus carencias y ya no se apoyaba tanto en ella para compensarlas, liberándola del rol poco sexi de ser su madre. Aunque todavía no supieran si su matrimonio iba a durar o no, estaban dando pasos firmes para mejorar su relación. Hacía mucho que no se sentían tan esperanzados en cuanto a seguir juntos en el futuro.

Si estás, como Claudia, al borde de una ruptura y has pensado en tirar la toalla, el proceso de una Separación Consciente debería ser el último de los muchos pasos dados para sentirte en paz con tu pareja. Me gustaría compartir tres acciones poderosas que Claudia realizó, y te aconsejo que tú también hagas lo mismo.

En primer lugar recurrió a la ayuda de un profesional. Aunque estaba bastante segura de querer dejar a su marido, concertó una cita conmigo para hablar de ello antes de comunicárselo. Pese a que vino a verme habiendo tomado una decisión, fue lo bastante flexible como para dejarla de lado y explorar las posibilidades de trabajar con sus problemas conyugales en lugar de romper su familia prematuramente. Antes de llamar a un abogado, habló con una psicóloga, lo cual demostró ser una decisión muy acertada.

PRIMERA SUGERENCIA PARA SALVAR TU RELACIÓN

Cuando no estés seguro de si conservar o dejar una relación, ve a ver antes a un psicólogo para que te ayude a tomar una buena decisión.

La segunda acción poderosa de Claudia fue compartir sus sentimientos con su marido sin humillarle ni culparle en lugar de romper pasando olímpicamente de lo que él sintiera. En vez de desquitarse con su pareja cargándole con el mochuelo y anunciarle luego con arrogancia que le dejaba, le dio la oportunidad de escuchar lo que ella sentía y de reaccionar de una forma que acabaría salvando su relación. Muchas personas se saltan este paso y solo dejan que su pareja se entere de la gravedad de la situación al soltarle que la relación se ha terminado. Llegadas a ese punto, quizá crean que al haber estado protestando y quejándose en silencio por dentro mientras les hervía la sangre, estaban comunicándose con su pareja. Pero los estudios revelan que más del 90 por ciento de la comunicación[2] es al fin y al cabo no verbal. Es decir, tu pareja registrará tu tono de voz seco y condescendiente y la mueca de hostilidad en tu cara mucho antes que las palabras que le estés diciendo, por lo que se sentirá fastidiada y menospreciada, y se pondrá a la defensiva para no escuchar ni una sola palabra tuya. Protestar y quejarse no debe confundirse con el inicio de un diálogo serio y auténtico, y tampoco da los resultados que esperamos.

SEGUNDA SUGERENCIA PARA SALVAR TU RELACIÓN

Antes de levantarte y marcharte, reúne el valor para compartir tus sentimientos con tu pareja sin humillarla ni acusarla, y hazlo antes de tomar una decisión para darle la oportunidad de afrontar el problema o resolverlo, o de hacer ambas cosas a la vez.

Por fin, cuando su marido dio los pasos que demostraban lo mucho que ponía de su parte para continuar la relación, Claudia respondió secundando los esfuerzos de él con los suyos. Las relaciones en las que solo un miembro de la pareja se esfuerza continuamente para hacer cambios no son sostenibles. Sin embargo, si en respuesta a tus confesiones sinceras tu pareja emprende determinadas acciones en una dirección positiva para mejorar las cosas, te sugiero que al menos intentes apoyarle en sus esfuerzos. Muchas parejas caen en un doloroso baile de ahora te voy detrás ahora me alejo, persiguiéndose y distanciándose por turnos. Cuando uno intenta acercarse, el otro se aleja. Y cuando se aleja, el otro intenta acercarse. Cuando Andrew hizo un esfuerzo para satisfacer las necesidades de Claudia, ella no se echó atrás ni lo rechazó, sino que se dejó apoyar y amar. Te sugiero que tú también hagas lo mismo y compruebes si surge algo nuevo entre tú y tu pareja.

TERCERA SUGERENCIA PARA SALVAR TU RELACIÓN

Si tu pareja responde a tu descontento tomando cartas en el asunto para mejorar la situación, demostrándote que se lo toma en serio, haz todo lo posible para corresponder a sus esfuerzos con los tuyos e intenta darle una oportunidad antes de decidir separarte.

Un estudio de la Universidad Rutgers que suele citarse a menudo, «El estado de nuestras uniones»,[3] sugiere que solo el 38 por ciento de las personas casadas de Estados Unidos se describen a sí mismas como felices. Por lo visto no rompemos fácilmente una relación. Tendemos a apechugar con las malas temporadas, arremangándonos la camisa cuando las cosas se ponen feas para intentar arreglarlas. Pero después de haberlo intentado todo para que la relación funcione, muchos deciden poner fin a la unión.

Las tres razones más comunes[4] de una ruptura son las siguientes. En primer lugar, las parejas se separan porque uno de los miembros, o ambos, se ha comportado mal. Tal vez ha robado dinero de la cuenta bancaria familiar, ha sido infiel o ha empezado a consumir drogas o a beber en exceso. Este tipo de conductas dañan la seguridad esencial de la conexión y rompen los acuerdos en los que se basa la relación. Si alguna de estas razones describe tu relación, te aconsejo que recurras a un terapeuta matrimonial para que te ayude a decidir si tu relación tiene arreglo y si podrá mejorar notablemente después de semejante traición.

La segunda razón de una ruptura es por haber estado intentando uno o ambos miembros de la pareja, a veces durante años, superar estilos de comunicación incompatibles, o simplemente ineficaces o destructivos y no poder aguantarlo más. Después de meses o años de ir con pies de plomo por miedo a disgustar a su pareja, de sentirse siempre incomprendido o no escuchado, o menospreciado cada vez que abre la boca, uno de los dos, o ambos, dejan de hablar. Tal vez al soportar vivir en un ambiente belicoso durante tanto tiempo han acabado creyendo que es normal discutir por cualquier nimiedad. En este tipo de relaciones, en las que se da todo el espectro de la desconexión, uno de los miembros de la pareja, o ambos, han dejado de intentar satisfacer sus propias necesidades y se han cerrado emocionalmente, viviendo cada uno en su propio mundo. Además ambos saltan a la primera de cambio, están a la defensiva, y se pelean por nada. Sea cual sea el punto del espectro con el que tú te identifiques, estas relaciones se caracterizan por no tener en cuenta los sentimientos ni las necesidades del otro, y la energía del resentimiento y las heridas que la pareja va acumulando hacen que cualquiera de los dos estalle a la menor ocasión. En un momento dado uno de los dos, harto y asqueado, decide dejar la relación. Sin embargo, antes de poner fin a esta clase de unión te aconsejo que te apuntes a alguno de los talleres sobre habilidades comunicativas avanzadas que imparten algunos maestros excelentes. Te ayudarán a dejar atrás esos antiguos hábitos tóxicos al ofrecerte herramientas y técnicas nuevas que han hecho milagros en cuanto al amor, la curación y la reconciliación. Al final del libro, en la sección «Recursos en Internet», encontrarás una lista con direcciones que pueden servirte de ayuda.

La tercera razón más común de una separación es crecer en distintas direcciones. La mayoría de la gente lo ve como una cuestión de cambiar de intereses o de «desenamorarse». Pero me gustaría sugerir que lo que a veces ocurre es que, con el paso del tiempo, la escala de valores de uno empieza a cambiar. Les suele suceder a las personas que han nacido en un entorno con una determinada cosmovisión compartida por toda la comunidad, sin conocer ningún otro punto de vista. Sin embargo, el mundo en el que tú y yo vivimos es mucho más complejo y matizado que el mundo de nuestros antepasados. Somos una cultura a la que le encantan los cambios. A diferencia de las generaciones anteriores, que valoraban la estabilidad, la constancia y la fidelidad por encima de todo, ahora aspiramos a estar ensanchando continuamente nuestros horizontes, a mejorar nuestro rendimiento deportivo y a sacar todo nuestro potencial. En un mundo donde tantas personas sienten el deseo de llegar a convertirse en lo que están destinadas a ser, las relaciones de pareja se vuelven mucho menos estables. En el mejor de los casos, la pareja crece junta. Pero esto no siempre ocurre.

Es decir, manteneros unidos en los tiempos difíciles es una decisión noble y maravillosa que demuestra un alto grado de integridad, compromiso y carácter. Pero si tu pareja no cesa de decirte con palabras y actos: «Me dan igual tus sentimientos», «Me importan una mierda tus necesidades» y «Me importa un rábano tu cambio de valores y no tengo el menor interés en saber en quién te estás convirtiendo», en tal caso quizá sea hora de plantearte dejar la relación. Y, sobre todo, no olvides que si tu pareja es violenta contigo, debes largarte pitando de su lado. Intenta analizar la situación cuando ya estés en un lugar seguro y fuera de peligro. Con un puño no hay nada que negociar y el peligro de sufrir un daño físico no es para tomárselo a broma.

Si después de considerar todo esto sigues nadando en un mar de dudas y ambivalencias, e intentas forzar la situación para que se decante hacia un lado o hacia otro haciendo este programa, me parece una buena idea. El proceso de la Separación Consciente te permitirá ver con más claridad lo que se puede —y lo que no se puede— cambiar en tu relación. No solo aprenderás a ser menos reactivo, a dejar de verte como una víctima y a descubrir el papel que has desempeñado en tus problemas conyugales para acceder a tu poder y cambiar así la dinámica de la relación, sino que además soltarás el fardo que ni siquiera pertenece a esta unión. También aprenderás nuevas habilidades y herramientas de comunicación que aumentarán tu comprensión y generarán más armonía en vuestra relación. El riesgo que corres, claro está, es que mientras exploras tus conocimientos más profundos descubras que es hora de separarte. Tal vez adviertas que has cambiado demasiado. O que la relación apenas te importa. Pero lo que sí es seguro es que al seguir este programa se removerán las aguas y saldrás del mar de dudas en el que estás. Sin embargo, como requisito previo te aconsejo que estés dispuesto al cien por cien a dejar la relación si descubres que es lo más adecuado. Quizá también tengas que cambiar un poco los ejercicios si no reflejan exactamente tu situación. Si es así, no dudes en hacerlo.

> *Si amas a alguien, déjalo ir. Si regresa, es porque siempre fue tuyo. Y si no, es porque nunca lo fue.*
>
> KAHLIL GIBRAN

¿Y si estás deseando volver con tu pareja?

Cuesta renunciar a un amor. Amanda, una paciente mía de cincuenta y tantos años, de carácter dulce, que ejerce de pediatra, se había estado aferrando a la esperanza de volver con Benita, su antigua novia durante seis largos años. En todo ese tiempo Amanda no había salido con nadie, fiel a la posibilidad de reconciliarse con su amada. No obstante, Benita, que era mucho más joven que ella, ya hacía tiempo que vivía con otra mujer y la estaba ayudando a criar a los dos hijos de esta. Pero siempre que Amanda se planteaba olvidarse de su expareja, Benita, como si pudiera leerle el pensamiento a cientos de kilómetros de distancia, le enviaba un mensaje de texto o la llamaba por teléfono, reavivando la pasión entre ellas y confirmando la solidez de su vínculo. A través de nuestras sesiones, Amanda descubrió que amaba a Benita como una madre, proporcionándole un hogar emocional a su hija pródiga sin esperar nada a cambio. Mientras abandonaba la esperanza de volver a salir con ella, se sintió como si estuviera rompiendo un tácito acuerdo que hubiera entre ambas, y tomó la firme decisión de seguir adelante con su vida. Fiel a su promesa, durante los dos días siguientes no respondió a Benita cuando esta le enviaba mensajes de texto desesperada diciéndole: «¿Cómo estás?», «¿Por qué no tengo noticias tuyas?», «Te echo de menos». En su lugar, se limitó a desearle lo mejor de todo corazón, sabiendo que si quería volver a enamorarse en el futuro tenía que cortar por lo sano esa relación.

Renunciar a un amor es a veces como el canto fúnebre de un funeral, que desencadena una cascada de dolor como si acabásemos de romper con nuestra pareja el día anterior. Al dejar de aferrarnos a esa última posibilidad nos sentimos como si desconectáramos a alguien que amamos del respirador artificial. Es una experiencia tremendamente deprimente y desoladora. Con todo, si esperas volver a enamorarte algún día, tendrás que afrontar la pérdida y aceptar la realidad: en este momento habéis roto. Aunque todavía haya entre vosotros una cierta atracción-rechazo y una sintonía esporádica, lo cierto es que habéis decidido dejarlo y que ya no sois «una pareja».

No obstante, plantearte dejar la relación *antes* de seguir el programa de la Separación Consciente es en cierto modo como limpiar una casa antes de que venga la mujer de la limpieza (o ya que estamos dejando atrás los estereotipos sexistas, la persona de la limpieza). Aunque no tengas claro si vas a volver con tu pareja, lo que sí es seguro es que vuestra relación —aquello que compartisteis en el pasado—, la que sin duda no le funcionaba a uno de vosotros, o a ambos, ha muerto. Todavía no se sabe si nacerá otra más sana y feliz. Sin embargo, para que te funcione la próxima vez, si es que deseas darle otra oportunidad al amor, lo mejor es terminar de manera consciente la relación para que se pueda dar una nueva posibilidad entre vosotros.

Muchas de las técnicas, habilidades y herramientas que aprenderás en este programa te ayudarán a mejorar notablemente cualquier relación que esperes mantener en el futuro. Como, entre otras cosas, que se reavive la pasión con la persona que echas de menos. Si no has renunciado a la esperanza de reconciliarte con tu pareja, tu mayor reto será intentar no seguir este programa deseando en el fondo recuperarla. Pero si te fijas el sano objetivo de intentar hacer lo correcto por las razones correctas, sea cual sea el resultado, tu viaje a lo largo del programa será mucho más poderoso.

Seguir el programa con tu pareja

Tanto si realizas la Separación Consciente solo o como un proceso paralelo con la persona que pronto dejará de ser tu pareja, no olvides que os estáis separando. Si bien el programa está pensado para ayudarte a hacerlo minimizando al máximo los reproches, la humillación, el daño y la agitación, está claro que es un proceso de individuación, por lo que procura dejar tu relación en casa y crea una serena sensación de soledad en ti.

Las rupturas amorosas son un desastr, y hasta en la mejor de ellas puede brillar por su ausencia la claridad. E incluso las parejas que deciden separarse juntas de manera consciente tienden a hacerlo en cierto modo a distinto ritmo. Cuando uno necesita compartir sus sentimientos más profundos, el otro quiere retraerse y estar solo. Cuando uno necesita estar solo, el otro quiere aferrarse a su pareja para recibir consuelo. Este es el proceso imperfecto de la separación. Sin embargo, la ventaja de realizar el programa de la Separación Consciente con tu pareja es que compartiréis el mismo lenguaje para afrontar el fin de vuestra relación y la claridad para seguir adelante sin albergar ningún resentimiento entre vosotros. Podréis compartir una visión para vuestro futuro que será como la nueva estrella polar a la que los dos aspiráis, guiándoos en las numerosas decisiones que deberéis tomar mientras seguís adelante. Llevar a cabo este programa juntos os permitirá llegar a nuevos acuerdos que os aclararán lo que podéis esperar el uno del otro a partir de ahora. El hecho de separaros juntos os permitirá crear una sensación de seguridad, cohesión y dominio que es muy infrecuente en las rupturas más habituales, lo cual demuestra lo valiosa que es esta clase de ruptura en el caso de haber hijos de por medio. Para ayudarte a hacerlo bien, al final de cada paso te ofrezco instrucciones relacionadas con vuestros intereses y con las preguntas que ambos os podéis hacer si decidís seguir el programa juntos.

La Separación Consciente en solitario

Con uno que se separe de manera consciente ya basta. Tu capacidad de usar la ruptura como catalizador para un gran despertar no depende de tu expareja. Aunque se estuviera comportando como un salvaje, tú no tienes por qué imitarla. Y si crees estar haciéndolo, te aconsejo que analices tu hábito de dar tu poder a los demás permitiéndoles decidir quién vas a ser en tu vida.

> *Aquel que ha perdido algo que pensaba que era suyo para siempre, al final se da cuenta de que nada le pertenece.*
> PAULO COELHO

Las separaciones sacan lo mejor o lo peor de uno. Y si a tu ex le ha ocurrido lo segundo, no olvides que la bondad es contagiosa y que tienes más fuerza de la que crees para influir en el rumbo que tome la ruptura. Por más tentado que estés de obsesionarte con su mala conducta, al fin y al cabo esta ruptura tiene que ver *contigo*. Al centrarte sobre todo en ti, esta experiencia te servirá como trampolín para empezar una nueva vida. Dejarás atrás los antiguos hábitos que te hacían sufrir, descubrirás tu auténtica valía y aprenderás a separarte de tu pareja de tal modo que te permita amar y ser amado en el futuro.

Para serte sincera, la mayoría de las personas hacen este programa solas. Tú y tu pareja estáis rompiendo por una razón y lo más probable es que tengáis ideas distintas en cuanto a cómo deben hacerse las cosas, lo cual no es ninguna novedad. Si tu ex decide no hacer este programa contigo, tal vez sea porque no valora tanto como tú el crecimiento y el desarrollo interior. O si ha sido ella la que te ha dejado, seguramente lleve planeándolo durante un tiempo y a estas alturas lo que quiere es hacer su propia vida, y teme que os acabéis reconciliando si sigue este programa contigo. Quizá solo quiere separarse de ti de manera respetuosa deseándote lo mejor, pero no está interesada en entregarse a la profunda reflexión interior que ofrece el programa. Si es este el caso, agradece que esté dispuesta como tú a llevar a cabo una separación caracterizada por la bondad y la decencia. Deja de necesitar nada de ella. Te prometo que este programa te dará todo cuanto necesitas, con o sin la participación de tu expareja. Recuerda que el paciente que está en la mesa de operaciones eres tú.

O tal vez seas tú el que no quiere seguir el programa con tu ex al creer que lo mejor para ti es reducir, o incluso romper, el vínculo que mantenéis. En este caso, te sugiero que cortes por lo sano para separarte con sensatez, sobre todo si las hormonas se te agitan cada vez que oyes la voz de tu expareja o que la ves en el otro extremo de una sala llena de gente. Si es así, me parece una buena decisión. La Separación Consciente no pretende necesaria-

Al final todo acaba desapareciendo.
ELIZABETH GILBERT

mente que sigamos siendo amigos de nuestra pareja al terminar la relación, sino que aboga por un claro final que nos permita seguir adelante sin el lastre de las falsas esperanzas, los apegos ambivalentes o los sueños vagos, o sin todo ello a la vez.

Quizá decidas seguir este programa por no haber superado un desengaño amoroso de hace muchos años. Aunque tu antigua pareja haya rehecho su vida hace mucho, dejándote una simple nota como despedida, algo congeló en tu mente el momento en el que todo acabó entre vosotros. Si es este tu caso, me alegro enormemente de que hayas decidido unirte al programa, porque las heridas del desamor que tardan mucho en curarse me llegan al alma al haberlas vivido yo en carne propia en una ocasión.

¿Cuánto tiempo te llevará?

No es fácil decir cuánto tiempo te llevará realizar el programa de la Separación Consciente. Algunas personas, espoleadas por el acuciante dolor de la ruptura y haciendo de tripas corazón, han hecho el programa durante un fin de semana dedicándole setenta y dos horas seguidas y descansando apenas para dormir o comer. Otras han tardado un año entero en dar cada uno de los cinco pasos, gestando e integrando los matices del programa al poner en práctica cada principio aprendido antes de dar el siguiente paso.

Ahora bien, la mayoría de las personas no van tan deprisa ni tan despacio, sino a un ritmo entre ambos extremos. Si dispones del tiempo y de los medios para dedicarle al menos media hora al día, te sugiero que hagas un paso cada semana. Sin embargo, como tú eres el que mejor sabe lo que más te conviene, dedícale el tiempo que desees.

En busca de refuerzos

Tal vez descubras que necesitas una ayuda adicional para asimilar el material o para manejar los sentimientos que afloran en ti al seguir este programa, o ambas cosas a la vez. Si es así, plantéate contratar a un asesor en Separación Consciente formado para ayudarte a trabajar con el material del programa. O si no, recurre a un buen psicólogo, terapeuta matrimonial, asesor en divorcios o consejero espiritual. Como he mencionado antes, hay muchas personas extremadamente compasivas, capacitadas y sabias que han estado dedicándose con afán a crear estructuras de apoyo para los que atraviesan un desengaño amoroso, y te recomiendo que recurras a sus servicios. En www.ConsciousUncoupling.com/CUCoachDirectory encontrarás una lista de asesores titulados en Separación Consciente.

> *Las pérdidas son el precio que nos toca pagar por vivir. También son la fuente de la mayor parte de nuestro crecimiento interior y logros.*
>
> JUDITH VIORST

Material necesario

> *Da palabras a la pena: duelo que no habla zumba en el cargado pecho y a estallar lo fuerza.*
>
> WILLIAM SHAKESPEARE

Por último necesitarás disponer de algún material complementario. El más importante es un diario que solo tú puedas leer. A lo largo de este libro te ofrezco una serie de preguntas sobre las que reflexionar y quizá desees anotarlas en tu diario. Siéntete libre de escribir sobre tu furia, di la verdad sin tapujos y haz confesiones impactantes que nunca revelarías a otro ser humano. El programa a veces también te sugiere escuchar música o dibujar o pintar para ayudarte a sacar la energía agitada que lleves dentro mientras trabajas con algunas emociones muy delicadas. De modo que también necesitarás un iPod o algún otro dispositivo para escuchar música, y material de dibujo y pintura.

Y, por supuesto, no te olvides de los pañuelos desechables.

SEGUNDA PARTE

Los cinco pasos de la Separación Consciente

Encuentra la libertad emocional

*Una nueva vida surge de la oscuridad. Tanto si
se trata de una semilla enterrada, de un bebé en el seno materno o
de Jesucristo en la tumba, todas surgen de la oscuridad.*

BARBARA BROWN TAYLOR

El primer paso del programa de la Separación Consciente consiste en aprender a aprovechar las energías de esas emociones tan tenebrosas y difíciles de manejar que sientes, como la rabia, el odio, el miedo y la desesperación, para transformar tus impulsos *destructivos* de autolesionarte o de hacerle daño a alguien en impulsos *constructivos* generadores de un cambio positivo. En este paso crearás las condiciones para superar tus dolorosos hábitos amorosos y advertir tu propio poder, de modo que el final de tu relación de pareja te permitirá evolucionar en la vida y en tu forma de amar.

En el primer paso, «Encuentra la libertad emocional»:

- Aprenderás a mantener una relación muy poderosa con tus sentimientos al usar tus fuertes y agitadas emociones para inspirarte y producir un cambio sin precedentes en tu vida.
- Verás esta ruptura que ha alterado tu vida como una oportunidad para transformar a fondo tu decepción y tus hábitos amorosos destructivos.
- Crearás un santuario interior seguro que te ayudará a controlar y dominar la intensidad de tus emociones desde una parte tuya más profunda y sabia que te dará una cantidad inagotable de fuerza, estabilidad y apoyo.
- Te empezarás a recuperar al decidir transformar esta triste separación en algo positivo.

Algo más se ha roto aparte de tu corazón.

Podría ser tu sensación de seguridad, el sentido que tenía tu existencia o incluso tu fe en la vida y en el amor. Tanto si has tomado la difícil decisión de dejar a tu pareja como si estás viviendo la desoladora situación de haber sido ella la que te ha dejado a ti, lo más probable es que las pérdidas a las que ahora te enfrentas sean numerosas, profundas y multidimensionales. El vínculo amoroso al que tú llamabas «hogar», las rutinas y los rituales cotidianos compartidos, la «persona» que eras en tu relación, la imagen y el estatus de los que gozabas en tu comunidad, la vida que llevabas y el futuro soñado por el que luchabas... todas estas cosas se han ido al garete. En su lugar ahora no te queda más que un montón de emociones convulsas e imprevisibles dolorosísimas, quizá una gran dosis de orgullo herido o de profunda culpabilidad, y la tarea espantosamente ingrata del derrumbe y la reconstrucción de tu vida.

Sin embargo, muchas personas que sufren un desengaño amoroso descubren cómo transmutar el dolor en el catalizador para transformar significativamente su vida. Al aprender a aprovechar el tsunami de las emociones como una fuerza para cambios positivos, son las que un día al mirar atrás se dan cuenta de que aquel desengaño fue una oportunidad de oro que supieron aprovechar para crear una nueva vida expandida y liberada.

El impacto de la separación

Las rupturas nos dejan fuera de combate con más rapidez que un puñetazo a traición dado en el corazón. Después de un desengaño amoroso podemos manifestar los síntomas de un trauma como si hubiéramos sido víctimas de un crimen. La doctora Judith Herman[1] de la Facultad de Medicina de Harvard, autora de *Trauma and Recovery*, libro pionero en su género, afirma que una «ruptura amorosa» es una de las experiencias más impactantes, y la compara a los horrores de un accidente automovilístico muy aparatoso o a la muerte de un familiar. De hecho, los estudios revelan que las personas que están viviendo una ruptura dolorosa[2] muestran los mismos patrones cerebrales que las que han sufrido la muerte de un ser querido.

Somos seres relacionales[3] nacidos para crear vínculos afectivos y depender enormemente de las conexiones que establecemos unos con otros. Al contrario de la imagen que tenemos de nosotros mismos de ser personas independientes y autosuficientes (vaya, no me digas), los últimos descubrimientos neurocientíficos revelan que en realidad tenemos una gran necesidad de afecto y que estamos predispuestos biológica y fisiológicamente a relacionarnos de una forma que nos hace depender de manera inaudita de las personas cercanas, y que nos sentimos especialmente indefensos cuando nos vemos obligados a regular nues-

> *Siempre se ha sabido que el amor no conoce su propia profundidad hasta la hora de la separación.*
> KAHLIL GIBRAN

tras propias emociones sin la influencia de los demás. Por esta razón, y por otras que no vienen al caso, el final de una relación es para algunas personas tan traumático como si les amputaran un miembro del cuerpo, y además las puede hacer caer en una depresión con una fuerza aterradora. Un desengaño amoroso no es un asunto de poca monta para el sensible corazón humano y nuestro cerebro sumamente reactivo tiende a enviar con urgencia señales cargadas de agitación que desencadenan experiencias interiores intensísimas: una gran ansiedad, el impulso obsesivo de conectar con nuestra antigua pareja («solo para hablar», claro está), el deseo compulsivo de mirar expectantes por todas partes, y la absurda esperanza de encontrárnosla donde sea que vayamos, el deseo de acurrucarnos y morir, y también el impulso desconcertante y aterrador de autolesionarnos o de hacerle daño a alguien.

> *Y Silvia es mi persona.*
> *Desterrarme de su lado*
> *es arrancarme de mí mismo.*
> *¡Horrible destierro!*
> **WILLIAM SHAKESPEARE**

Y todas estas cosas las sentimos cada mañana al despertarnos durante los primeros diez minutos.

Quienquiera que acuñó la frase «consumido por el amor» sabía muy bien de lo que estaba hablando, porque el cerebro no distingue entre la muerte psíquica y la física y registra el rechazo[4] de nuestra pareja en la misma área donde se activa el dolor físico, por lo que la primera fase de una ruptura amorosa va acompañada de síntomas físicos inquietantes.[5] Se da un aumento de la temperatura corporal en el que la piel nos parece estar ardiendo, un ritmo cardíaco alarmantemente rápido, insomnio provocado por la liberación de hormonas, pérdida de apetito, un estado de hipervigilancia y la caída en picado de la eficiencia del sistema inmunitario. Si la ruptura te ha ocurrido hace un tiempo y ya te encuentras en las últimas etapas del «duelo», puedes estar sufriendo un descenso del ritmo cardíaco y de la temperatura corporal, una gran apatía con pesadez en el cuerpo, una aversión prolongada a la comida y problemas de sueño. Y tras haber hecho todo lo posible por convencer en vano a tu pareja de que volviera contigo, quizá estés viviendo en el pozo sin fondo de la depresión, la resignación y la desilusión, con todas las sensaciones físicas que van unidas a este estado.

Si eres tú quien ha dejado a tu pareja tendrás la clara ventaja de haberte preparado para ese momento. Lo más probable es que hayas estado «separándote» clandestinamente en tu corazón y en tu mente durante un tiempo antes de reunir el valor para anunciarle tu decisión. Quizá incluso tengas intereses y contactos nuevos en otra parte para que la transición te resulte más fácil. Pero estés del lado del que estés, el fin de una relación es demoledor para el corazón.

Una ruptura amorosa es uno de los traumas más subestimados, y lo más sorprendente es que en realidad existen pocos recursos para quienes sufren sus devastadores efectos. No ser correspondido por tu pareja, ser abandonado por la persona que te protegía del mundo, sentirte que el ser que mejor te conocía ya no te ama ni desea, o que si te correspondiera como es debido no os habríais separado, son vivencias alarmantes y abrumadoras. Desatan tempestades de dolor que te amenazan con tragarte de golpe. Atrapado en las arenas movedizas de la desesperación, te sientes como si esos pensamientos tan pavorosos te hubieran engullido vivo, impidiéndote «seguir adelante» como los demás te sugieren.

> *El dolor era como el viento. Llegaba a rachas.*
> MARJORIE KINNAN RAWLINGS

El alcance de tu trauma

Al igual que hay diferentes niveles de trauma en los supervivientes de accidentes de tráfico, también ocurre lo mismo en quienes han sufrido una ruptura amorosa. Llevando esta metáfora al extremo, la Ruptura por Rotura del Parachoques, un accidente de poca monta, equivaldría a una relación que se acaba a los pocos meses de conocerse la pareja. La relación comienza con buen pie y promete mucho, pero al final queda en nada o simplemente no cuaja. Quizá ella empieza a salir con otra persona. O puede que él la llame cada vez menos por teléfono, alejándose sigilosamente sin preocuparse de mantener viva la conexión, y la relación se va apagando hasta desaparecer. En la Escala de una Mala Ruptura de 10 puntos para evaluar sus efectos traumáticos, esta obtendría una puntuación de 2, 3 o 4.

El segundo tipo sería la Ruptura por Choque de un Solo Coche, en el que la relación se caracteriza por una sutil aunque omnipresente falta de sintonía emocional. Esta falta de compenetración es más fuerte que la disponibilidad, responsabilidad e implicación de la pareja, los elementos necesarios para sustentar una unión sentimental. La pregunta fundamental: «¿Estás aquí por mí?», que mantiene unidas a las parejas, con el paso del tiempo es respondida con un vago y distraído: «En realidad, no». Normalmente el grado de implicación baja cuando un miembro de la pareja cambia su escala de valores. Empieza a interesarse por cosas ajenas a la relación que a veces son incluso una amenaza para su pareja, y se va abriendo una brecha cada vez más grande entre ellos hasta volverse insalvable, por lo que uno de los cónyuges, o ambos, ya no desean seguir la relación al sentirse demasiado solos. Los múltiples mini rrechazos que acaban llevando a la ruptura hacen en cierto modo que esta se vea venir, reduciendo un poco su impacto, aunque no por ello resulta menos dolorosa. A esta clase de trauma le correspondería una puntuación de 5, 6 o 7 en la Escala de una Mala Ruptura, dependiendo de las implicaciones económicas y sociales que tuviera cortar el vínculo.

La siguiente es la Ruptura por Choque Frontal, la más típica de todas, donde las discusiones acaloradas y los conflictos por problemas de comunicación acaban haciendo mella en un miembro de la pareja o en ambos. La relación se caracteriza por luchas de poder, conflictos irresueltos y una dinámica extremadamente reactiva y embrollada que genera fácilmente una espiral destructiva de palabras hirientes y silencios cargados de reproches, en realidad es como un campo de batalla. La pareja, harta de bregar, ha estado viviendo a todas horas situaciones traumáticas y perturbadoras durante largas temporadas. En un momento dado, uno de los cónyuges ya no puede aguantarlo más y arroja la toalla. Tal vez ha invertido años en esta relación y ha creado un montón de cosas con su pareja. Revisar todos los desastres que han hecho juntos es una tarea tan descomunal que provoca un gran miedo y el impulso de apartarse y retraerse. A este tipo de trauma le correspondería en la Escala de una Mala Ruptura una puntuación de 6 a 10, dependiendo de las implicaciones que tuviera el fin de la relación y de si uno ya se lo esperaba.

Y, por último, se encuentra la impactante Ruptura por Choque y Fuga. Le correspondería una puntuación de 9 o 10 en la escala porque no la vemos venir. O si nos la esperábamos, estábamos demasiado ocupados intentando evitar el inminente desastre como para ver el estado de las cosas. Esta ruptura, en la que los cónyuges no quieren afrontar las señales de alarma y tienen la mala costumbre de minimizar la prueba de que su vida en común no es lo que parece ser, implica la traición que no nos esperábamos, las mentiras que hacen que nuestro mundo se derrumbe de golpe, o las conductas destructivas y engañosas de nuestra pareja, que parece mofarse de nuestro amor.

Sea cual sea la categoría a la que pertenezca tu ruptura amorosa, todas son muy traumáticas y necesitarás recibir muchas muestras de cariño para recuperarte del todo. Porque lo que ocurra en el final de una relación definirá tu vida a partir de ese instante, reduciéndola y empobreciéndola, o expandiéndola de una forma asombrosa y enriqueciéndola. Creo que salta a la vista la dirección que estoy deseando que tomes.

PREGÚNTATE:

En una escala del 1 al 10, en la que el 1 equivale a un trauma muy pequeño y el 10 a uno de gran magnitud, puntúa el nivel del tuyo preguntándote: «¿Hasta qué punto me ha traumatizado la ruptura?»

La falta alarmante de seguridad

Si el amor nos proporciona un refugio ante las tormentas de la vida, ¿en quién nos apoyaremos cuando nuestra relación más estrecha se *convierte* en una intimidante amenaza? Nuestra relación de pareja es el sol alrededor del cual giramos, el aire que respiramos y el hogar de nuestro corazón. Cuando corre peligro nos sentimos como si un ladrón hubiera irrumpido en nuestro dormitorio a altas horas de la noche mientras dormíamos y se hubiese llevado maliciosamente nuestras pertenencias más privadas y queridas. De alguna manera, cualquier ruptura es una violación en medio de la debacle de nuestra relación, ya que al ser desalojados de nuestro hogar emocional nos sentimos inseguros, vulnerables, perdidos y asustados.

Normalmente en circunstancias tan perturbadoras como esta, nos refugiamos en nuestra fe para superar el desfiladero del dolor. Sin embargo, el fin de una relación suele comportar una profunda crisis espiritual, porque todo aquello que creíamos saber sobre cómo la vida debía irnos se va al garete. En una ruptura amorosa el propio marco en el que nos basamos para darle sentido a la vida se parte en mil pedazos, por lo que a muchas personas les resulta imposible encontrar consuelo en las prácticas religiosas que antes les daban claridad y paz.

Recuerdo a Dara, una devota cristiana de treinta y dos años que sufrió una ruptura especialmente traumática con el hombre al que le había ofrecido su virginidad después de haber estado esperando durante muchos años a su «media naranja», el cual al poco tiempo se la quitó de encima despidiéndose con un simple mensaje de texto. Me contó que tras la separación fue incapaz de rezar o de ir a misa durante un año. A pesar de saber intelectualmente que lo que la había decepcionado era su antiguo prometido, no pudo evitar sentirse como si Dios la hubiera traicionado al no protegerla de aquel hombre tan cruel. En el momento en que Dara más necesitaba el apoyo de su fe, no pudo recurrir a ella. Se sentía tremendamente decepcionada por la vida, todo aquello en lo que creía se había hecho pedazos y ya no volvería a ser nunca más como antes. Es lo que los psicólogos llaman una «ruptura de esquemas», en la que sobrepasados por el incidente traumático, nuestros esquemas se hacen añicos y nos sentimos como si se hundiera el suelo bajo nuestros pies, cayendo al vacío.

Los expertos afirman que después de una situación traumática lo primero que debemos hacer es recuperar la sensación de seguridad.[6] Pero tras una mala ruptura no solo sentimos durante días, semanas o meses haber perdido la seguridad que nos daba nuestra pareja —y el universo cordial, justo y ordenado en el que vivíamos—, sino que además tenemos quizá que enfrentarnos a nuestros impulsos espantosos de autolesionarnos o de hacer daño a alguien, lo cual nos produce la sensación de no poder confiar ni tan solo en nosotros mismos. Y nuestros miedos no son infundados. Hasta la persona más sofisticada psicológicamente se puede horrorizar de las cosas que soltó o hizo en un momento de furia. Conductas que nos hacen encoger de vergüenza años más tarde mientras nos preguntamos: «¿En qué diablos estaba *pensando*?» Pero lo cierto es que en esos momentos no estábamos pensando.

En su libro *Inteligencia emocional*, Daniel Goleman nos explica lo que ocurre cuando la parte reactiva del cerebro[7] se apodera de nosotros durante una situación de vida o muerte, y no debemos olvidar que el cerebro puede percibir una ruptura amorosa de este modo. Mientras se dispara la alarma en nuestra cabeza, el cerebro envía urgentemente la señal de liberar las hormonas de lucha o huida que hacen que nos movamos con rapidez antes de darnos tiempo a pensar. Al ofuscársenos la razón, no vemos las consecuencias de nuestros actos con claridad y podemos actuar como unos irresponsables o reaccionar saltándonos nuestra particular ética, o haciendo ambas cosas a la vez. Esto lo ejemplifica a la perfección Tania, una de mis alumnas, normalmente una mujer con principios, que se dedica a realizar investigaciones estadísticas sobre estudios psicológicos de alto nivel en una universidad importante. Después de que su marido se liara con otra mujer y la dejara, ella usó su gran capacidad analítica para descubrir la contraseña del correo electrónico de su esposo y empezó obsesivamente a acosarle por Internet, desesperada por entender por qué su relación se había ido a pique. Al describirlo, afirma que perdiendo la noción del bien y del mal, y siendo incapaz de controlar sus emociones arrolladoras, no pudo evitar pasarse horas y horas pegada al ordenador por la noche leyendo y releyendo los correos electrónicos nuevos y antiguos de su marido.

Tú también puede que estés abrumado por tus emociones y sientas que las cosas se te están yendo un poco de las manos. Al haber perdido tu hogar emocional y sentirte confundido y abandonado, la oleada de emociones que te invade te empuja a actuar, quizá haciendo que incluso desees compulsivamente automedicarte con alcohol, drogas, sexo esporádico o gastando dinero a mansalva en compras. No obstante, hay una práctica muy sencilla que te ayudará a reducir la intensidad de ese torbellino de emociones: *etiquetar tus sentimientos*. Las investigaciones demuestran que va de maravilla para responder racionalmente en medio de una situación estresante.

El doctor Matthew Lieberman, psicólogo social de la UCLA,[8] ha dirigido un estudio en el que él y sus colegas evaluaron mediante Imagen por Resonancia Magnética (RMI, por sus siglas en inglés) los cerebros de treinta participantes mientras estos veían imágenes de caras que expresaban fuertes emociones, como dolor y desesperación. Al principio se disparaba la actividad en la amígdala, una región del cerebro asociada con el miedo y el pánico, y otras emociones intensas. Sin embargo, cuando los participantes eran capaces de definir la expresión facial con una palabra, como *cólera*, para describir el rostro enfurecido, la actividad cerebral bajaba notablemente. El doctor Lieberman concluye que la capacidad de encontrar una palabra que defina nuestros sentimientos «hace caer en picado la respuesta en esos circuitos emocionales básicos del cerebro. Lo que se activa en su lugar es la corteza prefrontal ventrolateral derecha, la parte del cerebro que controla los impulsos». Por lo visto, el acto automático de nombrar nuestros sentimientos, llamado por los psicólogos «etiquetación de las emociones», reduce las reacciones impulsivas y nos devuelve las riendas de nuestra vida. Hasta el punto de que cuando podemos nombrar nuestros sentimientos intensos y abrumadores nos empezamos a sentir seguros. A sentirnos a gusto en nuestra piel.

La siguiente práctica te ayudará a «controlar tu lado salvaje», a sosegarte cuando lo necesites y a asegurarte de no hacer nada que puedas lamentar más tarde. Te permitirá volver a una parte de tu cerebro más sensata y *segura*. En cuanto hayas recuperado el mando, responderás con la inteligencia, dignidad, sabiduría y cortesía que deseas manifestar en la vida. En lugar de ser dominado por tus sentimientos, serás tú quien los domines.

....

Crea un santuario interior con el *tonglen*

Esta práctica, a la vez sencilla y poderosa, está concebida para ayudarte a manejar y dominar tu experiencia interior cuando te sientas abrumado emocionalmente. La creé en colaboración con Claire Zammit,* una colega y compañera mía de enseñanzas desde hace casi una década.

---

* Esta práctica, llamada en un principio «práctica de poder diaria», forma parte de los Cursos sobre el Poder Transformador Femenino dirigidos a Mujeres (véase www.FemininePower.com). Procede de las enseñanzas sobre la psicoterapia de las relaciones con uno mismo del doctor Stephen Gilligan.

❧

A esta versión de la práctica le he añadido un elemento de un ejercicio de *tonglen* del budismo tibetano antiguo que te irá de perlas cuando sientas que tus emociones te superan.

1. **Relájate.** Busca un lugar tranquilo donde sentarte durante unos minutos. Si es seguro hacerlo, cierra los ojos y respira hondo, como si al inhalar llevaras el aire hasta las caderas. En un estado de gran atención y receptividad, observa los sentimientos y las sensaciones en tu cuerpo y relaja cualquier tensión que sientas.

2. **Distánciate de tus sentimientos.** Imagínate que tomas una cierta distancia de tus propios pensamientos y sentimientos, y advierte con un gran afecto, compasión y curiosidad esta parte tuya contemplándote a ti y teniendo esos pensamientos y sentimientos. Sé consciente de cómo este espectador interior puede acceder a la sabiduría y la madurez que hay en ti y ver lo que ocurre en tu vida desde una perspectiva más amplia y mejor informada.

3. **Conecta con tu parte más profunda y espaciosa.** Sigue respirando. Mientras tanto, advierte que en ti hay una parte mucho más profunda y espaciosa que los sentimientos que estás teniendo; gracias a ella sabes y notas, aunque solo sea por un instante, que estás bien, pese a la difícil situación que atraviesas.

4. **Rodea de amor la parte tuya que sufre.** Desde esta parte tuya más profunda, madura y sabia, rodea de amor la otra parte de ti que se siente abrumada por las emociones negativas. Préstale toda tu atención mientras sigues identificando tus emociones con la parte más madura y sabia que te está observando, y dale a la parte que está sufriendo todo tu apoyo y compasión.

5. **Observa y acepta tus sentimientos.** Con una gran bondad y compasión, hazte las siguientes preguntas:

«¿Qué es lo que estás sintiendo, cariño?»
Escucha con atención la respuesta y luego di:

✍

«Ya veo que te sientes _____ *[triste, furioso, desesperanzado, utilizado, etc.]»*

Nota: Intenta ampliar tu vocabulario emocional para nombrar con más precisión el sentimiento que estés teniendo. Por ejemplo, en lugar de decir simplemente «deprimido», procura encontrar una palabra que refleje mejor lo que sientes, como «desanimado», «desesperado» o «desesperanzado». (Consulta la lista que aparece más adelante para que te resulte más fácil hacerlo.)

Sigue preguntándote: «¿Qué es lo que estás sintiendo, cariño?», hasta haber observado y nombrado todos tus sentimientos.

6. **Exhala una bendición.** Inhala cada sentimiento que tengas llevándolo al centro de tu corazón, acéptalo, y luego exhala una plegaria y una bendición para ti y para todos los seres del mundo que estén sufriendo a causa de ese mismo sentimiento en ese instante. Ve repitiéndolo hasta haberte ocupado de todos los sentimientos que estás experimentando.

7. **Observa y nombra tus necesidades.** Ahora, lleno de bondad y compasión, hazte las siguientes preguntas:

«¿Qué es lo que necesitas, cariño?»
Escucha atentamente la respuesta y luego di:
«Ya veo que necesitas _____ *[amor, dejar atrás la ruptura, recibir discul-pas, justicia, seguridad, apoyo, consuelo, que te tengan en cuenta, ser escuchado, etc.]»*

Nota: Aunque desees actuar cuanto antes para satisfacer tus necesidades, no olvides que lo más importante es ocuparte de ti. No todas las nece-sidades se pueden satisfacer al instante, pero todas son válidas o dig-nas de tu atención. Tenlo sobre todo en cuenta si tu expareja no quiso, o no supo, satisfacer tus necesidades o tomárselas en serio.

Sigue preguntándote: «¿Qué es lo que necesitas, cariño?», hasta haber ob-servado y nombrado todas tus necesidades.

Si deseas descargarte el audio gratuito de esta práctica, lo encontrarás en www.ConsciousUncoupling.com/StepOnePractice.

La siguiente lista de sentimientos te ayudará a nombrar con más precisión lo que estés sintiendo en esos momentos:

Abandonado	Desamparado	Inquieto
Aborrecido	Desdeñado	Inseguro
Afligido	Desdichado	Locamente enamorado
Alienado	Desesperado	Lleno de odio
Amargado	Desgarrado	Nervioso
Ambivalente	Destrozado	No amado
Ansioso	Devastado	No deseado
Apenado	Digno de compasión	Nostálgico
Apesadumbrado	Encolerizado	Ofendido
Arrepentido	Enojado	Paranoico
Asustado	Envidioso	Perdido
Atemorizado	Frágil	Pesaroso
Aterrado	Frustrado	Preocupado
Avergonzado	Furioso	Resentido
Celoso	Histérico	Resignado
Conmocionado	Horrorizado	Solo
Consternado	Humillado	Triste
Culpable	Incómodo	Utilizado
Decepcionado	Indignado	Violado
Deprimido	Infravalorado	Vulnerable

Cuando estás dispuesto a observar lo que te pasa, nombrando simplemente tus sentimientos y necesidades sin intentar quitártelos

❧

frenéticamente de encima, estás practicando lo que en el budismo se llama «mindfulness». No es un acto pasivo ni activo, sino un profundo homenaje a tu naturaleza humana mientras aceptas la vulnerabilidad de un corazón que ama.

Al decidir estar presente y negarte a retraerte y evadirte, tu ruptura amorosa se convierte en una iniciación a una mayor plenitud en lugar de arruinarte la vida y destrozarte. Aunque no puedas evitar el dolor de tener el corazón roto, al observar tu experiencia interior en lugar de huir de ella al menos harás un buen uso de tu dolor.

El duelo ineficaz es cuando dejas que el dolor calcifique tu cora-

> *El ser humano es una casa de huéspedes.*
> *Cada día llega una nueva visita, una alegría, una tristeza, una maldad,*
> *cierta conciencia momentánea como un visitante inesperado...*
> *Agradece quienquiera que venga, porque cada uno ha sido enviado como un guía del más allá.*
>
> RUMI

zón cerrado y te identificas con alguien abandonado, no querido o maltratado. Si no te andas con ojo puede hacerte llevar durante meses o años una vida empequeñecida y empobrecida. El duelo eficaz,[9] en cambio, hace que dirijas hacia ti el amor que le has estado dando a tu pareja. Te permite cuidar el punto tierno de tu sensible corazón, por lo que tu capacidad de amarte aumenta de un modo agridulce, pese al rechazo de tu pareja. Cuando aprovechas la fuerza colosal del dolor para abrir tu corazón de par en par, tu capacidad de sentir compasión e

> *Por más hermoso que fuera y por más duro que resultara, siempre que estaba dispuesta a soportarlo, lo difícil se transformaba al instante en algo hermoso.*
>
> ETTY HILLESUM

interés por todos los seres vivos se vuelve mucho mayor. Te inicias en tu propia naturaleza humana de una forma que te conecta con la vida.

Esta es la paradoja del dolor. Tiene el poder de destruirte o de salvarte. De ti depende.

¿Hay algo bueno en sentir rabia?

No va a ser una experiencia fácil. Sin embargo, cualquier emoción fuerte contiene en esencia las semillas de nuestro despertar. Al aprender a dominar emociones inten-

> La amargura es
> como el cáncer.
> Te carcome por dentro.
> Pero la cólera es
> como el fuego.
> Lo purifica todo.
>
> MAYA ANGELOU

sísimas con la parte más profunda de ti, tienes la oportunidad de desarrollar el potencial para crecer inherente a todos. La emoción de la rabia es en especial prometedora al permitirte realizar un cambio positivo por la cantidad colosal de energía que contiene. Mientras transformas la fuerza de la furia en una poderosa postura para ser valorado, amado, respetado y considerado tanto por ti mismo como por los demás, y declaras con resolución: «¡No pienso seguir tolerando esto en mi vida!», te liberas de décadas de hábitos amorosos decepcionantes.

Una ruptura amorosa nos hace montar en cólera porque reproduce el daño que nos hicieron en el pasado. La sentimos como una gran traición. Tu pareja era la persona que se suponía que debía curar tu corazón herido y no arrancarte la costra haciéndotelo sangrar de nuevo. Confiabas en ella y le abriste tu vida, tu cama, tu psique y tu corazón. No obstante, en lugar de salvarte de decepciones del pasado, te ha fallado igual que los demás. ¡Qué chasco más gordo! El hombre que era para ti un santo, se ha convertido ahora en un demonio. La mujer que era para ti una diosa, se ha convertido ahora en la maldad personificada.

Nada nos enfurece tanto como una buena traición, a no ser, claro está, que nos rechacen. Pocas cosas hay que puedan encendernos tanto como el rechazo. El dramaturgo inglés William Congreve observó sagazmente: «No hay nada peor que una mujer despechada». Como una mujer que no acepta un no por respuesta, que no se ha salido con la suya o que está llena de rencor por la mala conducta de su amado. Lo que nos hace enfurecer a todos, tanto a mujeres como a hombres, es ser rechazados y abandonados por la persona amada. Nos activa de golpe la respuesta de lucha o huida,[10] inundándonos de un torrente de adrenalina y de hormonas del estrés que nos producen arrebatos casi irreprimibles.

El monje budista Thich Nhat Hanh compara la ira a la basura[11] y admite que el abono orgánico se compone de basura, y que una flor necesita el abono para crecer: «Reconozco que en mí hay basura. Voy a transformar esta basura en un nutritivo abono orgánico para que el amor vuelva a aparecer». Aunque todos los sentimientos del espectro de la ira —desde el enojo y el resentimiento, hasta el cabreo y el furor— no sean fáciles de manejar sin que generen reactivamente más toxicidad y dolor, los beneficios de dejar que la energía de la rabia nos incite a progresar notablemente en nuestra vida son incomparables, ya que una rabia descomunal significa un montón de energía para avivar tu determinación y animarte a hacer cambios importantes en tu vida. Cambios que probablemente estabas intentando hacer desde hacía mucho tiempo.

> *Aceptar plenamente el dolor tiene su propio encanto. En el dolor hay una cierta alquimia. Se puede transmutar en sabiduría, y aunque esta no nos produzca placer, sin embargo nos hará felices.*
>
> PEARL S. BUCK

¿Cuándo te decidiste a fijar tus límites? ¿O descubriste que era mejor hablar con franqueza? ¿O que debías dejar de contentar a tu pareja y de ser demasiado generoso para quedar bien? Seguramente cuando el hecho de no valorarte como es debido en tu relación te pasó factura y te dio un buen bofetón en plena cara, ya que hasta ese momento todos tus planes para actuar mejor en ella no eran más que pura teoría.

La cólera es muy sana porque te incita a reclamar tus derechos: el derecho a que te apoyen, a tener una opinión, tu espacio vital, a ser escuchado y tratado con dignidad, consideración, respeto y amor. Si has sido en especial codependiente en tu relación, anteponiendo los sentimientos y las necesidades de tu pareja a los tuyos, no diciendo la verdad por temor a disgustarla, sin atreverte a hacer preguntas o a fijar tus propios límites por tu miedo cerval a que te abandonara, en este caso la rabia que sientes ahora es como el grito vital de un recién nacido tras recibir una palmada al aspirar su primera bocanada de aire. Significa que algo en ti se está despertando y que quieres sustentar este fuerte impulso y sacarlo a la luz para hacértelo tuyo por entero.

Es evidente que la ira descontrolada puede causar grandes problemas. Sin embargo, en lugar de dejarte llevar por esta emoción, intenta expresarla bailando, cantando o pintando. La ira no es solo una oleada emocional, sino también un impulso físico, y debes expresarla físicamente para encauzarla hacia un objetivo constructivo. Cuando aprendes a manejar y a dominar el impulso de la ira, transformando tu furia en una postura que adoptas por lo que tú vales, por tu derecho a amar y ser amado, y por la promesa que te has hecho en tu vida, tanto da lo que ocurra, porque eres libre de expandirte más allá de la mujer o del hombre que eras hasta este momento.

PREGÚNTATE:

«¿Qué es lo que la rabia está despertando en mí? ¿Cómo puedo usar la intensidad de esta energía para crear un cambio positivo en mi vida? ¿Por qué derechos estoy ahora dispuesto a luchar?

ℰↃ

La ventaja de sentirte fatal

Pocas cosas nos recuerdan nuestra fragilidad con tanta fuerza como la pérdida del amor. Los seres humanos nos refugiamos hasta tal punto en los demás que el final de una relación puede ser como un exilio forzoso. Somos vulnerables a depender de otros y, sin embargo, muchas personas ven esta dependencia como señal de debilidad o inmadurez. Suponemos que la salud psicológica significa poder valernos por nosotros mismos y ser autosuficientes, sin que la molesta necesidad de relacionarnos con otras personas se interponga en nuestro camino. No obstante, la naturaleza no coincide con nosotros en este sentido al sugerirnos que somos seres dependientes diseñados para depender unos de otros.

Un cierto número de científicos afirman que nuestra estabilidad neurofisiológica depende de la sincronización que establecemos con las personas más cercanas,[12] ya que nos fortalecemos unos a otros los ritmos neurales a modo de un baile conjunto de conexiones afectivas. Los científicos denominan a este intercambio mutuo sincronizado de energía «regulación límbica», que describe el continuo ajuste conjunto de funciones biológicas como la del ritmo cardíaco, la presión arterial, la temperatura corporal, la función inmunológica, la saturación de oxígeno, e incluso los niveles de azúcar y hormonales entre otras. El mero acto de dormir juntos es un vivero de intercambios. Dos estudios distintos han comparado los bebés prematuros que dormían siempre con muñecos de peluche con los que dormían con un «osito que respiraba»,[13] un muñeco de peluche conectado a un respirador artificial que se hinchaba y deshinchaba al ritmo de la respiración de los pequeños. Los bebés del «osito que respiraba» dormían más tranquilos y respiraban mejor que los del muñeco de peluche que no respiraba. Aunque a medida que crecemos nos volvemos cada vez más autónomos, seguimos dependiendo unos de otros a lo largo de toda nuestra vida.

En la década de 1990, el doctor Jaak Panksepp,[14] psicólogo, neurocientífico y profesor emérito en la Universidad Estatal Bowling Green, emprendió investigaciones sobre los estados emocionales de los animales al reconocer que el estudio de nuestros amigos peludos nos ayudaría a comprender mejor las emociones humanas. Uno de los campos que exploró a fondo fue lo que ocurre al romperse un vínculo afectivo. Lo llevó a cabo estudiando las conductas exhibidas por un cachorro cuando lo separaban de su madre. Primero gemía, y luego lloraba y se ponía a buscarla frenéticamente, sumiéndose al final en un estado pasivo de depresión y desesperanza, imitando la conducta de una persona llorando la pérdida de una figura con la que estaba muy unida. Panksepp concluyó que los mismos sistemas neurales que garantizan la conexión con otros seres también nos hacen caer en una depresión cuando nos separamos de alguien con el que habíamos tejido un lazo afectivo muy estrecho. Cuando perdemos un hogar relacional no es patológico que nos sintamos melancólicos, sino algo totalmente normal.

El neuropsicólogo Mark Solms interpreta[15] los hallazgos del doctor Panksepp sugiriendo que la apatía y el letargo de una depresión son una táctica de la naturaleza para hacernos bajar el ritmo a fin de que no nos separemos con demasiada rapidez de lo que nos sustentaba. Los sentimientos depresivos se pueden ver como la forma que tiene la vida de evitar que nos separemos demasiado pronto de nuestro vínculo afectivo, se trata de un compás de espera impuesto a nivel existencial que nos obliga a tomarnos un tiempo para reflexionar sobre las acciones que realizaremos, las decisiones que tomaremos, los cambios que haremos y las lecciones que extraeremos. Las conexiones son la esencia de nuestra condición de seres humanos y la naturaleza pecó de un exceso de apego en este aspecto.

La depresión que sentimos por el final de una relación es sobre todo un tributo al valor del amor que nos obliga a ver como sagrado el intercambio entre dos seres en lugar de desecharlo sin más. Si bien vivimos en una sociedad de «usar y tirar», las relaciones que formamos unos con otros no son desechables en absoluto. Aunque te sientas rebajado y desdeñado por la persona que has amado, tu depresión te está diciendo que vuestra unión importaba. A pesar de que tu antigua pareja intente sufrir menos cerrándose en banda y minimizando tu amor, tu cuerpo, impregnado del letargo de la depresión, sabe muy bien que no es así y se niega rotundamente a dar por terminada la relación con tanta rapidez.

Estos descubrimientos reflejan las enseñanzas de la autora superventas Elisabeth Kübler-Ross,[16] que se separó a su vez del padre de sus dos hijos, aunque siguieron siendo amigos hasta que él murió doce años más tarde. Conocida sobre todo por identificar las cinco etapas del duelo que atravesamos al afrontar la muerte de un ser querido (negación, ira, negociación, depresión y aceptación), la doctora Kübler-Ross ha reconocido que cualquier pérdida o rechazo que nos recuerde nuestra soledad existencial y la precariedad de nuestra estabilidad en la vida sigue en el mejor de los casos un camino similar. Sin embargo, la depresión de una ruptura amorosa se diferencia de la de las primeras etapas del duelo en que aceptamos la realidad de nuestra pérdida en ese mismo instante, en el presente, en lugar de pasar por las etapas de negación, ira y negociación relacionadas con revisar e integrar la situación o aferrarnos al pasado. Aunque caer en una depresión nos parezca algo malo, en realidad significa que estamos tomando una buena dirección al luchar contra la vida en sus propios términos, mientras nos debatimos por llegar a la última etapa del dolor: la aceptación.

> *Los que no saben llorar con todo su corazón tampoco saben reír con toda su alma.*
> GOLDA MEIR

Por más penoso que sea soportar las emociones oscuras del amor, no reprimas tu corazón. Deja de intentar a toda costa olvidarte enseguida del dolor. En su lugar, tómate tu tiempo para llorar, haciendo una pausa para advertir hasta qué punto tu cuerpo necesita desesperadamente cantar su triste canción sin que tú intentes impedírselo ni hacer lo imposible para que no sea así. Algo en ti está deseando aflorar a toda costa y es posible que necesite la purgación de miles de lágrimas para conseguirlo.

Si eres como muchas personas, habrás estado intentando evitar toda tu vida la sensación de soledad, procurando no quedarte solo a cualquier precio, hasta el extremo de hacer lo inimaginable una y otra vez para tener a alguien a tu lado dispuesto a ayudarte cuando te desmorones por alguna razón. Sin embargo, ¿por qué no decides ser tú ese alguien? No te evadas de las mil y una formas en que solemos evadirnos para no mirar en nuestro interior. Apóyate como desearías que tu antigua pareja te apoyara. ¿Qué compromisos te habría gustado que contrajera en vuestra relación? Identifícalos y luego cierra los ojos, ponte la mano en el corazón y asúmelos tú mismo con rotundidad. Hazlo ahora que necesitas oír esas palabras de apoyo y consuelo más que ninguna otra cosa en el mundo.

Es hora de darte el amor, la atención, la fidelidad y los cuidados que has estado intentando recibir de tu antigua pareja toda tu vida. El dolor te tiene agarrado por los tobillos y va a tomarse su tiempo antes de soltarte. No tienes adónde ir aparte del hogar de tu ser. Este simple gesto de prestarte toda tu atención cuando estás viviendo un calvario te permite más que ninguna otra cosa que yo sepa desarrollar una gran profundidad y bondad. Entregarte a la vulnerabilidad inherente al ser humano y llegar a amar la desvalida fragilidad de tu punto débil es una experiencia tremendamente dolorosa y exquisitamente liberadora a la vez, ya que tu tierna necesidad de amar y ser amado es lo más maravilloso de ti.

PREGÚNTATE:

«¿Qué compromisos puedo asumir conmigo mismo que me hubiera gustado que mi ex asumiera?»

Nota: El dolor de una ruptura puede ser tan insoportable que a veces desencadena un deseo suicida u homicida. Si descubres que quieres autolesionarte o hacer daño a alguien, no dudes en llamar al teléfono de los servicios de asistencia para suicidas. Tienes toda la ayuda que necesitas a tu alcance.

¿Qué sentido quieres darle?

No te creas todo lo que piensas y sientes, sobre todo durante una ruptura, cuando tus pensamientos y sentimientos son tan reactivos y proclives a tergiversar y malinterpretar lo que está ocurriendo o lo que ocurrirá. El miedo nos hace falsear el significado de las cosas y muchos de tus arrebatados sentimientos se basan en suposiciones equivocadas. No olvides que aunque te sientas de lo más solo en el mundo, esto no quiere decir que lo estés. Aunque estés convencido de que nadie te amará nunca más, esto no tiene por qué ser así. Por más inferior, herido o incapaz de amar que te sientas, no significa que esto sea verdad.

Las partes más frágiles de nuestro ser son las que más sufren las heridas del amor. El dolor de tu corazón no es nuevo. Ya lo has sentido antes, quizá en muchas ocasiones. Lo que ocurre es que ahora ves con más claridad cómo acaban todas tus historias de amor. Si cierras los ojos por un momento, hasta te acordarás de la primera vez que te ocurrió. Eras muy joven. Quizá tan joven que todavía no sabías darle un nombre a tu dolor, ya que tal vez te sucedió estando aún en la cuna. Yo la llamo la *herida de la fractura original*, cuando te rompieron el corazón por primera vez a una edad muy temprana. Tal vez te sucedió en un instante debido a un pequeño rechazo, un abandono impactante o una ligera falta de sintonía que de súbito te hizo ver lo solo que estabas en este mundo. O quizá el corazón se te fue partiendo poco a poco a lo largo de los años, a medida que te topabas con maldades esporádicas, con maltratos inesperados pero recurrentes, o con una falta de atención que destruyó el último rastro de inocencia que te quedaba. Al margen de dónde, cuándo o cómo te ocurrió, supongo que ningún adulto te ayudó a interpretar aquella experiencia tan desconcertante y dolorosa. Ningún adulto se preocupó por decirte con dulzura: «No, cielo, no eres una tonta. Es tu hermano mayor el que se siente asustado e inseguro». «No es que no le importes, angelito. Lo que pasa es que papá tiene problemas con la bebida y necesita recibir ayuda.» «No es que no te quiera, cariño. Lo que ocurre es que mamá tiene una depresión, pero no es por tu culpa ni puedes hacer nada para que se cure.» Sin aquella madura presencia en tu vida que te ayudara a interpretar lo que estaba sucediendo en tu pequeño mundo, seguramente sacaste conclusiones chocantes y equivocadas sobre quién eras y lo que podías alcanzar en la vida. Y esas conclusiones se acabaron convirtiendo en hábitos mentales, en un filtro con el que interpretabas y respondías a los acontecimientos de la vida, por lo que tu dolor se volvió más complejo. Una cosa es sentirte triste por romper con la persona amada y otra muy distinta suponer que te ha ocurrido porque no mereces ser amado.

Igual que una paloma adiestrada para encontrar el camino de vuelta a casa, la historia de tu fractura original es el hogar de tu conciencia al que regresas una y otra vez cuando te vuelven a herir. Bajo cada uno de tus sentimientos complicados hay una antigua suposición: que es peligroso amar, que los demás nunca te darán lo que realmente necesitas, que todos tus amantes te acaban abandonando por más buena persona que seas, o que tu destino es estar solo. La mayoría de tu dolor y desesperación es una respuesta al significado que le das automáticamente a las cosas cuando te llevas

> *Siente tus sentimientos.*
> *Olvídate de la historia.*
> PEMA CHÖDRÖN

una decepción, por lo que tu dolor aumenta y la experiencia te resulta el doble de dura.

Por suerte, a pesar de sentirte como un niño abandonado, no deseado y no querido, eres en realidad un adulto talentoso, listo y maduro con muchos recursos. Aunque una multitud de mentiras acudan en tropel a llamar a la puerta de tu conciencia, intentando explicarte el desastre en el que te has metido, es tu parte adulta la que puede disipar la confusión para darle un significado más enriquecedor a tu experiencia. Imagínate que en medio de ti hay un manantial de sabiduría más allá de la edad que tengas, susurrándote continuamente palabras esclarecedoras e interpretaciones profundas sobre lo que te está ocurriendo en la vida. Esta parte de ti tan sabia, sensible e intuitiva ve tu sufrimiento desde un punto de vista más amplio que trasciende la historia de la fractura original que siempre ha estado presente en ti. Es tu parte adulta que sabe que aunque la vida no sea siempre justa, es maravilloso estar vivo. Que cuando una puerta se cierra, otra se abre. Que lo que estás echando de menos no es a tu antigua pareja, sino a la persona que creíste que era. Que por más lacerante que sea la ruptura, lo mejor para los dos es dejar la relación. Aprender a hablarte desde esa parte tuya adulta y a animarte con palabras sabias cuando las emociones negativas intentan llevarse lo mejor de ti, te ayudará a recuperar tu sensación de plenitud.

....

Crea un mantra a modo de mentor

Esta práctica, creada por mi colega Claire Zammit, ha sido modificada para el proceso de la Separación Consciente.*

---

* Esta práctica, llamada en un principio «Diálogo interior transformador», la creó Claire Zammit para las alumnas de nuestro Curso de Maestría del Poder Femenino de Nueve Meses.

En cuanto seas capaz de manejar y dominar tus fuertes y abrumadores sentimientos, esta práctica aún te llevará más lejos al ocuparse a modo de mentor de esa parte tuya que le está dando un significado falso a la ruptura. (Por ejemplo: «Siempre estaré sola», «Nadie me amará tanto como ella» o «Nunca consigo lo que quiero».) Te animo a usarla cuando te sientas angustiado o agitado y necesites recuperar el equilibrio emocional.

1. **Define tus suposiciones.** Distánciate de tus emociones e intenta identificar las suposiciones que te hacen sentir de ese modo. ¿Cómo interpretas la ruptura en cuanto a ti? ¿O a tu vida?

   Por ejemplo: «Debe de haber algo raro en mí», «Mis amantes siempre acaban decepcionándome y dejándome», «No puedo vivir sin él» o «El amor no está hecho para mí».

2. **Cuestiónate tus suposiciones.** Ponlas en duda. Ve más allá de esta certeza con una fiereza compasiva que impida que el miedo te domine. Háblate como si fueras tu propio mentor y guía afectuoso dotado de una gran sabiduría y visión.

   Por ejemplo: «Es cierto que has cometido ciertos errores, cariño. Pero esto no significa que haya algo raro en ti», «Aunque te sientas como si nadie vaya a volver a amarte nunca más como ella, quién sabe lo que puede ocurrir» o «El amor no es un camino de rosas para nadie, cielo. Todas las personas que conozco han sufrido algún desengaño amoroso al menos una vez en la vida, incluso las que ahora son felices con su pareja».

3. **Ofrécete lecciones sabias sobre la vida.** Desde la parte tuya más sabia y madura, ofrécete afectuosamente una lección sobre la vida que te muestre un aspecto de la situación en el que no habías caído.

   Por ejemplo: «Sé que estás sufriendo mucho, cariño, pero es el riesgo que corremos al abrirle el corazón a alguien. Todos hemos sufrido un desengaño amoroso alguna vez. Pero te prometo que lo superarás».

   Tranquilízate dándote ánimos y ofreciéndote una perspectiva que te permita confiar en la vida incluso después de llevarte una gran decepción.

4. **Crea tu mantra a modo de mentor.** Usando esas palabras sabias de consuelo, aliento y apoyo, crea un mantra reconfortante a modo de mentor que puedas repetir para tus adentros una y otra vez hasta que recuperes el equilibrio emocional.

Por ejemplo: «No pasa nada, cariño. Las rupturas te hacen sentir así. Este dolor desaparecerá pronto, pero la sabiduría que te ha dado perdurará. Te quiero».

···

Tienes una patata caliente en las manos. Si no te relacionas contigo mismo con bondad y afecto, no se irá el profundo dolor que siente tu corazón. Puedes intentar evadirte de esa sensación desagradable[17] bebiendo como una esponja, zampándote una docena de donuts o fumando como un carretero todo el día. De ti depende. Pero el dolor es muy exigente y tendrás que controlarlo para que no se apodere de ti. Imagínate que estás en lo que mi amiga Lauren Frances llama un «centro de rehabilitación para desengañados». Organiza tu vida de modo que puedas cuidarte mucho. Sigue una rutina, frecuenta a personas que te quieran, ingiere alimentos frescos y naturales, recurre a un buen coach o psicólogo, pasea por espacios naturales y lee una buena novela con personajes que te fascinen. Al final de este capítulo encontrarás más sugerencias para cuidarte. Tómatelas en serio. No es el momento de olvidarte de ti.

PREGÚNTATE:

«¿Qué palabras de consuelo, ánimo, sabiduría y afecto me puedo ofrecer para apoyarme y tranquilizarme cuando me sienta abrumado por el dolor?»

«¿Qué puedo hacer para demostrarme que me cuido al máximo en esos momentos de desamor y dolor?»

ॐ

Transforma la situación en algo positivo

En 1995 el doctor Lawrence Calhoun,[18] profesor de psicología en la Universidad de Carolina del Norte en Charlotte, acuñó el término «crecimiento postraumático» para describir la resiliencia que además de permitirnos superar una crisis, nos cambia para mejor. «No equivale a ser resiliente», afirma. «La resiliencia es cuando recibes un puñetazo, te quedas helado y luego vuelves a reaccionar. El crecimiento postraumático es distinto, porque al levantarte ya no eres el mismo, te has transformado.»

Pema Chödrön, la célebre monja budista[19] que ha contribuido a mejorar el mundo con su libro superventas *Cuando todo se derrumba*, narra con franqueza cómo su divorcio le sirvió de catalizador en su despertar espiritual y, por lo tanto, en la labor de su vida. Con sentido del humor y humildad, comparte que se sintió consumida por el odio cuando su marido le anunció que tenía una aventura amorosa con otra mujer y que quería el divorcio. En aquella época ella era profesora de primaria y estaba criando a sus dos hijos de un matrimonio anterior, que también había terminado mal. En los meses siguientes la amarga rabia que sentía la empujaba a reaccionar con malquerencia. Antes de que le ocurriera se consideraba una mujer cariñosa y optimista, y no se sintió preparada para aquella profunda oscuridad que la consumía con un odio cargado de fantasías de venganza y represalias. La naturaleza incesante y apremiante de esos impulsos destructivos la obligó a buscar activamente una base sólida sobre la que apoyarse. Mientras probaba varias disciplinas espirituales para sentirse mejor, se topó con un artículo escrito por el maestro de meditación Chögyam Trungpa que le ayudó a darle sentido a su

> *Cuando sientes un dolor tremendo, necesitas fijarte un mayor objetivo en la vida.*
>
> MILLARD FULLER

❦

experiencia. En él el lama tibetano afirmaba que la negatividad en sí misma no era mala y describía nuestras emociones más oscuras como una «energía creativa y jugosa que nos puede llevar a un despertar». Afirmaba que el problema estaba en los efectos indirectos de la negatividad: los interminables reproches y la furia constante. Sin embargo, la energía de la negatividad no es mala en sí misma y puede sernos útil. Esta percepción hizo que Pema Chödrön se sintiera atraída por el camino del budismo. Al cabo de un año se había hecho monja y a partir de

> *Solo en la oscuridad puedes ver las estrellas.*
> MARTIN LUTHER KING, JR.

entonces ha estado ayudando a cientos de miles de personas de todas partes del mundo a encontrar la paz y una mayor satisfacción en la vida.

Las rupturas amorosas nos cambian. Tienen el potencial de hacernos dar pasos agigantados hacia delante que de lo contrario no daríamos. Ya nunca volvemos a ser los mismos. No obstante, de ti depende cambiar para mejor o para peor. Tu mejor pista sobre si esta separación te ayudará o no a sacar tu mayor potencial y a dedicarte a lo que te apasiona, o si por el contrario empequeñecerá tu vida a partir de ese momento, serán las conclusiones que saques en respuesta a tu sufrimiento. Al afrontar un dolor tan brutal, algunas personas deciden no volver a amar de esa forma nunca más o concluyen que no están hechas para la vida en pareja, o que el amor romántico no es para ellas. El fin de una relación es una encrucijada y habrá personas que después de un desengaño amoroso lleven una vida empobrecida. Espero que tú no seas una de ellas.

No hay mejor momento para encontrar tu lugar en la vida que este. Quieres que la agonía que sientes se lleve hasta la menor traza de cualquier hábito inconsciente que te haya empujado a actuar movido por el miedo como una versión de ti deslucida y falsa. Quieres transformar tu dolor en un gran compromiso a fin de manifestar tu potencial para la liberación, la salud, la felicidad, la contribución y el amor en tu vida.

> *El mundo nos rompe a todos, pero después muchos se vuelven fuertes en los lugares rotos.*
>
> ERNEST HEMINGWAY

En este momento quizá no te importe demasiado llegar a ser la persona que estás destinada a ser, porque lo único que quieres es seguir siendo la de antes. Pero la vida se ha encargado de que eso no sea posible y no tienes más remedio que avanzar. Estás en ese desagradable lugar intermedio entre dos mundos. Pero ni se te ocurra quedarte atascado y morir en ese canal de nacimiento. Como una madre en el día del parto, tienes que empujar con todas tus fuerzas. Winston Churchill dijo en una ocasión:[20] «Si estás atravesando un infierno, *sigue adelante*». Mientras avanzas penosamente por el túnel oscuro y sinuoso del fin del amor, debes desear con toda tu alma salir a la luz y luego hacer todo lo posible por conseguirlo.

Cuando la vida nos trae una gran decepción, debemos elegir. Te pido de todo corazón que tú elijas la vida, la bondad, la verdad, la belleza y el amor. Te prometo que aunque ahora te invada la tristeza, si eliges este camino nunca te arrepentirás.

PREGÚNTATE:

«¿Qué objetivo puedo fijarme que me ayude a usar el dolor que ahora siento para transformar mi vida de forma positiva?»

....

SUGERENCIAS PARA CUIDAR DE TI
PRIMER PASO
(Da al menos dos pasos cada día)

1. **Escribe un diario que solo tú puedas leer.** Anota tu rabia, decepción, indignación, humillación, dolor, culpabilidad y horror. Expresa con absoluta libertad todo el espectro de tus emociones, sin censurar, juzgar ni omitir nada.

2. **Mueve el cuerpo aunque solo sea unos momentos.** Camina, estírate, corre, nada, monta en bicicleta, haz yoga, salta sobre una cama elástica, patina, levanta pesas, juega a la pelota, baila, etc.

3. **Escucha un tipo de música** que refleje tus emociones y canta a todo pulmón.

4. **Busca oportunidades para ser bondadoso con los demás,** sobre todo con las personas que estén sufriendo incluso más que tú.

5. **Ve a ver obras de arte de calidad** para recordar que muchas de las cosas que ahora estás sintiendo las sintieron también a lo largo de las distintas épocas los que crearon algo bello de su sufrimiento. Ve a un concierto de música sinfónica, a la ópera, al teatro o a un museo.

6. **Siéntate bajo las estrellas y alza la cabeza** para recordar la inmensidad del universo y las numerosas posibilidades que te ofrece para el amor.

NOTA PARA LAS PAREJAS QUE HACEN EL PROGRAMA JUNTOS

En este primer paso del proceso de la Separación Consciente adopta una actitud más formal con tu expareja, distanciándote de vuestro nivel normal de compromiso de una forma que os permita a ambos aceptar los cambios que cada uno está experimentando. No intentes que te quiera, te apruebe o te consuele antes de quererte, apro-

⁊

barte y consolarte tú a ti mismo, o de recurrir a un profesional para que te ayude a hacerlo, o ambas cosas a la vez. Sé sumamente educado, considerado y respetuoso con tu expareja, pero no te «ocupes» de sus sentimientos complicados. Dale el tiempo y el espacio para afrontar por sí sola lo que está ocurriendo. Sé solidario, generoso y amable y, al mismo tiempo, vuélvete más independiente.

Recupera tu poder y tu vida

Acaba con lo viejo y da inicio a lo nuevo.

JEFF BROWN

En el segundo paso del programa de la Separación Consciente dejas de ser una víctima herida del amor y cambias de perspectiva al asumir tu parte en lo ocurrido. De ese modo empiezas a ver cómo creaste tu propio sufrimiento para no volver a caer en esta dinámica nunca más y te desprendes de los hábitos amorosos decepcionantes.

En el segundo paso, «Recupera tu poder y tu vida»:

- Dejarás de ser una víctima y crearás una historia holística y exacta de la ruptura que te permitirá emprender un camino de paz y de auténtica realización personal.
- Reflexionarás sobre ti como el causante de tu propia experiencia de una forma que apoyará tu poder y fomentará tu crecimiento interior al ayudarte a dejar atrás tus dolorosos hábitos amorosos.
- Abandonarás tus hábitos arraigados e inconscientes de contentar a los demás a toda costa, no cuidar de ti, ser demasiado generoso

o de conformarte con menos de lo que te mereces, y empezarás a actuar de una manera que refleje tu verdadera valía.

- Aprenderás a mejorar tu forma de ser para desprenderte de cualquier vestigio de resentimiento y de arrepentimiento.
- Evolucionarás más allá de la persona que eras cuando empezaste la relación y descubrirás cómo puedes confiar realmente en ti para volver a amar y a ser amado.

Tendrás que contarte la historia de tu ruptura una y otra vez en tu mente, para intentar tejer laboriosamente un relato con sentido con los fragmentos, pedazos y partes que no encajen de los recuerdos y la información que tienes. Todos los indicios que deberías haber captado, todas las cosas que deberías haber sabido, las verás ahora con gran claridad al recordar de pronto los vagos detalles de tu vida íntima. Cavilando sobre las sutiles pistas que se te pasaron por alto, sobre las conversaciones inoportunas y los errores fatales de los que ahora te das cuenta, intentarás elaborar una historia con la que puedas vivir que se convertirá en el legado de esta aventura amorosa.

Lo más probable es que tu historia se centre en las muchas maneras en que fuiste malinterpretado, maltratado, rebajado y ofendido. Describirá las formas deplorables en las que tú mismo acabaste provocando este desengaño amoroso mientras reúnes un montón de argumentos con los que torturarte durante los años futuros. Le darás vueltas y más vueltas en tu cabeza a la historia victimizada, acusatoria y bochornosa de tu amor, que irá ganando fuerza y empuje a medida que intentas descubrir qué es lo que salió mal, quién es el culpable y por qué. Todas estas cavilaciones son para intentar que no te vuelva a pasar lo mismo nunca más, ya que ¿cómo vas a vivir en un mundo donde lo más sagrado y querido para ti puede traicionarte en un instante? ¿Un mundo donde pueden robarte tu identidad de un plumazo y esfumarse de golpe todo aquello que contabas tener en el futuro?

Si eres tú quien ha dejado a tu pareja, tu historia será muy distinta. Menos impactado y doblado de dolor que ella, te sentirás eufórico por haber reunido el valor y la fuerza para romper los vínculos que te oprimían. Has estado preparando el terreno para esta gran emancipación valiéndote de los innumerables desaires, fallos, fracasos y defectos subrepticios de tu expareja, mientras durante semanas, meses o incluso años ibas reuniendo pacientemente las pruebas contra ella y demostrabas con rotundidad las razones por las que te viste obligado a abandonarla. Sintiéndote culpable y a la vez con la suficiente indignación fatua para seguir adelante, la historia de tu ruptura tratará de las muchas formas en las que te sentiste desatendido, dejado de lado, menospreciado y solo en esta relación, de nuevo desde un punto de vista parcial y decididamente victimista.

> *Cuando te quejas,*
> *te vuelves una víctima.*
> *Cambia la situación...*
> *abandónala o acéptala.*
> *Cualquier otra cosa*
> *es una locura.*
> ECKHART TOLLE

De todas formas, en un intento de integrar esta ruptura en tu psique agobiada y fragmentada, lo más probable es que vuelques toda tu atención en echar la culpa a tu expareja[1] mientras tejes afanosamente una historia llena de resentimiento para justificar tu indignación. Y también por una buena razón. Tu antigua pareja seguramente se comportó como un monstruo. Te decepcionó. No mantuvo su palabra. Te engañó. Te puso los cuernos. Lo que ocurrió *fue* seguramente asqueroso, injusto, inmoral o egoísta. Lo más probable es que se merezca ser echada de la ciudad con orejas de burro y las nalgas enrojecidas por los azotes como advertencia para que ni se le ocurra esperar tener un nuevo amante en el futuro.

❧

Sin embargo, hay *otra* verdad: mientras solo te fijes en lo vergonzoso, lo incorrecto, lo malo y lo inmoral que hizo o que dejó de hacer, no estás viendo todas las formas encubiertas y tóxicas en las que eres responsable de este desastre. Aunque el monstruo tenga el 97 por ciento de culpa en él, a no ser que tú te hagas responsable del 3 por ciento restante y averigües cómo puedes cambiar tu modo de ser en una relación que te hace proclive a perder tu poder, a llevarte una decepción o a ser maltratado en el amor, nunca te atreverás a abrirle tu corazón de par en par a otro ser humano de nuevo.

¿Te ha inspirado todo esto a hacerte responsable de tu propio sufrimiento? Por lo tanto, la pregunta: «¿En qué me estoy fijando?» tiene que ser tu mantra mientras te alejas sin cesar del dedo acusador por el que tu mente se sentirá atraída de manera automática, y te miras concienzudamente en el espejo para intentar ver con claridad el papel que has desempeñado en la situación y poder a partir de ahora actuar de otro modo.

PREGÚNTATE:

«¿En qué me estoy fijando?»

Has sido tú el que ha creado tu experiencia

Cuando intentas darte cuenta de que has sido tú el causante de tu sufrimiento, lo más probable es que las preguntas que te hagas desencadenen una espiral de vergüenza, odio y críticas hacia ti mismo. Siempre tengo que recordarles a mis pacientes que «¿Qué coñ... me pasa que nunca tengo suerte en el amor?» no es una pregunta que favorezca el crecimiento interior ni los cambios positivos. Preguntas motivadas por una baja autoestima como: «¿Por qué todo me sale mal?», «¿Por qué todas mis parejas me dejan?», «¿Quién va a querer amarme si soy una mierda?», «¿Cuándo va a dejar de machacarme la vida?» o «¿Cómo he podido ser tan estúpido?» solo te servirán para demostrar que tu defectuosa historia sobre la fractura original es cierta y para validar la conclusión falsa de que la vida no quiere que tengas una pareja.

Para liberarte de esos hábitos relacionales que te hacen tender a sufrir decepciones y desengaños amorosos *de nuevo* —hábitos de codependencia, adicción al amor, maltratos o abandono personal— o de todas estas cosas a la vez, debes aprender a hacerte preguntas que te permitan progresar lo bastante como para asegurarte de poder confiar en que no volverás nunca más a actuar de ese modo. Porque para cada hombre ególatra y narcisista hay una mujer que no se cuida ni piensa en sí misma de manera crónica esperando ganarse sus favores. Y por cada mujer sentenciosa y crítica, hay un hombre inseguro que renuncia desesperadamente a sí mismo para intentar que ella le apruebe. Y si eres gay… bueno… ya has pillado a lo que me refiero, ¿no? Sí, tal vez tu pareja esté hecha un lío. Pero ante todo debes centrarte en ti, para descubrir cómo te dejas llevar siempre por esos dolorosos hábitos que te hacen sufrir en el amor.

> *Siempre*
> *la respuesta magnífica*
> *que plantea una pregunta*
> *más magnífica aún.*
> E. E. CUMMINGS

Tu misión ahora es recuperar tu poder y tu vida. Y solo lo lograrás cuando empieces a hacerte preguntas que te inspiren a ser muy sincero contigo mismo, por más que te duela, sobre cómo has estado renunciando a tu poder, autosaboteándote, alejándote de la verdad o limitándote por el bajo concepto que tienes de ti, o todas estas cosas a la vez. Lo sé. De repente quieres dejar este libro y comerte una tarrina de Häagen-Dazs. Te ruego que no lo hagas. Sigue conmigo. Porque en cuanto veas las

> *La culpabilidad*
> *es el credo de quienes*
> *pierden su poder.*
> STEVE MARABOLI

ↄ

formas inconscientes en que has estado de manera encubierta haciendo que tú y los demás repitierais hasta la saciedad tu triste historia sobre la fractura original, por fin podrás actuar de manera distinta. Porque la autorreflexión responsable es el primer paso para empezar a recuperar tu poder. Pero si decides en su lugar empecinarte en la historia de victimización y construir un templo a su alrededor, nunca dispondrás del poder que necesitas para cambiar tu vida de forma significativa.

Las preguntas que te ayudarán a crecer y evolucionar son del estilo de:

«¿Cómo he renunciado a mi poder en esta relación y qué puedo hacer para recuperarlo?»

«¿Cómo es posible que me haya fallado a mí mismo de la misma forma que mi expareja me falló a mí?»

«¿Le estaba pidiendo a mi pareja que cuidara de mí cuando yo me negaba a cuidarme en ese sentido? ¿Qué precio hemos pagado los dos por ello?»

«¿Qué mentiras me he estado contando para seguir con la relación?»

«¿Qué consecuencias ha tenido para mí elegir a una pareja tan inaccesible?»

«¿Qué historia decepcionante de mi pasado he estado repitiendo en mi relación y cómo he actuado de modo(s) que la he recreado?»

En cuanto soportes ver las cosas como realmente son y aceptes las complejidades de tu falta de coherencia y de tu naturaleza humana imperfecta con un corazón afectuoso y humilde, tu vida empezará a cambiar radicalmente para mejor.

Siempre hay una historia de victimización que contar y la mayoría son de lo más convincentes. Cuando Larry, el marido de Monique, una paciente mía, la abandonó a ella y a su hijo Zachary, un niño con síndrome de Down, tras cinco años de matrimonio, ninguno de sus amigos o familiares entendía por qué había ocurrido. Y en cuanto dejó de pasarle la pensión alimenticia para su hijo, se ganó la fama de tipo desalmado y egoísta. Incluso su propia madre dejó de hablarle en aquella época. Sin embargo, Monique no se refugió en la mala conducta de su marido para salir airosa de la situación. Pese a llevarse un buen disgusto por ello, como era de esperar, antes de correr al juzgado a ponerle una demanda decidió tomarse un tiempo para descubrir el papel que había desempeñado ella en la experiencia de ser abandonada por Larry y no recibir la pensión alimenticia que le correspondía a su hijo. Su decisión generó una cantidad tremenda de claridad que desde entonces le ha cambiado la vida.

Monique tuvo una infancia muy difícil. Su padre fue drogadicto y su madre prostituta, y ella se vio obligada a valerse por sí misma a una edad increíblemente temprana. Recuerda estar plantada ante la nevera abierta con apenas dos años, buscando en los estantes algo que llevarse a la boca. La historia de su fractura original era que siempre había estado sola en la vida y que nadie se había ocupado de ella, dejándole una herida muy profunda en el corazón que fue reabriéndose de numerosas formas y con sus distintas parejas a lo largo de los años.

Muchas personas hacen esta clase de asociaciones en las que ven cómo las heridas dolorosas de la infancia reaparecen una y otra vez con sus amantes. Sin embargo, no van más allá del tema, y no solo se convierten en víctimas de sus padres y de las parejas que eligen, sino también de su propia mente, que parece encontrar de algún modo la forma de repetir las dolorosas decepciones sufridas pese a todos

> *La libertad consiste en estar dispuestos a asumir nuestros propios actos.*
> FRIEDRICH NIETZSCHE

sus esfuerzos para evolucionar en la vida. Monique, por supuesto, tuvo un momento bajo de desesperación al ver cómo había reproducido esta dinámica cuando su exmarido se negó a ocuparse de ella y de su hijo.

No obstante, la animé a ir más allá de cualquier sensación de victimización al asumir las decisiones que la habían llevado a la ruptura. Y fue entonces cuando lo vio. Había una parte suya que siempre era una niña de dos años sentada en medio de la habitación, aguantando la respiración hasta que se le amorataba la cara y alguien corría a ayudarla. Admitió que durante su matrimonio había dejado que esa parte suya tomara el mando al negarse a ganarse la vida ni siquiera cuando su marido le había suplicado una y otra vez que volviera a trabajar. Insistió en que fuera él quien se ocupara de ella cuando lo habría podido hacer por sí misma sin ningún problema, sobre todo antes de tener a Zachary. Sin embargo, al nacer su hijo, ella ya tenía una excusa para no preocuparse de ganar dinero. Cuando Monique estaba dispuesta a montarse en ese carro y a dejar que fuera él quien los mantuviera toda la vida, su marido se rebeló y dijo alto y claro que no pensaba hacerlo él solo.

> La forma más común en que la gente renuncia a su poder es creyendo no tener ninguno.
> ALICE WALKER

Monique fue lo bastante humilde como para admitir lo infantil y egoísta que había sido. Era la primera vez que se daba cuenta de la niña que llevaba dentro. Ahora por fin podía decidir si quería quedarse tirada en medio del suelo (metafóricamente hablando), pateando y llorando, y volver a reproducir esa triste historia de privaciones y abandono, u olvidarse de su infancia, hacerse responsable de su vida y aprender a enfrentarse al mundo como la mujer poderosa y llena de recursos que era. Planteado así, no tuvo ningún problema para decidirse

En la actualidad Larry y Monique mantienen una relación estupenda como padres en la que comparten amistosamente la custodia de su hijo. Ella se gana la vida y ambos contribuyen económicamente en los cuidados de Zachary. Monique superando con creces su sueño de ser empresaria y coach de vida, es cada vez una mujer más conocida por su singular sabiduría, su gran ingenio y su aguda inteligencia. Y todo ello ha sido posible, pese a la evidente culpabilidad de su marido, por negarse ella a verse como una víctima y decidir en su lugar responsabilizarse de su propia vida.

Te animo a ir más allá de lo que se ve a simple vista. A trascender la evidente culpabilidad de tu expareja y a sentir una gran curiosidad por todas las formas en que has recreado en secreto una situación que te hería de un modo muy parecido a como te hirieron en el pasado. Pero si eres tú el que has obrado mal en tu relación y te remuerde la conciencia, en tal caso desearás analizar por más que te duela tu conducta con una mirada decididamente objetiva para descubrir la verdad sobre las decisiones que tomaste y lo que te motivó a tomarlas. Es importante que aprendas a mirar tus errores de frente y a dejar que las consecuencias de esos errores te lleguen al alma. Es el llamado *despertar de la conciencia* y es bueno, porque significa que te estás volviendo un ser humano más sincero y maduro.

> *Cuando no puedes cambiar una situación, te encuentras ante el reto de cambiarte a ti mismo.*
> VICTOR FRANKL

Al reflexionar sobre la situación para intentar descubrir por qué ha ocurrido, te conviertes en un buscador de la verdad. No solo de tu propia verdad, que es por supuesto importante, sino también de la verdad desde una perspectiva objetiva en lugar de subjetiva, aunque esto signifique ver cosas de ti[2] que no te resulten nada agradables. Por lo general te interesa más desarrollarte que justificarte, ser muy honesto que tener razón. Verte con claridad es todo un acto de humildad. Ya que como dicen en Alcohólicos Anónimos: «La verdad duele, pero la mentira mata».

PREGÚNTATE:

«Cuando dejo de señalar con un dedo acusador a mi expareja y profundizo en lo ocurrido para analizar mis actos y las decisiones que tomé, ¿qué papel veo que he desempeñado en esta situación?»

....

La historia de tu ruptura: un ejercicio creativo

Con el tiempo querrás entender lo que ocurrió al crear una historia de tu ruptura[3] que respete vuestra vida en pareja y valore lo que aprendisteis y ganasteis a lo largo de vuestra unión.

Sin embargo, es posible que aún tengas en el cuerpo los horrores de la ruptura como una tensión, un malestar, una falta de aire, una opresión en el pecho o un grito reprimido. El pintor noruego Edvard Munch pintó *El grito*, su obra maestra, después de que su aventura amorosa de dos años con una prima casada acabara mal, plasmando la angustia existencial que le embargó al romperse la relación con su amada.

Te animo a dibujar, pintar, esculpir o escribir las partes horribles de la ruptura para que te las saques del cuerpo y dejes atrás tu historia. En esos momentos es cuando puedes sentirte como una víctima y captar el lado oscuro de las emociones del rechazo, la humillación, la opresión, el abandono o los maltratos vividos. Intenta plasmar con colores o palabras tu sensación de impotencia, rabia, humillación y desesperación. Ama la pura humanidad de tus emociones y no te preocupes de si plasmas o no la historia correctamente. Exagérala. Embellécela. Magnifícala e ínflala. Saca de dentro tu furia ardiente, tu oscura desesperación y tu gélida impotencia en un torbellino de colores, sombras, formas y dibujos.

Al expresar estas emociones sin tapujos estás documentando tu viaje a las profundidades de tu humanidad vulnerable y te diriges hacia la luz de la aceptación y la integración. Una vez terminada tu obra, colócala sobre tu altar, en el caso de tener uno, como símbolo de tu intención de asimilar por completo la historia o, si no, guárdala en un lugar seguro y privado donde nadie más pueda verla.

....

☙

Mejora tu forma de ser

A estas alturas ya estarás empezando a sospechar que las disculpas que esperabas recibir de tu expareja son en realidad las que tú debes ofrecerte a ti. Cuando Kate, una mujer inteligente y talentosa al borde de los cuarenta, conoció a Jack, se enamoró hasta tal punto de él que dejó a su prometido, un hombre bondadoso que la amaba de verdad. Jack, un tipo encantador, elegante, rico e irresistiblemente atractivo, la engatusó asegurándole durante cinco años que se casaría con ella mientras Kate se entregaba cada vez más a la relación. Dejando de lado su carrera para ocuparse más de las necesidades de Jack, hizo innumerables sacrificios, desviviéndose para que se casara con ella y le diera la familia que deseaba. Sin embargo, cuando su médico de cabecera le dijo a los cuarenta y cuatro años que era demasiado tarde para tener hijos, Jack decidió de pronto que estaba listo para formar una familia. Al poco tiempo la dejó por otra mujer diez años más joven, con la que se casó, y al cabo de un año ya estaba esperando un hijo de su nueva pareja.

Cuando Kate se enteró de las noticias, se pasó una semana metida en la cama del disgusto. No obstante, como con el paso de los días su amargura no menguaba y se sentía victimizada, resentida y desanimada, le sugerí que analizara sus propias decisiones y se responsabilizara de lo sucedido, ya que saltaba a la vista que Jack era un verdadero monstruo. Al estar dispuesta a observar cómo ella misma había sido la causante de su propio fracaso amoroso, lo vio todo con gran claridad. Para empezar, admitió que el hecho de que Jack la hubiese abandonado reflejaba perfectamente cómo se había estado abandonando a sí misma a lo largo de la relación. Kate apenas había recibido gran cosa de Jack a pesar de los numerosos sacrificios que había hecho por él; en cambio, ella se lo había dado todo: su prometido, su carrera, sus estrechos vínculos con su familia y sus amigos, e incluso su sueño de ser madre. Al mirar atrás se

$\backsim$

dio cuenta de los innumerables ejemplos de cómo se había desvivido para intentar demostrarle su valía y convencerle de que la eligiera a ella como esposa, minimizando sus propios sentimientos, necesidades y deseos, aceptando siempre las opiniones de su expareja aunque disintiera de ellas, sin causarle nunca problemas, e intentando desesperadamente ser la mujer que ella creía que Jack quería que fuera a costa de renunciar a quien ella era. Hasta tal punto que al final ya no había ninguna Kate a la que amar. Y para mayor inri se rumoreaba que la mujer con la que Jack se había casado tenía una vida llena de actividades y una carrera que le exigían a él reorganizar su propia agenda adecuándola a la de su mujer para que su relación funcionara. Jack parecía estar orgulloso de su nueva esposa y por lo visto hacía todo lo posible para demostrar su deseo de acomodarse a las exigencias de ser su pareja. Al ver Kate la infinidad de formas en que había estado renunciando a su poder y a ser ella misma en esa relación, llegó a la humilde conclusión de que no era Jack el que debía pedirle perdón, sino ella la que debía disculparse consigo misma.

Esa percepción le cambió la vida. Kate decidió mejorar su forma de ser dejando atrás la mujer que no se había ocupado de sí misma a lo largo de su relación con Jack. Reconociendo que parte de ella todavía seguía creyendo que él era el hombre de su vida, optó por una versión más sabia, madura, feliz y sana de sí misma para convertirse en una mujer que no se sentía atraída en absoluto por un hombre que la había tratado con tanta indiferencia como hizo Jack.

> *Todo lo que has perdido te ha hecho ganar algo y todo lo que has ganado te ha hecho perder alguna cosa.*
> RALPH WALDO EMERSON

Pese a ponerse un listón muy alto, Kate superó su tendencia a ser demasiado generosa y complaciente para caerle bien a todo el mundo y se centró en convertirse en una mujer que se conociera a sí misma, con una vida fiel a su forma de ser que giraba en torno a alcanzar su propio potencial en lugar de sacrificarse como una mártir para apoyar el de los demás. Empezó a fijarse límites sanos con sus amigos y su familia, y a compartir sus sentimientos, necesidades, opiniones y deseos con las personas cercanas, con la sana esperanza de que la quisieran lo bastante como para corresponderle como es debido.

En la actualidad Kate es una mujer felizmente casada con un hombre bondadoso, exitoso e inteligente. Tras haber adoptado unas niñas mellizas, ahora le agradece enormemente a Jack que le rompiera el corazón. Está convencida de que al haber decidido ver la ruptura como una advertencia, y haberse ocupado de su propio crecimiento interior y de su evolución como si le fuera la vida en ello (y en realidad así era), ahora lleva una vida feliz y satisfactoria. Admite que ya no queda ni rastro de la mujer pasiva y complaciente que era cuando vivía con Jack. Y además esa versión suya tampoco habría sido la pareja ideal para Jack: ahora se da cuenta de que él tomó una buena decisión al separarse, haciéndoles a los dos un gran favor.

....

Mejora tu forma de ser

Para ayudarte a dejar de ser una víctima y empezar a mejorar tu forma de ser, te sugiero que escribas un diario y reflexiones sobre las siguientes preguntas.

1. **¿Con quién estás resentido y por qué razón?** Percátate de las razones por las que estás resentido con tu expareja (y con cualquier otra persona implicada en la ruptura) y escríbelas. No te censures ni intentes quitarle importancia a tu sufrimiento, angustia y rabia. Anota estas emociones tal como las sientes en el cuerpo.

   Por ejemplo: «El cabrón me ha arruinado la vida», «Esa zorra ha hecho que no confíe nunca más en nadie», «Por su culpa ya soy demasiado mayor para ser madre» o «Me odio a mí misma por sabotear mi oportunidad de ser feliz».

2. **¿Qué papel has desempeñado en cada situación?** Toma distancia y cambia de perspectiva. Acepta que asumir tus actos no significa admitir que algo ha ocurrido por tu culpa, ni aprobar una mala conducta, y observa la situación para ver el papel que has desempeñado en ella.

PREGÚNTATE:

«¿De qué formas le he estado dando mi poder a mi ex?»

«¿De qué modo no he hecho caso de mis percepciones y mis sentimientos, o no he querido decirle lo que pensaba o pedirle que me aclarara algo, o ambas cosas a la vez?»

«¿Cómo he intentado hacer que mi expareja me amara, deseara o aprobara en lugar de procurar conectar realmente con ella?»

«¿Por qué no hice lo que sabía que debería haber hecho para evitar una mala experiencia, y qué es lo que me hizo dudar para que no lo hiciera?»

«¿En qué sentido he podido obligar a mi expareja a reaccionar con una actitud destructiva o poniéndose a la defensiva al haber sido yo tal vez egoísta, antipático o incluso grosero?»

«¿Qué decisiones he tomado que contribuyeran a la ruptura y qué me motivó a tomarlas?»

3. **¿Qué otras consecuencias ha tenido en tu vida renunciar a tu poder de ese modo?** Toma conciencia del precio que has tenido que pagar por no manifestar toda tu valía, poder, inteligencia, bondad y valores.

Por ejemplo: «Al no querer fijar límites adecuados todas las personas de mi vida se han aprovechado de mí», «Al no decir lo que pensaba y quedarme callada mis hijos ahora se dejan pisotear como yo», «Al salir con hombres que no me valoraban me he privado de ser amada» o «Al salir solo con hombres que creía poder controlar nunca me he llegado a sentir satisfecha».

4. **¿De qué forma puedes cambiar para progresar?** Comprométete a crecer y desarrollarte positivamente para dejar atrás esa conducta destructiva y contraproducente.

Por ejemplo: «Me comprometo a respetar mis sentimientos y necesidades tanto como respeto los sentimientos y las necesidades de los demás», «Antes de mantener relaciones con alguien, esperaré hasta conocerle a fondo», «A partir de ahora tendré en cuenta mis propias necesidades en lugar de sufrir en silencio dejando que se aprovechen de mí» o «Prometo prestar más atención a mis corazonadas y tener el valor para seguir mi intuición».

Nota: Lo primero que les ocurre a muchas personas que deciden relacionarse con los demás de otra manera para liberarse de sus antiguos hábitos es que no saben cómo hacerlo de esta nueva forma. Quizá en el ambiente donde creciste la gente no sabía relacionarse adecuadamente y ahora a ti te pasa lo mismo, o no te animaron a aprender las habilidades básicas para fijar límites, resolver conflictos o comunicar tus necesidades. Hasta ahora tal vez has estado creyendo que estas limitaciones eran insuperables al no tener los medios para vencerlas. Por suerte, los seres humanos estamos evolucionando continuamente y tenemos la capacidad asombrosa de aprender cosas nuevas desde que nacemos. Teniendo esto en cuenta, te invito a responder la siguiente pregunta.

5. **¿Qué habilidades y capacidades nuevas necesitas desarrollar para mejorar tu forma de ser?** Para actuar de otro modo necesitarás adquirir habilidades y capacidades nuevas. Intenta identificar exactamente cuáles son y atrévete a desarrollarlas.

Por ejemplo: «Aprenderé a reconocer mis sentimientos y necesidades para compartirlas», «Aprenderé a llegar a un acuerdo con los demás que me beneficie para defender lo que es mío», «Aprenderé a fijar límites adecuados para asegurarme de que nadie se vuelva a aprovechar de mí» o «Aprenderé a que la desaprobación de los demás no me influya para poder ser yo misma».

Si deseas descargarte un audio gratuito sobre esta práctica entra en www.ConsciousUncoupling.com/StepTwoPractice.

⋯⋯⋯⋯⋯⋯⋯⋯⋯⋯⋯⋯⋯⋯⋯⋯⋯⋯⋯⋯⋯⋯⋯⋯⋯⋯⋯⋯⋯

Llegados a este punto tal vez hayas descubierto que has desempeñado un papel tan importante en la ruptura de tu relación que quieres llamar por teléfono a tu ex, escribirle un correo electrónico o conducir hasta su casa para arreglar las cosas. Si estás deseando hacerlo, no quiero ser una aguafiestas. Pero antes de reencontraros sigue un poco más el proceso de la Separación Consciente porque hay otras piezas del rompecabezas que deseo ofrecerte. A no ser que estéis haciendo el programa juntos, te sugiero que no intentes volver con tu expareja hasta haber terminado el paso 4, sobre todo si todavía sigues un poco enamorado de ella. El impulso de mejorar tu forma de ser suele ir acompañado del secreto deseo de reconciliaros, y esperas que al hacerte responsable de lo que ocurrió, tu ex cambie de opinión y vuelva contigo. Lo cual es comprensible. Sin embargo, este anhelo empaña tu deseo de cambiar al hacerlo esperando recibir algo a cambio de tu expareja, cuando en realidad lo ideal es que lo hagas simplemente para corregir lo que has hecho mal, reducir el sufrimiento causado, empezar a recuperarte o desearle lo mejor mientras dejas que tu ex se vaya de tu vida. Averigua las razones por las que deseas reconciliarte tan rápido.

Una Separación Consciente no siempre significa un final perfecto. A veces consiste en advertir tus conductas inconscientes, en entender los dolorosos efectos que han tenido sobre ti y los demás tu conducta y tus decisiones, y en aprovechar el malestar que sientes al verte con claridad para que te inspire a cambiar en el futuro.

Cuando Lily, una decoradora de interiores de treinta y tantos años, dejó de culpar a su pareja de lo ocurrido e intentó ver el papel que había tenido en la ruptura, sintió unos terribles remordimientos al descubrir lo mal que había tratado a Jason, su antiguo novio, de cuarenta y tres años, el director del banco de su barrio. Durante los seis primeros meses de su relación las cosas les fueron como la seda mientras Jason, un hombre afable y formal, que parecía quererla de verdad, la llamaba con regularidad para salir con ella. Pero de repente empezó a llamarla con menos frecuencia. A veces Lily no tenía noticias suyas durante tres o cuatro días seguidos. Cuando le preguntaba por qué no la había llamado, sus palabras sonaban más bien como una acusación que como una pregunta. Él intentaba tranquilizarla diciendo que en aquella época del año por lo general tenía que trabajar más horas, diciéndole que al cabo de un mes o dos las cosas volverían a la normalidad. Sin embargo, Lily, abrumada por la ansiedad, empezó a darle la lata pidiéndole que pasara más tiempo con ella y usó su sexualidad para sentirse valorada. Le llamaba por teléfono compulsivamente y le dejaba mensajes sexis, esperando que él la llamara en el acto. Cuando él no lo hacía, Lucy se sentía dolida y rechazada. En una ocasión, mientras hacían el amor, ella le preguntó si ese sexo era el mejor que él había tenido en su vida, pero a Jason le incomodó la pregunta y no supo qué decirle. Al no recibir ella la respuesta que quería oír para

> *Yo quería un final perfecto. Ahora he aprendido, por las malas, que algunos poemas no riman y que algunas historias no comienzan, siguen ni acaban como te esperabas. La vida es no saber lo que te pasará, verte obligado a cambiar, vivir el momento y disfrutarlo al máximo, ignorando lo que sucederá a continuación.*
>
> GILDA RADNER

sentirse mejor, se volvió crítica y empezó a acusarle de ser un hombre desconsiderado, falso y egoísta. Las cosas fueron de mal en peor rápidamente. Cuando Jason rompió con ella cortando por lo sano, la acusó de maltratos y le prohibió volver a ponerse en contacto con él.

Tras la ruptura, a medida que iban pasando las semanas sin recibir ninguna llamada de Jason, Lily tuvo tiempo de sobra para reflexionar sobre su propia conducta. Muerta de vergüenza, vio lo inmadura, manipuladora y destructiva que había sido y lo mucho que le había influido en ello el rechazo que había sufrido de su padre alcohólico hacía mucho, muchísimo tiempo, aunque no tuviera nada que ver con Jason. Anhelaba pedirle perdón directamente, pero él no quiso saber nada de ella y se negó a responder a sus intentos de comunicarse. Comprendiendo que le había herido, pero sin la capacidad para mejorar aún su forma de ser, se prometió no volver a hacerle lo mismo nunca más a ningún otro hombre, comprometiéndose a evolucionar y a tener en cuenta las lecciones aprendidas para arreglar las cosas.

> *El amor es incondicional. Pero las relaciones no lo son.*
> GRANT GUDMUNDSON

Aunque no todo tiene arreglo. Una amiga mía escribió hace poco lo siguiente en Facebook:

Agarra un plato y arrójalo al suelo.
Ya está.
¿Se ha roto?
Sí.
Ahora di lo siento.
Lo siento.
¿Vuelve a ser como antes?
No.
¿Lo entiendes?

No siempre podemos reparar el daño que hemos hecho y es lógico que nos sintamos mal por ello. Cuando dejamos de comportarnos como personas civilizadas nos sentimos fatal, lo cual indica que no somos unos psicópatas. Con el paso de los años he aprendido que cuando me remuerde la conciencia es mejor que le preste atención, ya que siento un gran respeto por cómo la vida nos obliga a madurar, a actuar más con una intención sana y sí, incluso a ser más decentes. Estas son las incesantes lecciones de la vida, porque nuestros continuos progresos, hallazgos y percepciones interiores solo parecen llegar de una multitud de contratiempos y errores.

Nuestras ansias de perder de vista esas etapas de dolor tan desastrosas y confusas —resentimientos, pesares, depresiones y remordimientos— nos hacen querer perdonar precipitadamente a nuestra expareja cuanto antes. Sin embargo, uno de los expertos más importantes a nivel mundial en el perdón,[4] el doctor Frederic Luskin, de la Universidad de Stanford, apunta que el perdón es el final de nuestro viaje y no el inicio. Llama al perdón «la última parada de nuestro sufrimiento» después de enfrentarnos una y otra vez al dolor que nuestras decisiones estúpidas, cortas de miras o inmaduras, o todas esas cosas a la vez, nos han producido tanto a nosotros mismos como a los demás. Solo volvemos a sentirnos en paz al prometer actuar de otro modo después de remordernos la conciencia y ver las consecuencias de nuestra confusión. Tras cumplir el sufrimiento su finalidad al obligarnos a rectificar, arrepentirnos, crecer y evolucionar, es cuando por fin nos sentimos aliviados por el gran acto de desprendimiento que el perdón nos permite hacer.

El gran psiquiatra austríaco[5] Viktor Frankl, que conocía muy bien el sufrimiento por haber sobrevivido a un campo de concentra-

> *El antídoto para la tragedia es aprender.*
> ISABEL GILLIES

ción alemán en la Segunda Guerra Mundial, dijo en una ocasión: «En cierto modo, el sufrimiento deja de ser sufrimiento en el momento en que le encuentras un sentido». Al trabajar con el desengaño amoroso y dejar que nos despoje de los hábitos poco sanos e inmaduros y de la forma contraproducente de relacionarnos, podemos transformar nuestra angustia en algo sumamente significativo que promete ser muy beneficioso tanto para nosotros mismos como para los seres queridos durante muchos años.

PREGÚNTATE:

«¿Cómo puedo cambiar para que los errores que he cometido tengan una razón y un sentido en mi vida y me sirvan para recuperar mi poder?»

··

ACCIONES PARA CUIDAR DE TI
SEGUNDO PASO
(Da al menos dos pasos cada día)

1. **Recoge minuciosamente en tu casa todo lo que te recuerde tu relación,** como fotografías, regalos y cartas de amor, y guárdalo en un lugar seguro, fuera de tu vista y de tu dormitorio.
2. **Haz una pausa a lo largo del día para tomar una bocanada de aire con lentitud,** inspirando y espirando hondo como si respiraras desde las caderas.
3. **Encuentra a alguien de confianza que te apoye** en los momentos difíciles, ya sea un amigo sensato y comprensivo, un coach o terapeuta de pago, o todas esas personas a la vez. Confía en ella, respétala y cuéntale sin tapujos la verdad sin intentar guardar las apariencias y sin temor de ser criticado o juzgado injustamente. Deja que te escuche y apoye mientras se interesa por ti y te reconforta en los momentos difíciles.

℘

Recupera tu poder y tu vida

4. **Mírate en el espejo,** hazlo mirándote fijamente a los ojos y comparte contigo mismo todas las formas en que vas a mejorar tu conducta para quererte, respetarte, apreciarte y valorarte más.

5. **Siéntate al aire libre y alza la cabeza** para impregnarte de la cálida luz del sol y recordar lo mucho que la vida te quiere.

6. **Practica lo que en el budismo se llama «mindfulness»** prestando una gran atención a lo que ocurre en tu interior a lo largo del día. Mantente presente y sé consciente de ti, advierte todos tus sentimientos y sensaciones en tu cuerpo, observando tus sentimientos, necesidades y deseos con afecto, como si te abrazaras con mucha ternura y amor mientras pasas por esa experiencia.

NOTA PARA LAS PAREJAS QUE HACEN EL PROGRAMA JUNTOS

En el segundo paso del programa de la Separación Consciente te sugiero que sigas relacionándote con tu expareja de manera formal y que os deis espacio de sobra para la autorreflexión en lugar de intentar tener la razón o guardar las apariencias. Si estás deseando en tu fuero interno reconciliarte, asegúrate de que los cambios que decidas hacer en ti estén motivados por una intención sana y sean para reparar el daño y no para volver con tu expareja. No la presiones para que enmiende su conducta por ti, ni para que te diga que ahora se ha dado cuenta de que vuestra relación fracasó por su forma de ser. Respetad vuestro derecho a seguir cada uno el programa a su propio ritmo y daos la suficiente privacidad como para llevarlo a cabo sin veros obligados a mejorar vuestra forma de ser antes de que os sintáis preparados para ello.

TERCER PASO

Deja atrás los hábitos, cura tu corazón

Si no quieres ser un felpudo, levántate del suelo.

AL-ANON

En el tercer paso del programa de la Separación Consciente empezarás a identificar la historia de tu fractura original y a comprender cómo has hecho que tus relaciones de pareja siempre acabaran mal. Despertarás del doloroso trance sobre que no has tenido suerte en el amor y empezarás a darte cuenta exactamente de cómo has sido tú quien lo ha causado, con lo que accederás al poder que necesitas para dejar esos hábitos atrás.

Ahora tienes la oportunidad de liberarte de tu historia habitual de desengaños amorosos y de adquirir la fuerza para mantener a partir de este momento relaciones más satisfactorias y gratificantes.

En el tercer paso, «Deja atrás los hábitos, cura tu corazón»:

- Reconocerás esas creencias más íntimas que han estado sabo-
teando tu vida amorosa y tomarás conciencia de tu poder para
crear a partir de ahora una historia de amor sana y feliz.
- Descubrirás cómo has ido adquiriendo exactamente sin darte cuenta esos hábitos amorosos desempoderadores y también cómo puedes
dejarlos atrás.
- Recuperarás la sensación positiva de sentirte seguro, amado, apre-
ciado y respetado.
- Aprenderás las nuevas habilidades y capacidades que te permitirán
que las relaciones sentimentales te vayan de maravilla en el futuro.

∾

En los años setenta, en plena juventud, Veronica Shoffstall escribió
el poema «Al cabo de un tiempo».

> Al cabo de un tiempo aprendes la sutil diferencia
> entre sostener una mano y encadenar un alma,
> aprendes que el amor no significa acostarse,
> que una compañía no significa seguridad.
> Y empiezas a aprender que los besos no son contratos
> y los regalos no son promesas.
> Y empiezas a aceptar tus derrotas
> con la cabeza alta y los ojos abiertos,
> con el aplomo de una mujer y no con el dolor de un niño.
> Y aprendes a abrirte camino en el hoy
> porque el mañana es demasiado inseguro para los planes,
> y el futuro se suele estrellar a medio vuelo.
> Y al cabo de un tiempo aprendes que hasta el sol te quema
> si lo tomas demasiado.
> Plantas tu propio jardín y decoras tu alma
> en lugar de esperar que alguien te traiga flores.

∾

Y aprendes que lo puedes aguantar,
que eres fuerte de verdad
que realmente vales.
Y lo aprendes, lo aprendes,
lo aprendes con cada despedida...

Tu misión ahora es aprender a quererte, aunque la persona que amas sea incapaz de amarte de la forma que a ti te hubiera gustado, y confiar firmemente en la verdad de que tú vales mucho y te mereces que te quieran, ocurra lo que ocurra. Lo peor de una ruptura no es el dolor inmenso que sientes por la pérdida de la relación que tanto valorabas, sino la gran ofensa que representa[1] para ti mientras vives el espantoso cambio de sentirte deseado a sentirte rechazado, de sentirte amado a sentirte menospreciado, de sentirte especial a sentirte uno más y de ningún modo especial. Este cambio de identidad puedes interiorizarlo fácilmente como la prueba de que tus peores temores sobre ti y tu vida se han hecho realidad: que nunca nadie te amará, que siempre estarás solo o que el verdadero amor no está hecho para ti. Sobre todo porque la persona que más te conocía en el mundo ahora está confirmando las ideas negativas que has estado intentando desterrar de tu mente durante años.

Que injusto te parece que después de todo lo que te ha costado superar los desengaños amorosos de tu juventud, ahora vuelvas a pasar por lo mismo, sintiéndote solo, sin apoyo, infravalorado, menospreciado, maltratado o abandonado quizá por enésima vez en tu vida. Es como esas películas de zombis en las que los fantasmas del pasado se niegan a morir y regresan obstinadamente una y otra vez para torturarte y acosarte. Te sientes tan mal que hasta te dan ganas de hacer un voto de castidad. Pero ¿no te parece que dejar atrás por fin tus dolorosos hábitos amorosos sería una idea mejor?

Tal vez te descubras sintiéndote descorazonado y resignándote a lo que parece ser una repetición de las antiguas heridas de la infancia, como si tuvieras una maldición encima que te impidiera encontrar el amor verdadero. Sin embargo, por más que sientas estar a merced de circunstancias más allá de tu control, cuanto antes veas con claridad que eres *tú* el que en realidad creas tu vida, antes podrás desprenderte de tus desalentadores hábitos en el amor y crear experiencias amorosas mucho más felices y sanas en el futuro.

> *Lo que la oruga interpreta como el fin del mundo es para aquel que mantiene la calma el nacimiento de una mariposa.*
>
> RICHARD BACH

Así que ponte la capa roja, agarra tus botas negras y las mallas, y sígueme. Emprendamos el viaje de la emancipación.

Descubre tu historia de la fractura original

No es la primera vez que esto te ocurre ¿verdad? Pese a tratarse de otros rostros, nombres y circunstancias, te ha golpeado la misma dolorosa dinámica. Te sientes de nuevo defraudado, abandonado, maltratado o no amado. Sigmund Freud llamó a nuestras tendencias a reproducir las heridas más profundas de la infancia la «compulsión de la repetición». Y la sabiduría popular dice que cuando recreamos sin darnos cuenta las situaciones que más tememos una y otra vez, estamos intentando curar las heridas del pasado. Por desgracia, tú y yo sabemos que esto no suele funcionar demasiado bien.

> *La mayoría de las sombras de esta vida las creamos al ponernos delante de nuestro propio sol.*
>
> RALPH WALDO EMERSON

Una mujer a la que asesoré me dijo que su infancia había sido un infierno. Su padre era muy dominante y la aterrorizaba, y los ataques de rabia imprevisibles de su madre la hacían a menudo esconderse debajo de la cama encogida de miedo durante horas. Me vino a ver después de liarse con un expresidiario que llevaba siempre una pistola encima, algo que al principio la hacía sentir segura al creer que la protegería de todos los tipos peligrosos que andaban sueltos. Pero te aseguro que aquella situación no acabó siendo una «experiencia curativa».

Si bien los seres humanos somos sumamente optimistas cuando se trata de creer que *esta vez* alguien nos amará, apoyará y protegerá tal como necesitamos que lo haga, nuestras tendencias a reproducir las decepciones del pasado dependen en gran parte de las ideas que adquirimos[2] hace mucho, muchísimo tiempo. Yo las llamo tu *historia de la fractura original*. Es el significado que le das a la primera herida de tu corazón que se convirtió en la historia de fondo sobre ti y en las posibilidades que tienes de gozar de un amor feliz y sano. En el caso de mi paciente, su historia de la herida original era: *no estoy a salvo, los hombres quieren hacerme daño y el amor es peligroso*. Esas ideas condicionaban inconscientemente su forma de reaccionar a las incertidumbres de la vida, de tal modo que recreaba sin poder evitarlo esa historia: se aferró a un tipo armado con una pistola

> *Lo que nos perturba no es lo que nos ocurrió, sino nuestra interpretación de lo ocurrido.*
>
> EPÍCTETO

que no temía usarla. ¿Quién si no iba a protegerla de un mundo lleno de hombres que podían atacarla? Por más extrema y estúpida que parezca esta reacción, añadiré que esa mujer era una profesora universitaria con un nivel cultural altísimo. Todos necesitamos corregir un poco nuestras ideas más íntimas e incluso la persona más sabia y desarrollada puede tener enormes puntos débiles.

La escritora Anaïs Nin dijo en una ocasión: «No vemos la vida tal como es,[3] sino como nosotros somos». La visión del mundo que nos hemos formado con las ideas adquiridas de hace mucho condiciona nuestra respuesta a lo que nos está ocurriendo en la vida de un modo que acaba confirmando esos puntos de vista antiguos y sesgados. Nos lleva a tomar decisiones y a actuar manifestando más de lo mismo, como si siguiésemos una brújula interior distorsionada que siempre nos conduce a las mismas calamidades con las que crecimos. Como es un proceso inconsciente, acabamos creyendo que es nuestro destino encontrarnos otra vez con una pareja maltratadora, con otro hombre mujeriego o con otra mujer criticona y gruñona. Nos parece como si el Cielo y la Tierra se hubieran confabulado para que nunca seamos felices en el amor, ya que no vemos que en realidad somos los responsables de lo que nos está pasando.

Mi paciente Sarah era un ama de casa con dos hijos que aún no habían cumplido los cinco años. Creció con una madre sin pareja, una ejecutiva de altos vuelos. Al ser hija única sin prácticamente ningún otro familiar, se crió con una serie de niñeras. Recuerda sentirse aislada y sola durante casi toda su infancia. En su pequeño y solitario mundo las relaciones eran provisionales y frágiles. Veía los conflictos de cualquier tipo como peligrosos, ya que cuando una niñera no estaba de acuerdo con su madre, solía desaparecer al día siguiente. A Sarah se le fue rompiendo el corazón poco a poco a medida que con el paso de los años iba creando esta consistente historia sobre la fractura original: «Estoy sola. Las otras personas siempre me acaban abandonando. Nunca puedo recibir lo que realmente necesito de los demás».

Mientras hacía un curso avanzado en la universidad, Sarah conoció a Andrew y se sintió en el acto atraída por su personalidad cálida y extrovertida. Recuerda haber decidido en su primera cita que un día se casarían. Para conseguirlo optó por ser todo cuanto creyó que Andrew quería en una esposa. Accedía a todo cuanto él decía. Dejaba que él tomara todas las decisiones. Se reía de sus bromas y procuraba enterarse de todo lo que a él pudiera interesarle. Y, sobre todo, evitaba cualquier conflicto a toda costa; estaba segura de que el menor desacuerdo sería el comienzo del final de la relación. Andrew creía haber encontrado a la mujer perfecta. A los dos años se casaron, compraron una casa pequeña encantadora en el pueblo natal de él y tuvieron hijos.

Sarah quería ser siempre una mujer dulce, agradable y cariñosa y se dispuso a crear el hogar feliz que no había tenido de niña. Sin embargo, con el paso de los años se fue sintiendo cada vez más deprimida. Aquel sentimiento la desconcertó, porque parecía gozar de una vida perfecta. Pero Andrew dedicaba cada vez más horas al trabajo y ella al descubrirse sola todas las noches después de que sus hijos se hubieran ido a la cama, empezó a beber para olvidarse de su malestar emocional. Esperaba el regreso de su marido al igual que de niña esperaba cada noche que su madre volviera del trabajo. Y del mismo modo que

> La vida de la psique...
> es un eterno regreso, un río
> que busca su propia
> fuente... por lo que traza
> un movimiento circular
> que la lleva de vuelta
> a su origen.
>
> CARL JUNG

su madre llegaba a casa cansada y preocupada por su vida laboral, Andrew también estaba abstraído en un mundo del que Sarah no formaba parte. Su matrimonio se fue apagando y desgastando mientras ignoraban el abismo cada vez mayor que se estaba abriendo entre ambos y llenaban el vacío con conversaciones banales sobre sus hijos. Y esta situación habría seguido durante años de no haberse enamorado Andrew de una compañera del trabajo. Al final la dejó diciéndole apenas unas palabras, ya que no tenían la costumbre de hablar con franqueza sobre las cosas que más importaban.

Destrozada, Sarah vino a verme para que la ayudara a ver qué había pasado. Empezamos hilvanando sus formas sutiles y constantes de actuar en su matrimonio que habían recreado sin darse cuenta lo peor de su infancia. Admitió que huía de los conflictos como de la peste por no querer disgustar en lo más mínimo a Andrew y que le chocó ver que había sido precisamente esto lo que había impedido que la relación pasara por las etapas normales que llevaban a una unión auténtica. Cuando le conté que los resultados de los estudios del doctor John y de la doctora Julie Gottman[4] realizados en el Instituto de Investigación Relacional demostraban que las uniones duraderas se forjaban y estabilizaban al superar los conflictos y las diferencias, ella dejó escapar un grito ahogado. Como solo había querido presentar una imagen minuciosamente elaborada de una esposa idealizada que nunca estaba en desacuerdo con nada de lo que su marido dijera o hiciera, no había dejado que se estableciera entre ellos una intimidad emocional que fuera valiosa en algún sentido. También le horrorizó descubrir que al reprimir sus verdaderos sentimientos y necesidades, se había estado sintiendo tan abandonada emocionalmente y sola como de niña, ignorándose a sí misma de una forma parecida a como su madre la había ignorado en la infancia. También le afectó mucho advertir que además había obligado a Andrew a tomar todas las decisiones sin el apoyo de una pareja capaz de ayudarle a salir adelante. Le impactó tanto el descubrimiento, que cuando estaba sentada ante mí en la consulta, hizo una mueca de dolor al enfrentarse a la cruda realidad de hasta qué punto Andrew deseaba una pareja que fuera como la compañera de trabajo por la que él la había dejado.

> *Un trauma tiene la cualidad de transformar un duro golpe en un estado mental prolongado... El momento se convierte en un espacio de tiempo de considerable duración, y el episodio en una enfermedad.*
>
> KAI ERIKSON

Tal vez te preguntes por qué le pedí a Sarah que se responsabilizara de la conducta cuestionable de Andrew. ¿Acaso no estaba yo culpando a la víctima? Sin embargo, no le pedí que se hiciera responsable de las decisiones dolorosas de Andrew. Lo que hice fue sugerirle que se viera como la creadora del hábito de alienación y soledad que había adquirido de niña para que pudiera por fin superarlo. La estaba ayudando a ver cómo de forma indirecta y maquinal había hecho que tanto ella como

Andrew crearan la peor situación posible otra vez para asegurarse de que aquel impactante abandono fuera el último que volviera a recrear de manera automática. Fue una toma de conciencia chocante que daba mucho que pensar.

Si bien al principio le resultó doloroso ver con claridad que era responsable de su propia experiencia, al darse cuenta de la forma concreta en que reproducía el dolor de su pasado, fue maravilloso para ella comprender que la sensación de soledad que siempre le había acompañado no era el temido destino que le había tocado vivir, sino la historia ficticia que había creado cuando era una niña confundida y dolida. De pequeña no podía haber comprendido que su madre la evitaba en lugar de relacionarse con ella de manera sana. La única forma en que Sarah podía interpretar la gran herida de su corazoncito era creer que todas las personas a las que ella quería acababan abandonándola. Dios creó las montañas, Dios creó el sol, y Dios hizo también que la pequeña Sarah estuviera sola en este mundo desolado.

> *Se dice que una experiencia traumática sufrida a edad temprana marca a una persona para siempre, la descoloca, diciéndole: «Quédate aquí. No te muevas».*
>
> JEFFREY EUGENIDES

Dejar de creer en las ideas de la horrible *verdad* sobre su vida para comprender de pronto que no eran más que la invención de una niña pequeña que se sentía triste y sola lo cambió todo para ella. Sarah vio por fin que no tenía un hándicap, sino que simplemente se había acostumbrado a recrear a su pesar en sus relaciones los traumas irresueltos del pasado. Al enfrentarse a sí misma como la autora de su pesadilla, también vio que poseía el poder para despertar de ella.

Animada por mí, empezó a cuestionarse la validez de su historia de la infancia y reunió el valor para crear una historia más fiel a la verdad. Con lágrimas en los ojos, afirmó aliviada: «¡No he nacido para estar sola! Tengo una gran capacidad para amar y ser amada. Y el poder para aprender a mantener una relación feliz y sana con las personas que quiero que me correspondan ¡del modo que necesito ser amada!» Así empezó su viaje tremendamente transformador para superar su historia de la fractura original.

PREGÚNTATE:

«¿Cómo me ha decepcionado mi expareja de una manera similar a como me decepcionaron en la infancia?» (Por ejemplo: «Abandonó a nuestra familia igual que mi padre me abandonó cuando yo tenía cinco años».)

«¿Cómo he decepcionado a mi expareja de una forma parecida a como me decepcionaron en la juventud?» (Por ejemplo: «He sido demasiado crítica, exactamente como mi madre lo fue conmigo».)

Identifica tu historia de la fractura original

Empiezas a superar tus dolorosos hábitos amorosos al ver con claridad tu historia de la fractura original. En cuanto te percates de las ideas que sin darte cuenta te han llevado a reproducir tu triste historia amorosa, por fin podrás crear una dinámica más feliz y sana a partir de ese momento.

El siguiente ejercicio te ayudará a reconocer tu historia de la fractura original al animarte a nombrar las ideas que adquiriste en la infancia sobre ti y ver tus posibilidades para mantener una relación de pareja feliz y sana. Lo elaboré con la colaboración de mi colega Claire Zammit.*

---

* Creamos este ejercicio, llamado en un principio «Transformación de la identidad» como parte del contenido de los Cursos sobre el Poder Transformador Femenino dirigidos a Mujeres, impartidos en Internet (véase www.FemininePower.com). Se enseñaba tanto en Calling in «The One» (véase www.CallingInTheOne.com) como en los cursos *online* sobre el Poder Femenino en los que participaron cientos de miles de mujeres a lo largo de los años para dejar atrás los hábitos dolorosos y repetitivos, y alcanzar su mayor potencial en la vida y en el amor.

1. **Relájate.** Encuentra un lugar tranquilo donde puedas sentarte unos minutos sin que te interrumpan. Cierra los ojos, respira hondo como si llevaras el aire hasta las caderas y relaja el cuerpo lo máximo posible.

2. **Advierte tus sentimientos relacionados con la ruptura.** Sé consciente de todos los sentimientos que te ha producido. Percibe en qué lugar del cuerpo residen estas emociones.

   Por ejemplo: «Siento las emociones como una sensación ardiente en el plexo solar», «Como un peso en el corazón», «Como un agujero entre los omoplatos», «Como si alguien me hubiera apuñalado por la espalda» o «Como un nudo en la garganta que hace que me cueste tragar saliva».

3. **Acepta tus sentimientos.** Respira hondo y advierte la parte tuya que es capaz de contemplar estos sentimientos con gran compasión. Extiende tu amor a la parte de ti que está sintiendo esos sentimientos dolorosos, acepta cada uno con bondad y afecto. Repite la práctica del primer paso preguntándote qué es lo que estás sintiendo y reflexiona luego con dulzura en cada uno de tus sentimientos. Advierte que al hacerlo eres más capaz de observarlos con ternura desde una cierta distancia en lugar de ser engullido por ellos.

4. **Observa cómo estás interpretando tu ruptura.** Deja de intentar comprenderla con la mente y presta atención a tu cuerpo para advertir el centro emocional de tus sentimientos oscuros y agitados. Como si dejaras que este centro emocional hablara por sí mismo (y no tu mente), te invito a responder a las siguientes preguntas:

   «¿Cómo estoy interpretando la ruptura en cuanto a mí?»
   Por ejemplo: «Nadie me ama», «Nadie me quiere», «Estoy sola», «Me han usado como un pañuelo desechable», «No valgo lo bastante», «Soy inferior» o «No sirvo para nada».

   «¿Cómo estoy interpretando esta ruptura en cuanto a mi relación con los hombres o las mujeres?» [depende del sexo por el que te sientas atraído].

❧

Por ejemplo: «Los hombres no me eligen nunca a mí, sino a otras mujeres», «No les gusto a las mujeres», «A nadie le importan mis verdaderos sentimientos y necesidades», «Todas mis parejas solo quieren estar conmigo para sacar tajada» o «Los hombres no me quieren más que para eso».

«¿Cómo estoy interpretando esta ruptura en cuanto a las posibilidades que tengo de ser feliz en el amor?»
Por ejemplo: «La vida no quiere que encuentre el amor», «Nunca consigo lo que quiero», «Mi vida amorosa está maldita» o «Es peligroso dejar que alguien se acerque demasiado a mí».

5. **Identifica tu historia de la fractura original.** Ahora te invito a hilvanar estas creencias para describir tu historia de la fractura original.
Por ejemplo: «No valgo lo bastante. Los hombres se sienten atraídos por otras mujeres y no por mí. El amor siempre se me escurre de las manos».
«No valgo para nada. Las mujeres me exprimen hasta la última gota y luego me abandonan. Siempre tengo que desvivirme para intentar demostrar lo que valgo».
«Soy una nulidad. Los hombres me dejan si no intento complacerles a todas horas. Me siento vacía y sin amor».

6. **¿Qué edad tiene esta parte de ti? ¿Qué cantidad de energía hay en ese centro emocional?** Intenta reconocer la edad cronológica de la parte tuya que ha quedado atrapada en esta historia. La respuesta no tiene por qué ser literal, averigua más bien por la sensación que te produce en el cuerpo la edad que tenías cuando adquiriste este punto de vista.

PREGÚNTATE:
«¿Qué edad tiene la parte de mí que está atrapada en esta historia?»
Por ejemplo: «No soy más que un bebé», «Tengo cinco o seis años» o «Tengo doce años».
Advierte también la cantidad de energía que hay en ese centro.

PREGÚNTATE:

«¿Qué cantidad de energía estoy reteniendo ahí?»

Por ejemplo: «¡Es gigantesca, ocuparía una manzana entera de mi ciudad!», «Sobrepasa mi cuerpo en un palmo» o «La siento como un nudo negro y espeso ciñéndome el corazón».

7. **Abre los ojos y ¡sacude el cuerpo!** Para ayudarte a volver a tu yo adulto y fuerte, abre los ojos y sacude el cuerpo.

PREGÚNTATE:

«¿Qué es lo mejor de tener mi edad actual en contraposición a cuando tenía ____?» (la edad que hayas descubierto que tenías cuando creaste tu historia).

Por ejemplo: «Ahora tengo muchas más opciones de las que tenía en aquella época», «Ahora para protegerme me fijo límites sanos» o «En la actualidad dispongo de muchos más recursos de los que tenía en el pasado y puedo obtener la ayuda que necesito».

Si deseas descargarte un audio gratuito de esta práctica, entra en www. ConsciousUncoupling.com/StepThreePractice.

···

Perpetuando tu historia de la fractura original

Cuando Emily, una estudiante de derecho de veintiséis años, conoció a Rick, el cantante de una banda de rock, se enamoró perdidamente de él. Él también se quedó prendado de ella y empezaron a verse con frecuencia, cada cita era más excitante que la anterior. Pero a las cuatro semanas Rick dejó de llamarla. Antes le enviaba al menos un mensaje de texto diario para ver cómo estaba, pero de pronto Emily dejó de tener noticias suyas durante un día, dos días, tres días, cuatro días. Al quinto se empezó a preocupar de verdad. Su padre había abandonado a su familia cuando ella tenía cinco años, por lo que su terror al abandono volvió a aflorar y, para quedarse tranquila de una vez, le envió a Rick un mensaje de texto que le pareció una idea brillante para evitar que la rechazara. Le contó que había conocido a otro hombre y que ya no quería seguir con la relación. No fue hasta tres años después, al encontrarse por casualidad en una discoteca, cuando descubrieron lo que había ocurrido. Rick no había dejado de mandarle mensajes porque ya no estuviera interesado en ella, sino que se había tomado precisamente unos días para plantearse salir en serio con ella, pedirle que fuera su novia y dejar otras relaciones esporádicas que había iniciado. Al enterarse, Emily se quedó aturdida. Convencida de que todos los hombres acababan abandonándola, había creído que el silencio de Rick significaba que la relación se había terminado y se quedó destrozada al descubrir que era ella la causante de que él la dejara.

> *Aunque no puedas evitar que alguien te destroce el corazón, deja al menos de seguir rompiéndotelo.*
> LEIGH NEWMAN

....

Los hábitos relacionales que hemos adquirido también están condicionados por nuestras suposiciones, que a su vez influyen en cómo respondemos a las circunstancias. Para dejar atrás tus dolorosos hábitos en el amor te sugiero que observes cómo has actuado sin darte cuenta en tu relación haciendo literalmente que la historia de tu fractura original se repitiera.

Reflexiona sobre las siguientes preguntas:

1. **¿Cómo has confirmado tu historia de la fractura original con tu modo de tratarte?** Dado que tu relación con los demás nunca puede ser mejor que la que mantienes contigo mismo, intenta reconocer cómo tu forma(s) de tratarte refleja el tratamiento que has recibido de tu expareja. Advierte cómo hiciste que te tratara del mismo modo que tú te tratabas.

Por ejemplo, si te abandonó, observa cómo tú te has abandonado a ti mismo a lo largo de la relación. Si era egocéntrica y egoísta, averigua de qué modo has abordado tus sentimientos y necesidades como si no importaran. Si fue muy crítica contigo, advierte si tú te tratabas con demasiada dureza.

2. **¿Cómo hiciste que tu expareja confirmara tu historia de la herida original?** ¿Cómo, sin darte cuenta, favoreciste que te decepcionara de una manera parecida a como te decepcionaron en el pasado?

    Por ejemplo: «No supe compartir mis sentimientos y necesidades, por eso mi antigua pareja no sabía lo que yo necesitaba recibir de ella y acabó decepcionándome».

    «Como no quería que mi expareja se enojara conmigo, no fijé límites sanos hasta que me pareció que la única forma de acabar con mi autoabandono crónico era dejar la relación».

    «Estaba tan desesperada por recibir amor que me conformé con menos de lo que me merecía y aguanté constantemente su mala conducta con la esperanza de que cambiara. Pero al no decir lo que yo pensaba, le di permiso para tratarme mal».

    Nota: Sé consciente de la tendencia a verte como una víctima por tus flaquezas y heridas del pasado. En lugar de decir: «No puedo expresar nunca lo que pienso porque mi padre me maltrató de niña», intenta responsabilizarte de tus decisiones diciendo: «He decidido maltratarme continuamente como mi padre me maltrataba a mí. Por eso he hecho que mi novio también me maltratara». Mientras sigas viéndote como una víctima indefensa no superarás tus antiguos hábitos. Reconoce que eres tú el que has tomado esta decisión y el que puedes cambiarla.

3. **¿Cómo has confirmado tu historia de la fractura original con tu forma de relacionarte con la vida?** Solemos proyectar sobre el universo lo peor de nuestra infancia, imaginándonos que la vida nos castiga, abandona, deja de lado o machaca de la misma forma que lo hicieron las personas

con las que formamos nuestros primeros vínculos afectivos en la infancia (como nuestros padres o hermanos mayores), por lo que actuamos como cuando éramos pequeños. Al ver la vida condicionados por esas ideas, creamos sin darnos cuenta las pruebas para demostrar que son ciertas.

PREGÚNTATE:

«¿Cómo he contribuido con mis ideas sobre la vida a que las cosas no funcionaran en mi relación?»

Por ejemplo: «Al creer que no podía tener lo que quería, me conformé y comprometí de forma crónica con un hombre que no estaba a la altura de lo que yo me merecía, hasta que ya no pude aguantarlo más y le dejé».

«Como creía que era peligroso decir lo que pienso, no expresé mis verdaderos sentimientos y necesidades hasta que me sentí tan invisible en mi relación que tuve que romper con mi pareja.»

«Al creer que la vida es un campo de batalla, siempre estaba peleándome con mi marido y a la defensiva hasta que él se hartó de tantas trifulcas y me dejó.»

Nota: Ten en cuenta que tu contribución a la ruptura puede ser muy esclarecedora y todo un acto de humildad, y es posible que te sientas tentado a detestarte y avergonzarte de ti. Pero no olvides que si te dejas arrastrar por esas emociones, te quedarás atrapado en ellas y no podrás usar lo que estás descubriendo como un catalizador para evolucionar y cambiar positivamente. Así que te animo a ver tus imperfecciones con afecto. Valora lo que te ha enseñado la vida como una parte importante de convertirte en un ser humano sabio y maduro. Ya ha habido en tu vida una persona que no te ha amado como necesitabas, de modo que no te falles ahora a ti de la misma manera.

¿Cuál es realmente la verdad?

Al igual que una experiencia cercana a la muerte puede hacer que nuestra vida adquiera sentido, el final de una relación nos saca de golpe del trance de creencias falsas en el que estábamos inmersos para despertar a la grandeza de nuestro propio ser. De súbito, nos damos cuenta de que nuestra antigua historia no era más que una *historia*. La creamos cuando éramos demasiado pequeños como para interpretar las cosas de distinta manera. Al ver esta verdad empezamos a cuestionarnos las conclusiones que sacamos y nos hacemos una imagen más precisa de lo que pudo ocurrir entre nosotros y los demás en la época en que adquirimos esas ideas sobre la vida.

Las creencias son relacionales, es decir, las creamos en las relaciones que mantuvimos con los seres queridos de los que más dependíamos. No salieron de la nada. Algo pasó entre tu madre y tú, o entre tu padre, tu abuela o tu extraño tío Jaime y tú, que te dolió y confundió terriblemente al no saber interpretarlo a esa tierna edad. Como te estabas desarrollando y tu principal tarea era adquirir una identidad y encontrar tu lugar en este mundo, es lógico que vincularas lo que te ocurrió contigo. Pero al plantearte las conclusiones que sacaste con tu mente racional de adulto, que sabe captar mejor ahora la complejidad y los matices de una situación, es cuando puedes hacerte una imagen más sofisticada y exacta de lo que sucedió.

Debes volver al pasado para rescatar al niño que eras de aquella sala de espejos deformantes y desconcertantes. Porque la imagen que tienes de ti y de tu vida —que eres una nulidad, que nadie te quiere, que nadie te ama, que tienes un exceso de esto o una falta de aquello otro, que estás indefenso o destinado a estar solo—, o todas esas cosas a la vez, simplemente *no es cierta*.[5]

❧

Hasta que no adviertas esas creencias tan íntimas y te las cuestiones, te seguirán acosando. Pero en cuanto las reconozcas podrás superar de una vez esa dolorosa historia del pasado. El psicólogo Stephen Gilligan, autor de *La valentía de amar*, afirma: «En este punto, la naturaleza parece tener una paciencia infinita y una crueldad sin límites. Es posible que hagan falta años,[6] o incluso generaciones, pero la *experiencia negativa seguirá retornando hasta que la presencia humana pueda entrar en contacto con ella, con amor y aceptación, e integrarla*». La parte tuya que ha quedado atrapada en la historia ha estado esperando a que la quieras. Te invito a ponerte ahora la mano sobre la zona de tu cuerpo donde resida esa historia (por ejemplo, el plexo solar, el corazón o la garganta) mientras dices: «Cariño, esa historia ni siquiera es cierta. Lo que sí es verdad es ____», rellena el espacio en blanco.

Por ejemplo:

… que te apasiona enormemente la vida.

… que tienes el poder de protegerte.

… que tú sabes más que nadie lo que es bueno para tu vida.

> *De todas las nostalgias que acosan al corazón humano, la mayor de todas es el perpetuo anhelo de reconciliar aquello que hay de más joven en uno con aquello que hay de más viejo.*
>
> LAURENS VAN DER POST

Como hizo Sarah, una paciente mía, al vislumbrar su gran poder para crear relaciones profundas y enriquecedoras, te animo a luchar por salir del trance de tu historia de la fractura original con la intensidad con la que te habría gustado que los demás hubieran luchado por ti. Sé el protagonista o la protagonista de tu propio viaje y bésate para despertar de tu sueño. Hazlo ahora. No pierdas un solo día más de tu hermosa vida viviendo como un sonámbulo inmerso en la pesadilla de esas suposiciones falsas.

Tus creencias frente a la verdad

> *Me gustaría mostrarte*
> *cuando te sientes solo*
> *o en medio de la*
> *oscuridad, la luz*
> *asombrosa de tu*
> *propio ser.*
>
> HAFIZ

PREGÚNTATE:

«¿Son ciertas o no mis creencias sobre la fractura original?»

Creencia: No valgo lo bastante.

Verdad: Mi propia existencia ya basta y sobra para que sea merecedor de un gran amor. Me merezco ser respetado, valorado y amado.

Creencia: No soy importante.

Verdad: Mis sentimientos y necesidades cuentan. Para mí son importantes. Y está bien tener expectativas sanas que también sean importantes para las personas cercanas a mí.

Creencia: No soy digno de amor.

Verdad: Aunque la persona que amo me haya cerrado su corazón, sigo siendo digno de amor y me merezco ser amado.

Creencia: Soy una nulidad.

Verdad: El hecho de sentirme humillado no significa que haya algo de lo que deba avergonzarme.

O

Verdad: Mis errores son lecciones que he aprendido en la vida y prometo reparar el daño cometido. Una buena persona se caracteriza por aprender con humildad de sus errores y enmendarlos a partir de ese momento.

Creencia: Estoy solo.

Verdad: No nací para estar solo, sino que vine a este mundo para amar y ser amado, y soy capaz de aprender a mantener relaciones más sanas y felices a partir de ahora.

Creencia: No soy valioso.

Verdad: Soy valioso por el simple hecho de haber nacido. No necesito hacer nada para demostrarlo.

Creencia: No me siento seguro.

Verdad: Soy capaz de aprender a protegerme al aprender a relacionarme de formas más sanas.

....

Es mucho más fácil ofrecerle sabiduría y buenos consejos a un amigo que lo necesita —recordándole en los momentos de debilidad la verdad sobre su valía y su fuerza interior— que ponerlo en práctica uno mismo. Atrapados en nuestras fuertes emociones, podemos tomar fácilmente nuestros sentimientos por hechos y cometer el error de ver nuestra situación desde el punto de vista de un niño. Cuando te descubras entrando en la espiral negativa de tu historia de la fractura original, busca esa parte tuya de adulto sabia, inteligente, culta y desarrollada que percibe con claridad, objetividad y compasión lo que está ocurriendo. Desde esta parte adulta tuya, ocúpate con afecto de tu parte más joven que está confundida y dolida, como si cuidaras de un amigo muy preciado al que quieres con todo tu corazón. Ofrécele tus perlas de sabiduría, tus pepitas de verdad, tu sentido común y las nuevas percepciones y descubrimientos de cuando escarbas en lo más recóndito de tu corazón y tu alma.

....

Comunicación de alma a alma

La tentación de una ruptura consiste en verte a través de la mirada de tu expareja como si valieras menos de lo que vales. Quizá en su cabeza ha creado una historia negativa y censuradora sobre ti que ha desempeñado una parte en vuestra separación. Tal vez ahora te está infravalorando para que no le duela tanto perderte. Aunque no puedas saber con exactitud lo que siente o piensa sobre ti, la imaginación te puede jugar una mala pasada haciéndote creer en la experiencia

✌

dolorosa de que a partir de ahora nadie te deseará, querrá, adorará, ni elegirá. Cuando te asalten esos pensamientos, ¿lograrás creer con firmeza en la verdad de tu fuerza interior y bondad? ¿Podrás retirar el permiso que le diste a tu expareja para determinar lo que tú vales creyendo firmemente en tu valía pese a haber sido menospreciado injustamente por la persona que ayer lo era todo para ti?

Como las creencias son relacionales, cuando nuestra pareja nos deja nos quedamos con la desagradable sensación de lo que esto significa en cuanto a nosotros. Nos olvidamos de las mil y una maneras en que la relación nos reflejaba nuestra propia valía, y solo recordamos los momentos horribles en los que nos sentimos ultrajados, desechados o menospreciados, o todo ello a la vez, y esta experiencia erosiona nuestra autoestima. Como de momento no es posible volver a recuperar el equilibrio emocional, suelo ofrecer la siguiente práctica para que puedas liberarte de esa sensación que te ha quedado y volver a sentir tu valía, talento y resiliencia de tal modo que lo notes en tu propio cuerpo.

Nota: Si sigues el programa con tu ex, te sugiero que hagáis este ejercicio a solas en lugar de realizarlo juntos. Si lo deseáis, podéis compartir más tarde cómo os ha ido este paso del programa.

1. **Relájate.** Encuentra un lugar tranquilo en el que sentarte unos minutos sin que te interrumpan. Cierra los ojos, respira hondo como si llevaras el aire hasta las caderas y relaja el cuerpo lo máximo posible.

2. **Afiánzate en tu yo adulto.** Conecta con la parte tuya de adulto fuerte, ingenioso, inteligente, desarrollado, sabio y afectuoso, como si pudieras extender la energía de este aspecto adulto tuyo por todo tu cuerpo y más allá de él, al tiempo que respiras profundamente como si llevaras el aire a las caderas, las piernas y los pies, e incluso haciendo penetrar en la tierra tu energía y traspasar los límites de la habitación.

3. **Invita a tu yo más joven a salir de la habitación.** Dile con afecto a tu parte más joven que se vaya a un lugar seguro, como si le dijeras a un niño que se marche de la habitación donde los adultos van a mantener una conversación importante.

❧

4. Invita a tu expareja a sentarse frente a ti para comunicaros de alma a alma. (Nota: Si tu ex era violento o suponía una amenaza física, te sugiero que visualices a tu alrededor un campo energético protector que le impida poder tocarte.) Como si invitaras al alma de tu ex a mantener una conversación valiosa contigo, pídele que se siente frente a ti. En un tono de voz cordial y respetuoso, imagínate que le dices lo siguiente mirándole a los ojos (si lo deseas puedes usar tus propias palabras y embellecer las frases, pero intenta conservar al máximo el significado esencial):

«Te doy el beneficio de la duda al responsabilizarme por tratarme como lo hiciste. Reconozco que tu forma de comportarte conmigo reflejaba en muchos sentidos mi propia manera de tratarme».

Imagínate que tu expareja escucha todo lo que le dices con gran atención e interés. Sigue diciéndole:

«Tu forma inadecuada de tratarme me ha ayudado a darme cuenta de mi valía, fuerza, bondad e inteligencia, y de mi derecho a amar y ser amado. Por eso te doy las gracias».

«Sin embargo, ahora deseo arreglar las cosas compartiendo contigo quién soy de verdad para corregir cualquier malentendido que haya habido entre nosotros».

Dile lo que realmente es cierto sobre quién eres y lo que te mereces.

Por ejemplo: «Soy un hombre poderoso y cariñoso merecedor de ser tenido en cuenta, apoyado, valorado y respetado», «Soy una mujer sexi, sensual y voluptuosa que me merezco dejarme cautivar por una pareja que se excite con mi cuerpo», «Como soy una mujer de lo más asombrosa, lista y fascinante, me merezco que me traten como una reina» o «Ya sé que en nuestra relación no saqué todo mi potencial, pero tengo muchas cualidades que no conoces y aplicaré lo que he aprendido contigo en mi siguiente relación para ser en el futuro mucho más feliz en el amor».

Deja que tu ex vea toda la verdad de quien eres, sobre todo si en vuestra relación le mostraste una versión aguada de ti. Imagínate que te ve como si te acabara de conocer. Imagínate sus ojos llenos de respeto, admiración y aprecio por ti, y siente que te tiene afecto y te desea todo lo mejor.

Repite ahora lo siguiente como si pudieras comunicarte directamente con el alma de tu expareja:

«Te pido que a partir de ahora me trates con consideración y respeto. Al margen de si nos veremos o no en el futuro, te pido que en tus pensamientos, palabras y obras te relaciones conmigo de una manera que refleje mi verdadera capacidad, fuerza, inteligencia, bondad y valía para amar y ser amado. Y te prometo que yo haré lo mismo contigo».

Pregúntale: «¿Te parece bien?» y espera a que te diga «Sí» antes de seguir. Imagínate a continuación que le miras directamente a los ojos y que con una absoluta presencia, decides recuperar el respeto y la consideración que existía entre vosotros.

Imagínate ahora que los momentos de humillación, vergüenza, bochorno, desprestigio o falta de respeto desaparecen y que vuelves a sentir que tu expareja te mira sintiendo respeto, admiración, aprecio y amor por ti.

5. **Imagínate que os ofrecéis una reverencia como muestra de respeto.** Visualiza que tu expareja se inclina ante ti y que tú te inclinas ante ella para dar por terminada vuestra conversación, reconociendo el nuevo acuerdo al que habéis llegado.

Nota: Cuando te descubras volviendo a sentir que no vales nada por cómo acabó vuestra relación, deja de rememorar los momentos en los que te sentiste menospreciado, injuriado, que te faltaron al respeto y no amado. En su lugar céntrate en la experiencia que estás viviendo. Tal vez también te guste recordar los momentos de felicidad, admiración, deseo, ternura y amor auténtico que viviste en tu relación y decidir que en esos momentos fue cuando tu antigua pareja te veía con más claridad.

☙

Deja atrás los hábitos amorosos dolorosos

Las relaciones felices y sanas no consisten en conocer a la persona idónea y enamorarte de ella. Ni tampoco en haber nacido con buena estrella ni en tener en tu carta astral una alineación planetaria en especial. Las buenas relaciones tienen, que ver en cambio, con estar lo bastante desarrollado personalmente —tanto a nivel físico como mental— como para mantener una intimidad sana y bien intencionada con tu pareja a lo largo del tiempo. Y aunque supongas quizá que has estado intentando superar el pasado sirviéndote de tus antiguos hábitos, lo más probable es que también hayas estado repitiendo esa dinámica por no saber actuar de otra manera.

> *Debemos dejar de preguntarnos «por qué me ha ocurrido esto» y empezar a plantearnos «qué he hecho yo para que me ocurriera».*
>
> AUGUST GOLD

Al tomar conciencia de las distintas formas en que has estado echando a perder tus relaciones amorosas por tus reacciones automáticas, ahora puedes triunfar por fin. Empieza por actuar creyendo en la verdad de tu valía en lugar de hacerlo movido por las ideas falsas que albergas de ti. Aprende a defenderte por ti mismo, a decir lo que piensas, a fijar límites sanos, a hacer las preguntas que te protegerán, a reconocer tus percepciones más profundas o incluso a preocuparte por los demás de un modo que genere confianza y conexión. Al reconocer estas nuevas formas de relacionarte, empezarás a dejar de creer que no tienes suerte en el amor y reconocerás la oportunidad que se te presenta de superar la forma disfuncional en la que has estado actuando.

Lo más probable es que para liberarte de esos hábitos tan decepcionantes necesites aprender algunas habilidades y capacidades básicas que, de algún modo, nunca llegaste a adquirir. Al estar atrapado en tu historia de la fractura original, no te desarrollaste como era debido. Si no crees que a los demás les importen tus sentimientos y necesidades, ¿por qué vas a preocuparte de aprender a comunicarlos? Si crees firmemente que todos acaban siempre abandonándote, no intentarás aprender a resolver los conflictos para comprender mejor a tu pareja. Porque ¿acaso esto no te heriría más a la larga? Si supones que el amor es peligroso, no te atreverás a bajar la guardia ni a dejar de estar a la defensiva por miedo a que vuelvan a herirte. Sin embargo, si no tienes habilidades y capacidades para relacionarte de manera sana, no podrás superar tus antiguos hábitos amorosos al no tener los recursos para crear ninguna otra cosa.

De las dificultades surgen milagros.

JEAN DE LA BRUYÈRE

Por más experimentado que te hayas vuelto psicológicamente con el paso de los años, aunque ahora puedas enumerar tus problemas de cabo a rabo, afirmando con gran precisión lo que te ocurrió, con quién te sucedió y por qué, hasta que no adquieras las habilidades y capacidades que necesitas para crear una experiencia más satisfactoria en el amor, no podrás evitar repetir de nuevo el pasado. Cuando mi paciente Sarah decidió superar su historia de la fractura original de sentirse siempre sola en la vida, descubrió enseguida que apenas sabía establecer una intimidad emocional con otro ser humano. Reconociendo lo poco preparada que estaba para mantener una relación auténtica, se sintió abrumada y confundida por no saber qué hacer. Ni siquiera mantenía apenas una relación consigo misma. Después de estar dejando de lado sus emociones, quitándoles importancia, vio que su incapacidad para compartir sus sentimientos y necesidades le venía sobre todo de no ser ni siquiera consciente de ellos.

En nuestras sesiones Sarah aprendió que la intimidad emocional surge cuando nos arriesgamos a compartir lo que ocurre en nuestro mundo interior. Por lo que empecé enseñándole a reconocer sus

❧

sentimientos y necesidades. En lugar de decir que se sentía fatal, la ayudé a captar los matices de los distintos sentimientos depresivos que podemos tener: desesperación, desánimo, decepción, aturdimiento, letargo, disgusto, pesimismo o pena. En lugar de decir simplemente que aquel día se sentía mejor, aprendió a etiquetar su experiencia interior con más precisión diciendo que se sentía esperanzada, implicada, optimista, serena, animada, entusiasmada o recuperada. Después aprendió a usar sus sentimientos como una información importante para distinguir sus necesidades, definiéndolas de un modo que le permitía ocuparse de ellas. Necesitaba que los demás vieran su propia valía y la trataran con respeto, escuchándola y amándola tal como era.

Lo ideal habría sido que Sarah aprendiera a distinguir sus sentimientos y necesidades entre los cuatro y los ocho años de edad, el momento adecuado de su desarrollo para conocer el mundo emocional. Sin embargo, creció en un hogar donde nadie la ayudó a descifrar su experiencia interior. Y como su historia de la fractura original incluía la suposición de que nunca recibiría lo que necesitaba de nadie, ni siquiera se le ocurrió intentar desarrollarse en ese sentido.

En cuanto identificamos las habilidades y capacidades de las que carecía, impidiéndole mantener relaciones sanas, y las empezó a adquirir, logró superar sus dolorosos hábitos de aislamiento y soledad que habían estado presentes toda su vida. Al cabo de un tiempo, Sarah se convirtió en una buena comunicadora. Me alegra decir que sus esfuerzos fueron recompensados. Ahora, mientras escribo esto, mantiene una relación mucho más satisfactoria que la que tuvo con su marido. Ella y su novio a veces discuten, pero saben hacerlo de una forma que los acerca más y les ayuda a ocuparse me-

> *Lo que te hace vulnerable te hace hermoso.*
>
> BRENÉ BROWN

jor del bienestar y la felicidad del otro. Aunque le gustaría haber sido en su matrimonio anterior la mujer que es ahora, no cambiaría lo que le ocurrió por nada del mundo, porque la dolorosa ruptura fue el aldabonazo que necesitaba para ver que podía llevar otra clase de vida y de relación amorosa.

Tal vez te encuentres en el lance de no saber cómo dejar atrás tus antiguos hábitos. Quizá ni siquiera tengas claro cuáles son los límites sanos y mucho menos aún cómo fijarlos. O tal vez no sepas cómo llegar a un acuerdo con tu pareja para que satisfaga tus necesidades o ni siquiera cuáles son las que tienes derecho a pedirle que satisfaga. Quizá no sepas cómo calmarte para no perder los nervios y estallar cada vez que no te sales con la tuya. Todos tenemos puntos débiles que nos impiden gozar de amor y felicidad en una relación de pareja. Sin embargo, aquí es donde la mayoría nos detenemos, porque nos intimida lo que todavía desconocemos y a la mínima de cambio volvemos a nuestra forma habitual y limitada de actuar, llevados por la costumbre.

Para superar tus hábitos amorosos repetitivos te sugiero que adoptes lo que en el budismo se llama «Mente de Principiante». Se refiere a abordar con una actitud abierta todo lo que aún no conoces, valorando la incertidumbre por encima de la certeza, y la vulnerabilidad por encima de la seguridad de querer dar una buena imagen. Intentas reconocer las habilidades y capacidades que te liberarán y te comprometes a adquirirlas como si la vida te fuera en ello, porque en muchos sentidos así es. Ninguna de las personas a las que les han roto el corazón o que se lo han roto a alguien desean volver a pasar por lo mismo. De modo que tienes dos opciones. Una es cerrarte en banda y negarte a amar y a ser amado de nuevo, y la otra desarrollarte para confiar en ti y crear así una experiencia más feliz y sana en el amor la próxima vez.

Por suerte, somos seres en continua evolución capaces de aprender cosas nuevas a lo largo de toda la vida. También afortunadamente existen un montón de maestros extraordinarios que te pueden enseñar lo que no aprendiste en la infancia. En la sección de «Recursos en Internet» de este libro encontrarás una lista de algunos maestros de gran talento cuya misión en la vida es empoderarte para que tengas una experiencia sana y feliz en el amor, en todas sus muchas formas. Espero que al decidir experimentar algunas de ellas goces de las relaciones con las que soñabas.

Haz que la ruptura sea el comienzo de algo maravilloso en lugar de un final. La mayoría necesitamos un aldabonazo como el que acabas de recibir para que nos inspire a sacar todo nuestro potencial. Y para muchas personas las lecciones más importantes que han aprendido en la vida son sus mayores bendiciones, porque deciden ver sus pérdidas como oportunidades, para vivir y amar con más profundidad que nunca.

PREGÚNTATE:

«¿Cómo me puedo relacionar conmigo mismo de una forma(s) que demuestre la verdad de mi valía, fuerza y talento para amar y ser amado? ¿Qué habilidades o capacidades nuevas, o ambas cosas a la vez, necesito adquirir para lograrlo?»

Por ejemplo: «Empezaré a hacerlo advirtiendo mis sentimientos y necesidades antes de ocuparme automáticamente de los de los demás. La habilidad que necesito es aprender a captar mejor cuáles son mis sentimientos y necesidades».

«¿Cómo puedo relacionarme con los demás de un modo(s) que demuestre la verdad de mi valía, fuerza y talento para amar y ser amado? ¿Qué habilidades o capacidades nuevas, o ambas cosas a la vez, necesito adquirir para lograrlo?»

Por ejemplo: «Me arriesgaré a compartir mis verdaderos sentimientos y necesidades para descubrir a quién le importo y a quién no, y saber qué relación debo seguir manteniendo. Las capacidades que necesito adquirir son 1) la habilidad de soportar ser más vulnerable y 2) estar más dispuesto a recibir».

«*¿Cómo puedo relacionarme con la vida de una forma(s) que demuestre la verdad de mi valía, fuerza y talento? ¿Qué habilidades o capacidades nuevas, o ambas cosas a la vez, necesito adquirir para lograrlo?*»

Por ejemplo: «Aumentaré mis expectativas y empezaré a pedir lo que realmente quiero y necesito en la vida. Cultivaré la capacidad de ensanchar los horizontes, ampliando mi idea de lo que es posible más allá de lo que lograron las mujeres de mi familia».

SUGERENCIAS PARA CUIDAR DE TI
TERCER PASO
(Da al menos dos pasos cada día)

1. **Bebe mucha agua pura de manantial** como gesto simbólico de eliminar los hábitos tóxicos de tu vida.
2. **Consume alimentos sanos, sustanciosos y nutritivos** que estén repletos de nutrientes y amor.
3. **Llena tu casa de aire fresco,** un montón de luz, flores bonitas y cosas que huelan bien.
4. **Ensancha tu mente intentando relacionarte al menos de una nueva forma** cada día que demuestre la verdad más profunda de tu valía, fuerza, inteligencia, bondad y capacidad para amar y ser amado.
5. **Pon música que te guste y baila,** dejando que tu cuerpo exprese libremente las emociones que has estado reprimiendo.
6. **Escribe tres listas.** La primera es una lista de 20 cosas que te alegres de estar perdiendo (por ejemplo, escuchar sus ronquidos ¡toda la noche!). La segunda, una lista de 20 cosas que hayas ganado con la ruptura (por ejemplo, por fin tengo tiempo para ocuparme de mis proyectos creativos). Y la tercera, una lista de 20 cosas con las que transformar este desengaño amoroso en lo mejor que te ha pasado (por ejemplo, por fin puedo empezar a ser una mujer adulta dueña de mi propia vida en cuanto a los hombres).

NOTA PARA LAS PAREJAS QUE HACEN EL PROGRAMA JUNTOS

En este tercer paso del programa de la Separación Consciente compartirás con tu expareja aquellas percepciones y avances importantes que empezarán a generar una sensación de cercanía y cohesión entre vosotros para seguir adquiriendo un mayor grado de autonomía. No los compartas para sentirte más cerca de ella, aunque paradójicamente esto te podría ocurrir al hacer el ejercicio juntos, sino para que tú no vuelvas a repetir nunca más con nadie tu historia de la fractura original.

Ten en cuenta que he dicho «*tú* no vuelvas». Cada uno de vosotros sois responsables de vuestro crecimiento interior en este sentido y ninguno debe cargar con el peso de intentar arreglar al otro, ni sentir la compulsión de sostener en alto un espejo para mostrarle el aspecto que necesita desarrollar. Por lo tanto, sé muy sincero y transparente en cuanto a tus defectos, tus puntos débiles y tus motivaciones falsas, y no dudes en reconocer tus fallos para salvar tu alma. No olvides que tu ex no necesita «verlos» tanto como *tú* para ser libre.

Te sugiero que evites darle consejos o hacer comentarios al respecto, a no ser que te lo pida. Céntrate por entero en ti y ocúpate de arreglar la parte de la que seas responsable. Después de haber compartido vuestras percepciones en esta conversación, agradécele a tu expareja lo sincera y valiente que ha sido al contar la verdad. Es importante que aceptes otros puntos de vista y que reconozcas que no es necesario que resolváis todas vuestras diferencias. Intenta soportar al máximo la tensión de los abismos insalvables que se abren entre vosotros y respétalos como parte de la sabiduría de la vida que ahora os está llevando a cada uno en distintas direcciones. Recuerda que esta conversación está pensada para ayudaros a madurar más allá de esos hábitos y para que os despidáis deseándoos lo mejor, así la siguiente relación que mantengáis con una nueva pareja os irá mejor.

CUARTO PASO

Conviértete en
un alquimista del amor

La libertad es lo que haces con lo que te han hecho.

JEAN-PAUL SARTRE

En el cuarto paso del programa de la Separación Consciente tomarás conciencia de ti como una fuerza indomable de la naturaleza, capaz de generar un futuro positivo para ti y los demás por más peliagudas o dolorosas que hayan sido las cosas hasta ahora. En este paso tomarás decisiones y emprenderás acciones que te permitirán superar los hábitos dolorosos del pasado y transformar radicalmente la dinámica entre tú y tu expareja para que refleje la verdad sobre tu valía y fuerza. De esta manera aprenderás a relacionarte de otra forma más sana en el amor y te asegurarás de que la nueva vida que lleves sea mejor que la que dejas atrás.

En el cuarto paso, «Conviértete en un alquimista del amor»:

- Protegerás el amor que os unió al aprender a valorar tanto aquello de lo que te estás desprendiendo como lo que estás creando

ɛↄ

167

ahora, y reconocerás que todas las etapas de vuestra relación son dignas de consideración, respeto y aprecio.

- Decidirás crear un futuro positivo a modo de estrella polar que te ayudará a afrontar esta separación con integridad, sentido común y fuerza.

- Descubrirás cómo disolver cualquier traza de ira o dolor que perdure entre vosotros para empezar el capítulo de esta nueva vida desde cero.

- Aprenderás a comunicarte de un modo que te permitirá crear y mantener una dinámica más sana a partir de ahora.

Desmantelar un hogar relacional es en cierto modo tan inquietante como empezar a quitar las paredes, el suelo y el techo de la casa en la que vives, por lo que te sentirás expuesto e indefenso ante los elementos duros y desagradables de la vida. Mientras ocurre este desmantelamiento, tendrás que tomar decisiones importantes que definirán tu vida y la de tus seres queridos durante las próximas décadas. Dada esta difícil serie de tareas, es lógico que una ruptura se pueda convertir en un chasquear de dedos en un proceso hostil y violento lleno de luchas de poder y de pequeños problemas que se magnifican, por lo que el grano de arena se acaba transformando en una montaña imponente y gigantesca que no parece fácil de superar.

La ruptura más aterradora de todas es la que se transforma en un alud que arrasa sin piedad tu hogar, llevándose por delante todo el amor, la buena voluntad y la esperanza que habíais reunido, hasta el punto de correr el peligro de no volver a recuperarlos nunca más. Estas explosiones de odio y rabia causan daños que son muy difíciles de reparar, aunque no es algo imposible. Pero en una Separación Consciente tú no dejas que ocurran. En su lugar intentas proteger el amor que os unió en vuestra relación y respetas todo lo que habéis creado juntos mientras dejas que la relación adquiera una nueva forma más sana. La tendencia a atacar, degradar y desechar destructivamente vuestro vínculo como un mecanismo para afrontar el perderlo sale demasiado cara. Subestimar el amor que compartisteis es como rechazar el sol del atardecer, pretendiendo que el jardín que creció bajo su cálida luz no es ahora más que una cesta con flores de plástico. El peligro de este modo de verlo es que puedes sentir la tentación de seguir viviendo con las anteojeras puestas, a no ser, claro está, que tu expareja te haya «engañado» haciéndote creer que la luz que recibías era real. Si no salió contigo por tu dinero, lo que tú y tu expareja compartisteis era real. Uno de vosotros, o los dos, debéis haber cometido errores que sacaron a la luz defectos fatales que no advertisteis o no os tomasteis en serio hasta ahora, pero esto no significa que la relación no fuera real o valiosa. La durabilidad no es la única medida del amor.

> *Echo de menos mi corazón*
> *cuando se me cierra.*
> JEFF BROWN

A la mayoría de las personas les cuesta entender estas complejidades. Tienden a ver las cosas como blancas o negras, y apreciar los buenos tiempos mientras uno atraviesa una mala temporada no es ni siquiera fácil para el más dotado. Aprender a valorar tanto lo que tuvisteis como lo que ahora podéis crear requiere determinación y disciplina. Sin embargo, esta clase de diligencia es necesaria para establecer la base de un futuro sano y feliz para ti y los demás después de un desengaño amoroso. Aunque tu expareja esté tomando el camino fácil al subestimarte tanto a ti como al amor que compartisteis para distanciarse, esto no significa que tú tengas que hacer lo mismo. A veces tienes que ser el líder en el amor negándote a caer en un camino más bajo y dejar espacio para que tu ex te siga.

☙

¿Futuro? ¿Qué futuro?

A los treinta años, cuando era una cantautora en ciernes, me mudé de Nueva York a Los Ángeles con Price, mi novia, conduciendo un camión con todas nuestras pertenencias a lo largo de cinco mil kilómetros y deteniéndonos en las estaciones de servicio para tomarnos panecillos con salsa de carne con los otros camioneros. Sin embargo, a menudo volvía al este y pasaba una temporada con mis amigos Ralph y Richard, una pareja feliz, atraída por los proyectos musicales prometedores que había dejado de lado por culpa de la locura de la mudanza: como letras para musicar o canciones para grabar. Me quedaba en el cuarto de invitados de Ralph y Richard y volvía a mi vena neoyorquina de escribir canciones durante el día y de ensayarlas y grabarlas por la noche. Las tardes silenciosas que pasé sin que nadie me interrumpiera escribiendo canciones en su apartamento de Brooklyn fueron todo un lujo. Tras alejarme de la vida agitada que llevaba en Los Ángeles, por fin tenía el espacio psíquico para sumergirme en mi proceso creativo. Las canciones que compuse en aquellas valiosas semanas siguen perdurando como la banda sonora de mi vida hasta el día de hoy.

> Cada noche le entrego mis preocupaciones a Dios. De todos modos Él va a estar despierto toda la noche.
>
> MARY C. CROWLEY

Pero lo más curioso es que veinte años más tarde, cuando estaba preñada de este libro que daría a luz, volví a encontrarme en el mismo apartamento, sentada ante la misma mesa del comedor, contemplando por la ventana el mismo parque verde y exuberante, escuchando el mismo murmullo del tráfico circulando por la avenida de doble sentido, absorta una vez más en un intenso proceso creativo: el de escribir el texto que ahora estás leyendo. Irónicamente, Ralph y Richard ya no viven juntos en este apartamento. Se separaron dos años antes, aunque por desgracia no lo hicieron de una manera consciente ni amable. Su ruptura fue una de las más traumáticas. Tras convivir durante más de treinta años, la única forma que se les ocurrió de deshacer los nudos enmarañados de su vínculo fue que Richard cortara por lo sano largándose con su nuevo pretendiente y dejándolo todo atrás, llevándose poco más que una maleta. Y si bien la casa de Ralph sigue siendo clavada a la que yo recuerdo, con los mismos cuadros colgando con firmeza en las paredes, el mismo mobiliario antiguo llenando las habitaciones recargadas y las mismas fotografías mirando desde los estantes, lo que en el pasado era un hogar lleno de luz y risas es ahora una tumba, un homenaje mortecino a su vida con Richard. Incluso las fotografías enmarcadas de los dos viviendo tiempos felices siguen como siempre en las estanterías. Es como estar con Miss Havisham.* Como si en cualquier momento pudiera entrar Ralph con el mismo traje con el que se casó, desgastado y raído por el paso del tiempo.

> *Es como cuando te han hecho daño y la herida empieza a cicatrizar, y tú te empeñas en arrancarte la costra una y otra vez.*
>
> **ROSA PARKS**

Aunque con esto no quiero decir que Ralph no quiera superar su dolor. Lo intenta. No está solo tratando de superar su ruptura, sino también los años que estuvo mirando para otro lado, fingiendo no saber en el fondo lo que ya sabía. Está intentando superar todas esas semanas, meses y años en los que se negó a decir lo que pensaba, a hacer las preguntas adecuadas o a aumentar sus expectativas. Los años que pasó esperando y deseando que las cosas cambiaran entre los dos, rezando por ello... haciendo un *mal* uso del pensamiento positivo.

---

* Un personaje fascinante y sombrío de la novela *Grandes esperanzas* de Charles Dickens. Se trata de una mujer de mediana edad que vive en una mansión en ruinas, donde todos los relojes se han detenido a la misma hora, «las nueve menos cuarto», la hora en que su marido le rompió el corazón. (*N. de la T.*)

Son décadas de su vida que nunca recuperará y no puede evitar pensar en ellas cada vez que contempla las arrugas de su cara al mirarse por la mañana en el espejo.

En la mente de Ralph no existe un futuro prometedor. Para él no hay más que un pasado vivo. El ambiente donde vive, un templo erigido a lo que ya ha dejado de existir, que lo lleva a todas horas al pasado sin dejarle apenas espacio para empezar una nueva vida, no hace más que recrudecer su dolor. Me habría gustado meter los innumerables objetos que le recordaban su relación en bolsas grandes de basura y donarlos a la oenegé Goodwill mientras Ralph estaba en el trabajo. Por supuesto, habría conservado una o dos baratijas en honor a los años vividos juntos, guardando con cariño algunos recuerdos importantes en un lugar especial. Pero también me habría gustado vaciar varios cajones para que el siguiente tipo atractivo con el que se liara pudiera guardar una o dos de sus camisetas. Comprar un par de preciosos marcos para que exhibieran las fotografías de su nueva y feliz relación. Y hacer un hueco en el armario donde colgar los trajes de un posible pretendiente serio.

A veces no es fácil saber lo que una buena amiga debería hacer.

Desde que Richard se fue, a Ralph no le han faltado pretendientes. Sin embargo, ninguno le ha llegado realmente al corazón. Durante un tiempo salió con un peluquero canino que estaba llorando la pérdida de una relación de cuarenta años, ya que su pareja había fallecido dos años atrás. Ralph y él estuvieron juntos varios meses que, para serte franca, fueron más bien como el periodo de duelo observado por los judíos después de la muerte de un ser querido que el inicio de una nueva vida. La relación se apagó sin más, nunca llegaron

> *El dolor desgarrador de una gran pérdida es la mayor iniciación a los misterios de la vida humana, una iniciación incluso más indagadora y profunda que un amor feliz.*
>
> DEAN INGE

172

a estar demasiado compenetrados, por lo que Ralph volvió solo a casa, a su monumento en honor al amor del pasado.

He compartido esta historia para que veas lo que podría ocurrir, y lo que sin duda ocurrirá, cuando nos dejamos seducir por la hipnótica atracción del pasado. Superar el final de una relación pocas veces es un proceso natural en el que simplemente nos dejamos llevar. No podemos esperar a sentirnos mejor para hacerlo. Dejar una relación con el corazón feliz y alegre, abierto y dispuesto a amar de nuevo, es una decisión consciente que deberás tomar mil veces al día mientras intentas dejar atrás el pasado y volcar toda tu energía en crear un futuro luminoso y positivo. Para lograrlo debes interesarte más en lo que es posible a partir de ahora que en rectificar el pasado, poner más energía en superar esta transición armoniosamente que en obtener lo que deseas a la corta. Dedicarte más a crear seguridad, cohesión y bienestar para todos los implicados que a querer tener la razón o vengarte. Tienes que abrirte a la posibilidad de un futuro positivo al aceptar la dolorosa pérdida del futuro con el que soñabas. Se parece un poco a construir un avión mientras vuelas en él, una empresa que no está hecha para los corazones medrosos.

Sin embargo, lo que te dará fuerza es tu intención de lo que quieres crear en su lugar. A modo de puente entre dos mundos, tu firme intención te ayudará a crear un futuro positivo para todos los implicados y te permitirá superar de manera segura la transición. Te ayudará a evitar los errores fatales que destruirían fácilmente la buena voluntad que os queda a los dos mientras avanzáis por un campo minado de temas espinosos sobre los que ahora tendréis que poneros de acuerdo.

Cuando mis amigos, los autores Janet Bray Attwood y Chris Attwood, decidieron divorciarse, lo hicieron en un mar de dudas. Por un lado, eran muy buenos amigos y se amaban con locura. Y por el otro, eran, como dijo Janet, «incompatibles sexualmente». Verlo con tanta claridad y ser tan distintos en este sentido era muy decepcionante para los dos. Una noche mientras cenaban decidieron celebrar esta nueva etapa de su relación en lugar de convertirla en una experiencia terrible. Crear juntos un futuro como el que ninguna pareja divorciada había vivido. Seguirían siendo tan buenos amigos como siempre y apoyarían el éxito del otro en el mundo laboral. Y, además, prometieron que cuando uno de ellos se enamorara de otra persona, intentarían vivir esa transición sin estropear su amistad.

Aquella intención acabó siendo más importante de lo que los dos hubieran podido imaginar, ya que al cabo de varios años Janet tuvo la oportunidad de asociarse con dos autores superventas de gran éxito en las listas de *The New York Times*. Como Chris y Janet eran tan buenos amigos, él fue el primero a quien ella llamó para comunicarle la buena noticia y, como resultado de ello, a Chris también le ofrecieron unirse a la empresa y, además de ser grandes amigos, se convirtieron en socios. Esta asociación les permitió acabar siendo también autores superventas en las listas de *The New York Times* y crear un movimiento global en torno a su libro *Descubre el secreto: el test que te permite averiguar cuáles son tus verdaderas pasiones*.

Poco tiempo después su intención fue puesta a prueba cuando Chris conoció a Doris, la mujer que es ahora su esposa. A Doris no le hizo ninguna gracia enterarse de que su nueva pareja estaba metida de lleno en un negocio que había montado con su exmujer. Mientras Chris la cortejaba vivieron situaciones muy tensas, pero él se negó a dejar el negocio que llevaba con Janet. Esta tuvo que esforzarse mucho para convencer a Doris de que ella no suponía ninguna amenaza para su nueva relación. Sin embargo, sus esfuerzos se vieron recompensados, porque al cabo de una década Janet y Chris no solo siguen siendo socios y profesores en su empresa conjunta, sino que Janet, además, es la querida madrina de los tres preciosos hijos de Chris y Doris. El compromiso que Janet y Chris adquirieron les ayudó a modo de estrella polar a encontrar su hogar en un futuro imprevisible y sin duda positivo, y condicionó hasta tal punto sus acciones y decisiones que lograron crear su propia historia de «y vivieron felices *incluso* después de separarse».

···

Sé fiel a un futuro positivo que os incluya a todos

Tanto si tu expareja y tú decidís o no seguir siendo amigos como Janet y Chris, hacer el firme propósito de que reine la justicia, fluya la buena voluntad, prevalezca la generosidad, y vuestros hijos progresen y evolucionen promete llevaros a ese futuro con la misma fuerza que la vitalidad que pongáis para crearlo. En lugar de lanzaros al azar a un futuro aterrador e incierto, al decidir crear el que vosotros queréis podréis materializar el mejor futuro posible a partir de ese momento. Tal vez no sepáis cómo será exactamente o cómo ocurrirá, pero al aferraros a una visión que merece la pena y manteneros fieles a esa posibilidad con toda vuestra alma, adquiriréis la fuerza para hacer realidad ese futuro. Como mi amigo, el reverendo doctor Michael Beckwith dice: «El dolor te arrastra hasta que la visión tira de ti». Al alinearte con esa posibilidad, dispones de una estrella polar que te guía por la más oscura de las noches, mientras tu intención te anima a tomar el mejor camino posible para materializar ese futuro.

> *Podemos vivir*
> *nuestra vida motivados*
> *por las circunstancias*
> *o por una visión.*
> **WERNER ERHARD**

En la Separación Consciente hay tres componentes para establecer una firme intención.

1. **Tiene que ser sobre el futuro.** No os propongáis volver a ser tan amigos como antes de ser amantes, ni resolver por fin todos vuestros problemas pendientes. Lo que en realidad queréis es crear una nueva posibilidad en cuanto a cómo será vuestra relación a partir de ahora.

    Por ejemplo: «Nuestra intención es crear un clima de aprecio, respeto y generosidad entre nosotros para que nuestra hija pueda mantener una relación maravillosa con ambos».

2. **Tiene que ser positiva.** Por ejemplo, no os propongáis dejar de pelearos tanto o no ser tan quisquillosos el uno con el otro. Vuestra motivación debe ser positiva.

> Por ejemplo: «Mi intención es crear una gran sensación de buena voluntad y generosidad entre mi exmarido y yo para que nos sintamos cómodos en el mismo espacio y que nuestros hijos mayores y nuestros amigos se sientan seguros y respaldados al mantener una estrecha relación con ambos».

3. **Debe estar motivada por un objetivo noble que os inspire a alcanzarlo.** Una intención que apenas os motive, como intentar llevaros mejor o ser más amables el uno con el otro, no cuajará y pronto caerá en el olvido. Sin embargo, una intención que os motive a sacar lo mejor de vosotros tiene la fuerza de hacer milagros.

> Por ejemplo: «Nuestra intención es crear una familia extendida, expandida y en evolución que respete los nuevos papeles que hemos adquirido en cuanto al otro y que nos permita a ambos y a nuestros hijos sentirnos protegidos, respaldados y felices en los años futuros».

Dedica unos momentos a crear una intención que genere un futuro positivo y nuevo para ti y tu expareja, y también para las personas afectadas por vuestra separación. Haz que sea breve y sencilla para poder recordarla fácilmente y recitarla en tu mente en las épocas difíciles emocionalmente. Cuanto más fiel seas a tu intención en esta clase de momentos, con más sensatez actuarás en este viaje. Y a mayor sensatez, más posibilidades tendrás de que tu visión se cumpla.

Si estás haciendo el programa con tu expareja, comparte si lo deseas con ella tu intención e invítala a adquirirla a su vez. Pero aunque esté de acuerdo, no caigas en la trampa de vigilarla para que la cumpla. En su lugar, céntrate sobre todo en ti y procura cumplirla no porque dejes que tu ex se la salte a la torera, sino porque quieres ser el dueño de tu propio poder, al margen de lo que otra persona decida ser, negándote a darle a nadie el poder de decidir cómo actuarás. Recuerda que la bondad es contagiosa. No es fácil seguir siendo mezquino y quisquilloso cuando la expareja de uno actúa constantemente con consideración, respeto y generosidad.

☙

Si tu ex declina la invitación de unirse a tu intención, intenta cumplirla de todos modos sin perder la fe en que podría ocurrir un milagro entre vosotros y decide ser un ejemplo de buena conducta que os lleve a todos los implicados a orillas más seguras.

Nota: Si tu expareja actúa de un modo peligroso o como un psicópata, o ambas cosas a la vez, tal vez no sea posible dejar que siga formando parte de tu vida. En este caso te sugiero que lo consultes con un agente de policía para que os ayude a ti y a tus hijos, si es que los tienes, a protegeros. En esta situación es preferible crear un futuro en el que tú (y todas las personas afectadas) podáis llevar después de la ruptura una vida segura, sana, feliz y próspera.

PREGÚNTATE:

«¿Qué regalos me ha ofrecido esta relación que pueda reconocer, apreciar y agradecer?»

Por ejemplo: «Ahora aprecio más la música, me gusta estar en contacto con la naturaleza, soy consciente de mi atractivo y conozco mi propia valía».

«Mientras renuncio al futuro que esperaba, ¿qué brillante futuro puedo crear en su lugar?»

Por ejemplo: «Mi intención es que nos separemos sintiéndonos engrandecidos y enriquecidos por la experiencia de haber estado juntos, siendo ahora sin duda más capaces de amar y ser amados».

«¿Qué siguiente paso daré para crear este futuro? ¿Qué acciones emprenderé para hacerlo realidad?»

Por ejemplo: «Invitaré a mi exmarido y a su nueva pareja a cenar con los niños y conmigo el día de Acción de Gracias», «Rezaré por la felicidad de mi exmujer y le desearé todo lo mejor» o «Seré flexible con el acuerdo sobre la custodia de nuestros hijos y les diré que pueden ver a su padre más a menudo si quieren».

Hacia un futuro transformado

El arte antiguo de la alquimia entraña la búsqueda para transmutar el plomo en oro, y el alquimista es el artista que inspira semejante cambio radical. La propia alquimia y las suposiciones en las que se basa —que los metales comunes no son más que formas menos desarrolladas de oro—, hace ya mucho que se han descartado en gran parte por una interpretación científica más moderna y sofisticada basada en los principios de la química. Sin embargo, en 1980 un químico, el doctor Glenn Seaborg,[1] galardonado con un Premio Nobel, dejó perplejo al mundo entero al transmutar una pequeña cantidad de bismuto, un metal común, en oro, sorprendiendo incluso a los científicos más progresistas y abiertos. El secreto de esta transformación no fue añadir algo a la mezcla, como los alquimistas de antaño creían que debía hacerse, sino el acto brillante de sacar algo. Al obligarle a liberar al bismuto tres de sus ochenta y dos protones, Seaborg descubrió que podía transformar el plomo en oro.

> *Llora. Perdona. Aprende. Sigue adelante. Deja que tus lágrimas rieguen las semillas de tu futura felicidad.*
>
> STEVE MARABOLI

Es una buena metáfora para los que deseamos transformar el punzante dolor de una ruptura en un punto de inflexión positivo y renovador. La transformación suele empezar con lo que estamos dispuestos a eliminar de nuestra vida en lugar de con lo que intentamos añadir. La intención de crear un cambio radical en tu corazón hará que veas al instante todo aquello de lo que necesitas desprenderte para alcanzar ese objetivo. Como el amargo rencor que hace que se te revuelvan las entrañas cada vez que oyes su nombre. Las heridas primitivas sin curar de no haber sido tenido en cuenta, valorado o tratado como tú necesitabas. El horror que te atenaza al contemplar las decisiones que te han llevado a esto. O los residuos que quedan entre vosotros de unas palabras tan hirientes que no se pueden repetir.

El perdón (o el «vete a la m...» para el que prefiera que le deje enconarse en su rencor, gracias por el detalle) no es un sentimiento, sino más bien una decisión tomada por la parte tuya más fuerte y sensata. Es una perspectiva que adoptas, una práctica y una proclamación a favor de la vida lanzada en medio de la muerte. Ahora, en este momento, tal vez te estés preguntando si no te resultaría más *fácil* transmutar el plomo en oro que intentar perdonar lo imperdonable y crear buena voluntad de las cenizas de una relación rota. Pero supongo que en ti también hay una parte que tiene curiosidad por saber cómo es vivir desde esas partes tuyas más sabias y avanzadas después de haber sido ofendido. O qué es lo que sientes al responder a un desengaño amoroso con serenidad en lugar de reaccionar como una víctima. Todos llevamos dentro a un noble Nelson Mandela. Y cualquier persona que haya lucido un símbolo de la paz o cantado en medio de un atasco la canción de John Lennon que escuchaba por la radio «Lo único que te pedimos es que le des una oportunidad a la paz», cree al menos en el ideal de actuar de otra manera.

> *La grandeza de una persona se ve por cómo trata a otra que no le beneficia en nada.*
> ANN LANDERS

A simple vista parece algo casi imposible de hacer, porque la naturaleza nos ha diseñado para luchar. La experiencia de ser una víctima se apodera de nosotros y hace que nos ensañemos con los que más nos han herido. Los japoneses tienen incluso un dicho que reza: «No conoces a tu mujer hasta que te divorcias de ella», refiriéndose al cambio radical de personalidad que puede sufrir la persona más buena del mundo al derrumbarse su hogar emocional por una ruptura. Es muy fácil comportarte mal en una ruptura. De pronto la persona decente que siempre has creído ser desaparece y descubres al ser salvaje en el que puedes convertirte. Consumido hasta lo indecible por fantasías moralmente cuestionables de actos perversos y vengativos sedientos de sangre y represalias, te enfrentas a la prueba de fuego de tu carácter. ¿Quién elegirás ser en esta coyuntura? ¿Desde qué parte de ti decidirás responder a tu desengaño amoroso? Son las preguntas con las que ahora te encontrarás y vivirás para siempre con las consecuencias de cómo decidas responderlas.

Si te han engañado, abandonado o decepcionado, es lógico que estés furioso. Es tu biología en acción. Pero también puedes decidir responder con decencia, dignidad e integridad. Es tu conciencia en acción. Lo que te permitirá actuar con tanta sensatez después de ser atravesado por las flechas de Cupido es simplemente la bondadosa decisión de encajar el golpe, aprender las lecciones y soltar tu dolor en lugar de convertirlo en los cimientos sobre los que construirás tu hogar dominado por la rabia.

Para semejante acto de desprendimiento debes estar dispuesto a no tomarte tan a pecho tu historia de cómo te ofendieron. Todos tenemos una historia que contar, la mayoría están tan llenas de interpretaciones sesgadas sobre lo que ocurrió que cuesta distinguir «mi verdad» de «La Verdad». La historia que has estado contándote y compartiendo sobre tu ruptura está cargada de suposiciones que pueden o no ser ciertas. Si le preguntas a cualquier detective encargado de las declaraciones de los testigos del escenario de un crimen, te dirá que pocas veces oye la misma narración dos veces. Pese a ser el mismo crimen, incluso los testigos más fiables cuentan historias muy dispares y eso que todos procuran describir con la mayor exactitud los hechos de lo ocurrido.

Las interpretaciones humanas son inevitablemente muy subjetivas y la memoria aún lo es más. Los últimos estudios[2] revelan que no contamos los episodios como ocurrieron, sino desde la perspectiva de nuestra forma de ver el mundo. De modo que saca tus propias conclusiones sin darle demasiada importancia. Si insistes en contar la historia de tu ruptura con una actitud victimista, convirtiendo a tu expareja en el malo de la película mientras tú quedas como un santo (o viceversa), lo más probable es que no estés captando las complejidades que encierra ni la forma sutil en que probablemente tu experiencia fue cocreada. Para liberarte tendrás que dejar de darle vueltas a quién hizo lo que hizo a quien y volcarte en intentar perdonarte a ti y a tu expareja por vuestros numerosos errores a lo largo de la relación.

La práctica del perdón

Marianne Williamson, mi querida amiga y autora del superventas *Enchanted Love*, escribe sobre el perdón:

> *La cuestión es:[3] ¿En qué decido creer? ¿En el amor que alguien me negó o en el amor eterno que está más allá de ello y que todo lo endereza? Cuanto menos me aferre a lo que me hizo, menos me afectará. Por eso he decidido creer en otra cosa. Este es el milagro del perdón.*

Cuanto más te aferres al rencor, más atada estará tu alma a quien te lo causó y más a merced suya te encontrarás en cuanto a liberarte o *no* de lo ocurrido. Es como si metieras tu poder personal en una caja envuelta con papel de regalo y decorada con un lazo, y se la entregaras a la persona que ya te ha demostrado no ser digna de tu confianza ni de tu devoción.

Cuando Jesucristo nos advirtió que rezáramos por nuestros enemigos no lo hizo por ser el acto de un buen cristiano, sino que nos estaba enseñando a ser nuestro propio maestro espiritual. A no caer en la tentación de reaccionar desde nuestra parte más baja y primitiva, y correr el peligro de quedarnos atrapados en una vida mediocre. Nos estaba retando a ser una fuerza de bondad y amor en el mundo, fuera lo que fuese lo que nos ocurriera. El poder personal es esto. Ser un Alquimista del Amor consiste en esto.

Si estás enojado, probablemente sea por una buena razón. Es lógico que tejas una historia de victimismo y acusaciones. Es humano. Quizá te despiertes cada mañana pensando en ella o descubras que la llevas todo el santo día metida en la cabeza como una banda sonora. La cuestión es que debes guiarte sin cesar a ti mismo para dirigirte a regiones más elevadas. Y aquí es donde la práctica espiritual entra en juego. No te olvides de consultar una y otra vez la práctica del segundo paso cuando el resentimiento se apodere de ti amenazándote con consumirte por dentro. Te ayudará a centrarte en lo más importante: *tú y tu propia transformación*.

Una de las mayores expertas en la felicidad a escala mundial, mi querida amiga Marci Shimoff, autora del superventas *Feliz porque sí*, compartió conmigo la práctica que le ayudó a seguir centrada y entera durante su divorcio. La aprendió de la reverenda Roberta Herzog, ya fallecida,[4] que a su vez la creó inspirándose en la parte del padrenuestro en el que le rogamos a Dios «perdona nuestras ofensas, como también nosotros perdonamos a los que nos ofenden». Roberta Herzog creía que cuando perdonamos al prójimo y le pedimos a Dios que perdone nuestras ofensas, neutralizamos y desactivamos la fuerza negativa que va generando la situación en que estamos y entonces nuestro destino vuelve a estar en nuestras manos.

Esta práctica requiere hacer la visualización que describo a continuación dos veces al día, al levantarte por la mañana y antes de acostarte, durante dos semanas seguidas. Descubrirás que tu corazón siente un gran alivio casi mágico gracias a ella. A medida que decides dejar de odiar a alguien, tú también dejas de sufrir.

....

Siéntate y cierra los ojos. Imagínate que la persona a la que necesitas perdonar está sonriente y feliz. Luego di lo siguiente en voz alta:

[El nombre de tu expareja], te perdono por todo lo que me has dicho y hecho con el pensamiento, palabra u obra que me ha herido. ¡Eres libre y yo también!

Y [el nombre de tu expareja], te pido que me perdones por cualquier cosa que te haya dicho o hecho con el pensamiento, palabra u obra que te haya herido. ¡Eres libre y yo también!

Te doy las gracias, Señor [Universo, Espíritu o Vida] por darme la oportunidad de perdonar a [el nombre de tu expareja] y de perdonarme a mí misma.

....

Cuando estés enojado, en lugar de cavilar céntrate en una dirección constructiva para descubrir lo que está aflorando en ti. Intenta ver tu rabia como la feroz energía del cambio y pregúntate qué puedes hacer para satisfacer su urgencia. La rabia nos pide que nos comprometamos con más fuerza a lo que decidamos seguir aguantando o no en nuestra vida, por lo que si logramos dirigirla en la dirección correcta se convertirá en nuestra mejor amiga.

Cuando te invada el resentimiento, sobre todo hacia ti mismo, otra práctica poderosa que puedes hacer es recitar la antigua oración hawaiana *Ho'oponopono*,[5] que significa «para corregir un error». Este elegante ejercicio, basado en la suposición de que la ira causa enfermedades tanto físicas como mentales, promete limpiarte la mente, sosegar las emociones agresivas y ayudarte a vencer el impulso de vengarte por las vilezas de las que crees haber sido objeto y romper así el ciclo de ataques cada vez más violentos.

> *Cuando perdonas... es como si un manantial te limpiara el corazón.*
> MARCI SHIMOFF

Si a quien necesitas perdonar es sobre todo a ti mismo, sé tú el receptor de *Ho'oponopono*. Ponte la mano sobre el corazón, di con ternura tu nombre y recita la oración en silencio como si cada frase penetrara en lo más hondo de tu ser.

....

Práctica de *Ho'oponopono*

1. **Advierte qué es lo que te está agitando.** Intenta recordar qué es lo que te está agitando y haciendo que estés resentido con tu expareja o contigo, o ambas cosas a la vez.

2. **Deja de creer en tu interpretación de lo ocurrido.** Intenta ver que tu interpretación de lo ocurrido es válida pero incompleta. Admite que el punto de vista de tu expareja es tan válido como el tuyo, y ensancha tu mente para aceptar que todas las perspectivas son dignas de ser tenidas en cuenta.

3. **Repite la oración de *Ho'oponopono*.** Con humildad y el deseo de enmendar tus errores, repite lo siguiente tan a menudo como quieras.

> *Te amo.*
> *Lo siento.*
> *Perdóname, te lo ruego.*
> *Gracias.*

Para poder perdonarte a ti mismo[6] y arreglar las cosas tienes que arrepentirte de lo que has hecho. Tal vez entonces descubras impactado que debes hacer algo para enmendar tu error, como pedir perdón, reparar un daño o prometerte que a partir de ahora te respetarás y amarás más en la vida. Cuando veas con claridad lo que debes hacer, querrás rectificar los errores que has cometido contigo mismo o con otras personas, ya que si no te arrepientes de verdad te será imposible perdonarte.

Decidir perdonarte no significa aprobar una mala conducta. Ni verte obligado a aceptar de nuevo a alguien en tu vida. A decir verdad, el perdón solo tiene que ver contigo y con nadie más, y de si decides a partir de ahora aprender de esta dolorosa experiencia, no dejando que limite tu vida, y liberarte de las emociones tóxicas que reducirían tus posibilidades de volver a amar a alguien y de ser feliz en el futuro.

Nota: Si tu rabia no tiene que ver con el pasado, sino con maltratos que estás sufriendo, usa la fuerza colosal de tus emociones para crear un cambio positivo. En lugar de reaccionar por no haber respetado tu ex los límites fijados, intenta descubrir qué debes cambiar en tu vida y ten el valor para dar pasos poderosos en esa dirección. Di lo que piensas, recupera tu poder y actúa con energía para el bien de todos los implicados.

PREGÚNTATE:

«¿De qué historia victimizada estoy dispuesto a desprenderme y de qué modo he sido yo el que ha creado esta situación?»

Por ejemplo: «Dejaré de culparla por haberme abandonado y asumiré que la obligué a hacerlo por la frialdad con la que la traté», «Dejaré de darle vueltas a cómo mi ex me maltrató para fijarme en cómo me maltraté a mí misma al seguir durante tanto tiempo en una situación abusiva» o «Me olvidaré de la conclusión de que mi expareja me estaba usando para tener sexo y asumiré que he usado mi sexualidad para manipularle y conseguir lo que yo quería».

¿Qué me está pidiendo mi ira que cambie? ¿De qué quiere que yo me dé cuenta ahora?

Por ejemplo: «Mi ira me está pidiendo que no permita que mi pareja siga tratándome mal. Me está haciendo ver que tengo derecho a decirle que *deje* de maltratarme de una vez», «Mi ira me está mos-

> *Para cruzar a salvo una noche oscura del alma ten fe en ti y en la bondad de la vida. Aunque no puedas sentirlo, y sobre todo si no tienes ninguna prueba, decide y actúa como si creyeras que la vida apoya tu curación, tu evolución y tu mayor éxito.*
>
> CLAIRE ZAMMIT

trando que no debo seguir conformándome con menos de lo que me merezco en la vida. Me está haciendo ver que tengo todo el derecho a gozar de lo mejor que la vida y el amor pueden ofrecerme» o «Mi rabia me está mostrando que es inútil pedirle peras al olmo. A partir de ahora solo le entregaré mi corazón a quien me demuestre ser capaz de corresponder a mi amor».

«¿Qué cambios puedo hacer en mí o en los demás para terminar como es debido esta situación?»
Por ejemplo: «Le pediré perdón a mi expareja por haberme fallado, porque raras veces le dije lo que sentía o necesitaba», «A partir de ahora prometo relacionarme con los hombres ayudándoles a progresar en lugar de destruirlos a la menor ocasión» o «Prometo no ser nunca más demasiado generosa para demostrar mi valía».

Resuelve el pasado

Remordimientos. Arrepentimiento. Culpabilidad. Vergüenza. Estas fuertes emociones están pidiendo a gritos ser resueltas. Sin embargo, en una ruptura mal llevada se enconan en nuestro interior y la huella que deja en ti la relación queda congelada en su estado más destructivo. Todos conocemos alguna pareja que pese a haber roto hace años, al verse de nuevo un día por casualidad no pueden evitar tratarse con una actitud seca y fría. El tiempo no arregla las cosas. Somos nosotros los que debemos hacerlo. Y si no procuramos separarnos de nuestra pareja pacíficamente y sin dejar asuntos pendientes, lo pagaremos muy caro.

Una de mis rupturas más devastadoras me ocurrió cuando era demasiado joven para apreciar los efectos a la larga de una mala separación. Tenía dieciocho años y mi novio, Frank, con el que llevaba saliendo casi cuatro años, estaba sentado frente a mí en el cómodo banco tapizado de cuero rojo del reservado de un restaurante del barrio especializado en la preparación de bistecs. Con la cara enrojecida y contraída de frustración, me insistía con vehemencia que *no* fuera a la universidad. En lugar de hacer una carrera había decidido ocuparse del negocio familiar y no estaba dispuesto a dejar que su futura esposa se largara a una universidad pija llena de chicos universitarios engreídos que seguramente intentarían conquistarme. Conteniéndome las lágrimas, vi la impactante realidad de que lo nuestro se había acabado. El abismo entre los dos era demasiado grande como para salvarlo. En aquel momento decidí cortar con él por lo sano e irme sin más. Tal vez lo amara, pero la idea de que me intentara *controlar* me indignaba y sentí la imperiosa necesidad de largarme del lugar cuanto antes. Sin embargo, incapaz de soportar la idea de no volver a verle nunca más, le rogué desesperada y apasionadamente que, aunque decidiéramos seguir ahora caminos distintos en la vida, hiciéramos el pacto de reunirnos de nuevo y casarnos a los sesenta años, tras haber tomado las decisiones más importantes de nuestra vida.

No me acuerdo si accedió o no a un plan tan absurdo. Creo que simplemente se quedó conmocionado cuando le dije que habíamos terminado. Pero yo estaba dispuesta a cumplir mi promesa. Y aunque Frank se casó con otra mujer al año siguiente, cortando del todo la comunicación entre nosotros, por lo que sufrí lo indecible, yo seguía albergando la vaga esperanza de que en un futuro lejano volveríamos a ser pareja. La funesta esperanza de aquella promesa insensata me estuvo acosando durante las dos décadas siguientes, una época en la que muchas veces me despertaba en medio de la noche empapada en sudor, con el corazón martilleándome en el pecho, añorando desesperadamente aquel fantasmagórico amor perdido del pasado.

Al cabo de mucho tiempo, a los cuarenta y un años, cuando seguía soltera y sin la perspectiva de irme a casar pronto, hice otra promesa descabellada. Convencida del poder de la intención, llamé a una amiga para comunicarle mi atrevida decisión de comprometerme con alguien al cumplir los cuarenta y dos. He de decir a su favor que no se echó a reír ni me dijo que una mujer de más de cuarenta tiene más posibilidades de ser el blanco de terroristas que de encontrar un marido estupendo. En su lugar me respondió serenamente que estaba dispuesta a ayudarme a sacar el conejo de la chistera si permitía que ella fuera la mujer que yo necesitaba para que mi promesa se cumpliera. Y así fue como nació el proceso que ahora se conoce en todo el mundo como Calling in «The One» para manifestar el amor, ya que dejé de perseguirlo para mirar dentro de mí y derribar todas las barreras que había levantado contra él.

En mis excavaciones interiores no dejé piedra por remover mientras analizaba arduamente y me desprendía de mis creencias, suposiciones, hábitos y formas de relacionarme que habían hecho sin yo saberlo que siguiera sola, pese a todos mis esfuerzos por tener pareja. Al poco tiempo me vino a la mente aquella promesa temeraria y precipitada que le hice a Frank y decidí en el acto retractarme de aquella decisión tomada cuando era demasiado joven para ver las consecuencias que tendría. En ese momento comprendí que me había estado influyendo sin yo saberlo a seguir estando sola. Para estar disponible por si algún día él volvía. Fue muy romántico, como una versión patética de Romeo y Julieta.

Para apoyar mi intención de encontrar pareja decidí zanjar el asunto pendiente que tenía con Frank relacionado con el pacto. Como no quería perturbar su vida familiar —a esas alturas Frank ya llevaba veinte años casado y tenía tres hijos—, en lugar de llamarle por teléfono decidí comunicarme con él de alma a alma (véase el tercer paso). Cerrando los ojos y respirando hondo, me imaginé a Frank sentado ante mí. Le di las gracias por el amor que me había dado y le pedí perdón por la forma en que le había herido. Le recordé mi promesa y le dije que ya no podía mantenerla. Necesitaba estar libre para encontrar una pareja y por eso le dejaba ir. Derramé algunas lágrimas, usé varios pañuelos de papel y, al final de la práctica, me sentí libre para seguir adelante sin el peso de aquella promesa. Dejé de soñar con Frank por la noche y a las pocas semanas conocí a Mark, mi marido.

Ocho años más tarde, tras llevar sin hablar con Frank desde hacía casi treinta años, un amigo en común nos facilitó un reencuentro telefónico entre nosotros. Yo estaba hecha un manojo de nervios y en mi cabeza tenía un montón de cosas que había estado deseando decirle hacía muchos años. Sabía que le había herido terriblemente y sobre todo quería pedirle perdón. Fue una conversación muy emotiva en la que los dos abrimos nuestros corazones y confesamos que lamentábamos enormemente haber acabado la relación de forma tan traumática. Frank me dejó anonadada al contarme que yo no había sido la única en tener sueños tórridos por la noche. Él también había estado soñando conmigo durante años después de nuestra ruptura, y me dejó de piedra al contarme que esos sueños perturbadores se habían terminado hacía unos ocho años, en el momento en que yo me había comunicado con él de alma a alma. Me pareció todo tan extraño que preferí achacarlo al azar y me olvidé enseguida del tema.

Frank y yo no planeamos volver a hablar por teléfono. Nuestra conversación fue demasiado intensa teniendo en cuenta que ambos estábamos casados con otras parejas. Me bastó con haber zanjado ahora nuestra separación con más ternura. Sin decir una sola palabra al respecto, sabíamos que no debíamos volver a llamarnos. Pero al cabo de un año más o menos, mientras estaba trabajando ante el ordenador a altas horas de la madrugada, percibí una oleada de sentimientos cálidos que me hicieron cambiar mi decisión de no volver a contactar con Frank y le envié un correo electrónico diciéndole simplemente que pensaba en él a menudo y que contara conmigo si alguna vez necesitaba una amiga. Mientras clicaba en «enviar» sentí en mi interior una misteriosa certeza a modo de precognición: «¡Frank se está divorciando!» me dije dando un grito ahogado. Y por supuesto al cabo de una hora él me respondió en otro correo: «No puedo creer que me acabes de escribir esto. Esta noche al terminar de cenar mi mujer me ha dicho que quiere el divorcio». Era la segunda confirmación de la naturaleza más allá del tiempo y el espacio de los vínculos amorosos, y también me hizo ver la chocante realidad de que en la vida todos estamos interconectados a niveles muy profundos.

Uno de los descubridores de la mecánica cuántica, el físico Niels Bohr,[7] galardonado también con un Premio Nobel, presentó al mundo en la década de 1920 el concepto de no localidad llamado «entrelazamiento». Mi amiga Lynne McTaggart, periodista convertida en líder[8] y autora de *El vínculo*, describe el «entrelazamiento cuántico» como un fenómeno extraño «con su poética connotación de estar condenado a la indivisibilidad, igual que dos amantes desventurados a quienes el destino obliga a separarse, pero que permanecen mental y emocionalmente entrelazados para siempre». ¡Uy! Para algunos es como la peor pesadilla hecha realidad. Albert Einstein, colega de Bohr, lo llamó «una acción fantasmal a distancia», una descripción que me parece muy acertada. Sin duda me puso los pelos de punta. Sí, también me motivó a terminar de manera sana la relación con la que había estado obsesionada la mayor parte de mi vida adulta.

Si bien me quedé impactada y descolocada al enterarme de que el matrimonio de Frank hacía aguas, también agradecí enormemente la oportunidad que la situación me daba de arreglar las cosas entre nosotros siendo una verdadera amiga. Durante los siguientes meses estuvimos hablando a menudo mientras intentaba ayudarle a volver con su mujer y, cuando esto no funcionó, le animé a que al menos se separara bien de ella. No solo pude reparar mi error ofreciéndole todo mi afecto, sino que además la situación me permitió ver la buena decisión que había tomado al separarme de él unos treinta años antes. Echamos más de una carcajada acerca de lo distintas que eran nuestras formas de ver el mundo y nuestros valores fundamentales. Y las observaciones frecuentes y graciosas que Frank hacía sobre mi acertada decisión de dejarle me tranquilizaron y disiparon cualquier duda que yo pudiera tener al respecto.

La gran evolución que vivió nuestra relación fue como sacarnos unas espinas clavadas en lo más hondo de nuestra psique. Ahora Frank y yo ya no añoramos estar juntos en la cama a altas horas de la madrugada, ni nos preguntamos cómo nos habría ido de haber seguido siendo una pareja. Ni tampoco nos sentimos atormentados ni empequeñecidos por la ruptura, sino que la experiencia que compartimos nos ha engrandecido y enriquecido enormemente. Saber que hemos sido amados por alguien que vislumbró la belleza de nuestra alma y que supo abrirse camino hasta lo más recóndito de nuestro corazón nos llena de satisfacción. Esta es la forma ideal de terminar una relación. En lugar de hacerlo consumido por la amargura y la hostilidad, te sientes enriquecido por la hondura y el alcance del afecto que diste y recibiste.

> *Aunque el mundo esté lleno de sufrimiento, también está lleno de personas que lo han superado.*
> HELEN KELLER

El arte de la Separación Consciente

Terminar una relación de manera sana se compone de tres partes. La primera consiste en reconocer lo que tu expareja ha significado para ti. La segunda, en apreciar todo lo bueno que ha aportado a tu vida. Y la tercera, en intentar con sinceridad volver a crear el buen ambiente que reinaba entre los dos enmendando errores, ya sea pidiéndoles perdón directamente a las personas que has herido o prometiéndote no volver a repetir nunca más los mismos errores con una nueva pareja. Como puedes ver esta lista no incluye poneros de acuerdo en vuestras diferencias irreconciliables, sentiros totalmente resarcidos o satisfacer por fin vuestras necesidades.

Hay razones por las que los dos os estáis separando, tal vez vuestros valores sean demasiado distintos, vuestras perspectivas no coincidan o las necesidades fundamentales de uno no tengan nada que ver con las del otro. En una Separación Consciente esto no es un problema, ya que aceptas las diferencias y los distintos puntos de vista al asumir, como el filósofo Ken Wilber sugiere «que todo el mundo tiene razón en algo». No es una cuestión de ganar una batalla, sino de dejar de ver la ruptura como tal y hacer todo lo posible para que todo el mundo salga ganando. Lo cierto es que a estas alturas no importa quién tiene o no razón. Ni quién le hizo más daño a quién. Ni siquiera importa si no os ponéis de acuerdo en las razones por las que os separáis. Lo que importa es que deseéis terminar la relación de una manera que os ayude a todos los implicados a progresar en la vida tras haber conseguido superar este desengaño amoroso.

Cuando Robin y su marido, Gary, decidieron terminar su relación de diecinueve años, deseaban hacerlo de tal manera que Zach y Miles, sus hijos mellizos de doce años, y su hija Emma, de diez, sufrieran lo menos posible. Sin embargo, en las semanas siguientes Gary se fue de casa y sus tres hijos empezaron a manifestar signos de estar afectándoles la situación. Emma empezó a escribir poemas morbosos, las notas de Zach cayeron en picado y Miles se peleó con otro chico del colegio, por lo que sus padres concertaron una cita conmigo. Les expliqué que su decisión de no tener broncas delante de sus hijos era admirable, pero que no bastaba para crear el buen ambiente y la cohesión que deseaban. A algún nivel los niños captaban el malestar que había en casa. Una mirada de hastío, un ligero fruncimiento de labios, un involuntario cruzar de brazos, un suspiro hondo y revelador... todos estos gestos les revelaban que sus padres tenían un problema, aunque ellos intentaran fingir que todo iba bien. Como Robin y Gary eran muy buenos padres, accedieron a hacer una práctica para limpiar el mal ambiente que habían creado esperando que sus hijos ya no siguieran viviendo aquella tensión que se palpaba en el aire.

> *Nunca cortes lo que puedas deshacer.*
> JACLYN SMITH

Robin había pedido el divorcio porque Gary no satisfacía sus necesidades emocionales. Hacía años que ella le obligaba a hacer terapia de pareja para intentar que hablara de sus sentimientos, escuchara de todo corazón los suyos y fuera más empático. Pero Gary no era así, no se regía por el corazón sino por la mente, y la infelicidad crónica de su mujer había hecho mella en él. Por más que intentara complacerla, nunca lo conseguía. De modo que después de casi dos décadas de matrimonio, decidieron separarse. Nunca se levantaron la voz ni se pelearon delante de los niños, pero su resentimiento se palpaba en el ambiente. A Gary le parecía que su mujer siempre le estaba criticando, como si por más que hiciera a ella nunca le bastara. Y Robin no se sentía querida, creía que si su marido se hubiera esforzado más en darle lo que necesitaba su matrimonio no se habría ido al garete.

Captando el espíritu de la finalización consciente, decidieron escucharse el uno al otro y hablar del daño que se habían hecho. Robin escuchó atentamente a Gary mientras le contaba con voz entrecortada lo desmoralizador que era que ella le estuviera pidiendo algo que él no podía darle. Robin se emocionó mucho cuando su marido le confesó lo mal que ella le hacía sentir por esta razón. En lugar de responderle haciéndole ver lo dolorosa que era la situación para *ella* o de hacerle entender *por qué* necesitaba que la apoyara más en el aspecto emocional, se limitó a escucharle, asimilando lo que él intentaba decirle sobre su experiencia en la relación. Como ya no necesitaba resolver este problema, pudo darse el lujo de concentrarse en cómo enmendar sus errores. Le dijo de todo corazón que sentía mucho haberle hecho sufrir tanto y le prometió que a partir de ahora no sería tan exigente. Que se fijaría siempre en sus cualidades y que ya no le pediría más que fuera distinto de como era. Gary se relajó de golpe, era evidente que sentía un gran alivio, ya no flotaba en el aire aquel dolor y resentimiento que había estado sintiendo durante años, por lo que fue capaz de fijarse en Robin y de escucharla mientras ella le abría su corazón contándole lo decepcionante que era ver que después de toda la energía que había puesto en su matrimonio él nunca la apoyara emocionalmente. Le dijo lo sola que se había sentido en su relación, y Gary profundamente aliviado al saber que ya no tenía que hacer nada para que su esposa fuera feliz, aparte de escucharla y ponerse en su lugar, fue capaz de sentir compasión por ella. Empezó a querer que su mujer recibiera lo que deseaba recibir, y por primera vez comprendió por qué su divorcio era quizá lo mejor para todos. Corregiría sus errores dejándola ir para que encontrara a un hombre más adecuado que la satisficiera emocionalmente, liberándola al mismo tiempo de la culpabilidad que sentía.

> *A lo largo de mi vida me he tenido que tragar mis palabras a menudo y debo confesar que siempre me ha parecido una dieta muy sana.*
>
> WINSTON CHURCHILL

La energía entre los dos dejó de ser un vivero de dolor para transformarse prácticamente en una cálida amistad en la que encontrar apoyo. Sus hijos notaron este cambio y, como por arte de magia, las cosas enseguida les empezaron a ir mejor. Su divorcio se convirtió en una especie de aventura familiar en lugar de en un fracaso, y sus hijos ayudaron a su padre a encontrar un apartamento en el que vivir y hasta a decorarlo. Robin mantiene ahora una relación con un hombre cariñoso y generoso emocionalmente que es en muchos sentidos la pareja con la que soñaba. Sus hijos están encantados con él y Gary al ver que ahora su exmujer es tan feliz también lo acepta y aprecia, y entiende incluso aún más por qué la decisión de separarse fue lo mejor para todos.

Los últimos estudios sobre neurobiología revelan que una conversación negativa nos impacta más que una positiva. Cuando nos sentimos insultados, censurados, humillados y acusados por la persona que amábamos, los altos niveles de cortisol, la hormona del estrés, que libera nuestro cuerpo nos incitan a ser combativos y a protegernos. El rechazo de nuestra pareja nos duele tanto que sus últimas acciones y palabras nos parecen mucho más insultantes de lo que son. Por eso son los momentos de la relación que más recordamos, creando tensiones tóxicas en el terreno relacional que son para los hijos como un fuego cruzado.

Pocas personas intentan hacer daño adrede a otras y hacérselo a sí mismas en una ruptura y la mayoría al menos procuran separarse amistosamente. Sin embargo, cuando intentamos conversar para arreglar las cosas pasamos mucho tiempo explicando por qué actuamos como actuamos. «Mi padre trató a mi madre de la misma forma. Nunca aprendí a hacerlo de otra manera. En mi carta astral pone que soy así. Me comporté igual que tú». Intentamos que nuestra antigua pareja nos entienda a toda costa. Y le colgamos el sambenito para justificar nuestra conducta mucho antes de ver el precio que tendrá que pagar por ello. Como si su sufrimiento no fuera ni por asomo tan importante como nuestra desazón de ser malinterpretados.

Limpia el ambiente

Para disipar las tensiones que flotan aún entre vosotros, en lugar de desvivirte para que tu expareja te entienda, vuélcate en intentar entender los efectos de tus decisiones y acciones. Pon más energía en *arreglar las cosas* que en querer tener razón.

> *Las relaciones que no terminan pacíficamente en realidad no acaban.*
>
> **MERRIT MALLOY**

Para que lo consigas, te ofrezco una versión modificada de la práctica creada por mi colega Claire Zammit.*

Tal vez desees invitar a tu expareja a realizar este ejercicio contigo. Sin embargo, si no es posible o seguro hacerlo, también puedes imaginarte que te comunicas con ella de alma a alma (véase el tercer paso) para visualizar que os separáis de una forma más sana.

1. **Ten en cuenta que este ejercicio está concebido solo para limpiar el ambiente.** Acepta que lo llevas a cabo únicamente para limpiar la atmósfera de cualquier dolor y resentimiento enconados que hayan podido quedar entre tu expareja y tu. De modo que no intentes satisfacer con él tus necesidades, hacer que tu expareja cambie de opinión, ganar en una discusión o resolver vuestras diferencias irreconciliables.

2. **Identifica el dolor y las decepciones con las que aún estáis lidiando.** Contad por turnos por qué todavía estáis dolidos y resentidos, aunque ya os hayáis pedido perdón por ello (véase www.callingtheOne.com).

---

* Esta práctica es una versión ligeramente modificada del ejercicio «Limpia la energía» creado por Claire Zammit para los participantes del Curso de Maestría del Poder Femenino de Nueve Meses (véase www.FemininePower.com). También lo enseño en mi Curso de Maestría en el Amor de Calling in «The One» de Nueve Meses. (Véase www.callingintheone.com).

3. **Asume los efectos que tu conducta ha tenido en tu expareja.** Antes que nada, decidid cuál de vosotros hablará primero y cuál escuchará.

   Para el que habla: Comparte con tu expareja por qué aún estás dolido y cómo te ha afectado su conducta. (Por ejemplo: «Estoy destrozada, me mentiste y no sé si volveré a confiar en nadie nunca más», «Tengo la autoestima por los suelos por tus continuas quejas y desaires» o «Me he quedado tan traumatizado por cómo me dejaste que llevo semanas sin poder dormir ni comer».)

   Para el que escucha: Deja de ponerte a la defensiva e intenta estar presente para escuchar con atención lo que tu expareja quiere decirte. Al margen de si crees o no que te está contando una versión exacta de los hechos, intenta ver la situación desde su punto de vista. Acepta que muchas veces os habéis herido sin querer, ya que nos dejamos llevar por nuestros antiguos hábitos automáticamente, estamos distraídos, absortos en nosotros mismos o simplemente suponemos que los demás son como nosotros. La cuestión no es si quisiste herirle o no. Olvídate de quién tiene razón y de quién no la tiene (a no ser que ahora descubras por qué te equivocaste), y asume los efectos de tu conducta. No niegues, minimices o descartes lo que te está diciendo. Procura en su lugar descubrir cómo has contribuido y ayudado a generar el sufrimiento que tu expareja está intentando superar.

4. **Cuéntale lo que ahora has descubierto acerca de cómo le ha afectado tu conducta.**

   Para el que escucha: Haz todo lo posible por no interrumpirle a no ser que desees que te aclare algo sobre lo que te está contando. Deja que la experiencia que está compartiendo te llegue al alma. No intentes explicarle *por qué* hiciste lo que hiciste o cómo *te* ha afectado la situación, céntrate por entero en tu expareja e interésate y preocúpate de todo corazón por cómo le han afectado tus decisiones y acciones.

   Con gran humildad y deseando contarle la verdad, intenta reflejarle lo que has descubierto sobre el impacto que tus decisiones y acciones han tenido sobre ella y los demás.

   ❧

Para el que habla: No des por terminada la conversación hasta sentir que tu expareja ha entendido cómo os han afectado tanto a ti como a tus seres queridos sus decisiones y acciones.

5. **Ofrécete a enmendar tus errores actuando de manera sana y correcta.** Las heridas del pasado no se van simplemente por sentirnos mal por lo que hemos hecho. Decir «Lo siento» no siempre sirve para restablecer el bienestar en el terreno relacional. Lo que limpia el ambiente de residuos emocionales tóxicos es intentar compensar a tu expareja con la clara intención de arreglar las cosas.

Para el que escucha: Considera cómo puedes arreglar las cosas con tu expareja. Aunque sea imposible cambiar las decisiones tomadas, actúa de manera sana y correcta para reparar el daño que le has hecho. Por ejemplo, dile que estás dispuesto a hacerte cargo de los problemas que le has causado, da los pasos para solucionar el desastre al que has contribuido o prométele que nunca volverás a hacerle lo mismo a nadie más.

Para el que habla: Piensa en cómo tu expareja puede reparar el daño que te ha hecho y acepta la compensación que te ofrezca. Si bien lo hecho hecho está, un acto de auténtico arrepentimiento y resarcimiento puede hacer que tú y todos los implicados os recuperéis de la mala experiencia y podáis seguir adelante dejando atrás los errores del pasado.

En cuanto sientas que ya no te queda nada más por decir, cambiad de papeles para que los dos podáis limpiar el ambiente de hostilidad, dolor y resentimiento.

Si deseas descargarte el audio gratuito de esta práctica, lo encontrarás en www.ConsciousUncoupling.com/StepFourPractice.

Nota: Los ejercicios de comunicación se usan para que os sintáis más unidos y no para que os distanciéis más. Al llegar a este punto tal vez descubras que el proceso de la Separación Consciente os está ayudando a reconciliaros. Si tú y tu expareja deseáis explorar la posibilidad de una reconciliación, entra en www.ConsciousRecoupling.com para saber cuál es la mejor forma de intentarlo.

⸎

La evolución de vuestra relación

Kintsugi es el arte japonés de siglos de antigüedad de arreglar la cerámica resquebrajada con plata, oro o platino, transformando un objeto que parecía estropeado en uno de una belleza y elegancia únicas. La filosofía que hay detrás del kintsugi[9] es respetar la historia de un objeto dañado para confirmar su valor en el modo de repararlo. Tras ser reparado el objeto se vuelve incluso más bello de lo que era. Una relación rota también la podemos reparar de tal manera que dignifique su historia y confirme su valor por nuestra forma de comportarnos cuando se termina.

Cuando Mark, mi exmarido, y yo nos separamos, resolvimos el aspecto de los detalles económicos sin la ayuda de abogados ni del juez. Durante varios meses todo fue bien, los dos cumplimos con lo acordado. Pero un día, de pronto, mientras estaba almorzando entre semana, Mark me llamó para decirme que se había quedado sin trabajo. Me pregunté preocupada cómo iba a pagar el alquiler de su casa. Pero luego me dije angustiada que tampoco me podría pagar a *mí* para colaborar en los gastos de nuestra hija. No hay nada como una crisis monumental para que te den ganas de echar por la borda todas tus buenas intenciones de separarte conscientemente. Imaginándome que Mark estaría más disgustado de lo que dejaba entrever, intenté animarle sugiriéndole que pronto le saldría otro trabajo. Pero en realidad estaba aterrada. Dejar la casa en la que vivíamos para mudarnos a otra por separado no había sido fácil económicamente y ahora encima no dispondría del cheque mensual que me daba. Sabiendo que Mark tendría pronto que tomar decisiones muy duras sobre cómo invertir el escaso dinero de sus ahorros, empecé a recitar en mi mente una retahíla de

> *El dolor no te cambia, sino que revela cómo eres.*
> JOHN GREEN

razones por las que él debía anteponer nuestra hija a cualquier otra cosa, cumpliendo con sus promesas económicas mientras estuviera sin trabajo.

Me pasé toda la tarde intentando ver la manera más adecuada de actuar en esta situación. Sin duda yo dependía de la aportación económica de Mark para pagar las facturas. Pero también sabía que era muy creativa e ingeniosa, porque me las había apañado para ganar dinero como fuera en tantas ocasiones que había perdido la cuenta. Al final del día ya había tomado una decisión importante. Me dije que tenía que haber cientos de otros medios para que entrara más dinero en casa que no fuera poniendo en peligro la relación con el único padre que mi hija tendría. Y como el bienestar psicológico de nuestra hija estaba en juego, decidí que era el momento perfecto para ser generosa en la nueva relación que mantenía con Mark. Le llamé y le dije que no se preocupara por pasarme el dinero de la pensión mientras no tuviera trabajo, eximiéndole de esta carga para gran alivio suyo, así podría ir tirando mientras intentaba encontrar otro trabajo lo antes posible. Me pasé las siguientes semanas pensando en cómo aumentar mis horas de consulta para dedicar más tiempo a ver a pacientes privados, y a los dos meses ya había logrado cubrir el dinero que Mark tendría que haberme dado mensualmente.

Aquel acto de compañerismo y generosidad fue una inversión en el nuevo futuro que estábamos construyendo. Fue como reparar con oro la familia rota en la que corríamos el peligro de convertirnos. Un acto que estableció el clima para los muchos otros momentos generosos y considerados que desde entonces han caracterizado nuestra conexión. Al ver que era la oportunidad para crear un ambiente de benevolencia entre nosotros, nuestra transición de una familia tradicional a una expandida ha seguido prosperando. Tal vez seamos un pequeño clan muy inusual, pero al menos no hemos fracasado. Puede que no sea lo que yo me esperaba cuando me encontraba ante el altar prometiendo amar en la pobreza y la adversidad a mi marido toda la vida, pero es hermoso a su manera creativa y peculiar.

Por más extraño que parezca, es posible sentirnos incluso más amados al final de una relación que al principio. En la primera etapa fogosa del enamoramiento creemos que nuestra pareja nos dará todo lo que queremos y necesitamos, por lo que nos es más fácil ser generosos. Pero es al final de una relación, cuando ya lo vemos todo con más claridad, mientras nos enfrentamos a las decepciones y las limitaciones reales de la relación, cuando podemos dar y recibir con un verdadero afecto que no desea más que hacer lo correcto por las razones correctas. Estos gestos generosos de justicia y buena voluntad nos ayudarán enormemente a tender nuevos puentes en unos momentos en los que los antiguos se han hundido.

Procura adquirir la costumbre de preguntarte: ¿Qué estoy creando con mi forma de responder a los retos a los que mi expareja y yo nos enfrentamos? ¿Hostilidad? ¿División? ¿Más estrés? ¿O unión? ¿Reparación? ¿Bienestar? Todos sabemos que una buena relación se construye a base de tiempo y afecto. Al igual que ocurre con las familias expandidas recién formadas. Queremos seguir creciendo sin cesar al arreglar las cosas, compensar a los demás, aprender de nuestros errores y corregirlos, ser más tolerantes, traspasar nuestra zona de confort para ponernos en la piel el otro, restablecer la confianza en nosotros, restituir el honor de la familia y reparar cualquier daño causado. Darle la vuelta a las cosas lleva su tiempo. Sin embargo, todos queremos aprovechar los momentos que nos permiten que la relación evolucione de manera correcta y sana. Cada gesto de generosidad ofrecido de corazón puede desencadenar una oleada de bondad que perdurará durante muchos

> *Las únicas personas con las que debes ajustar cuentas son con las que te han ayudado.*
>
> JOHN E. SOUTHARD

años. Cuando los hijos crecen en esta clase de familia, lo hacen con una sensación de plenitud, tanto si sus padres están casados como divorciados.

PREGÚNTATE:

«¿Qué gesto(s) generoso(s) puedo ofrecerle a mi expareja para reparar cualquier daño causado, restablecer la paz o generar un mayor grado de buena voluntad entre nosotros, o todas estas cosas a la vez?»

A buen entendedor pocas palabras bastan

A estas alturas te sugiero que te relaciones con tu expareja de un modo más formal, dándole todo el espacio que necesite para que se vaya adaptando a las nuevas circunstancias de su vida. Como ya no eres responsable de su felicidad, te animo a no implicarte demasiado y a darle el derecho de gozar de privacidad y de asimilar la situación a su propio ritmo. Pero si te sigues comunicando con ella, hazlo de un modo que genere paz para evitar peleáros por estupideces y fomente cada vez más una mayor sensación de buena voluntad entre vosotros.

> *Busca siempre cielos menos turbulentos. Dolor. Sobrevuélalo. Traición. Sobrevuélala. Rabia. Sobrevuélala. Tú eres el que pilota el avión.*
> MARIANNE WILLIAMSON

En el caso de seguir comunicándoos con un espíritu colaborativo, tanto durante vuestra separación como más adelante por tener hijos en común, conexiones empresariales o vivir en una misma comunidad, no te olvides que hay ideales a los que aspirar. Si cometes un error, arregla las cosas y empieza de nuevo.

☙

PAUTAS PARA COMUNICAROS TRAS LA RUPTURA

1. Haz todo lo posible por comunicarte con tu parte adulta sabia, fuerte e ingeniosa y no desde la parte indefensa y herida de ti.

Cuando arremetemos contra alguien con una actitud necesitada, destructiva o hiriente, normalmente lo estamos haciendo con la parte más joven de nosotros, incapaz de acceder a la sabiduría, fuerza e ingeniosidad que poseemos como adultos en plenas facultades. En lugar de reprimir esta parte más tierna e infantil de ti, ocúpate de ella y tranquilízala *antes* de hablar con tu expareja para poder comportarte como el adulto poderoso y maduro que eres (véase el primer paso de la práctica: «Crea un mantra a modo de mentor»). Recuerda que es tu parte adulta, y no la más infantil, la que tiene las claves para un gran futuro.

2. Habla de un modo que genere el futuro que te has prometido crear.

La palabra «abracadabra», usada en todo el mundo como una fórmula mágica, procede de una frase aramea que significa «creo aquello que pronuncio». No supongas que por el hecho de haberte propuesto crear un futuro positivo para todos tu sueño se hará realidad por sí solo; debes ver tus palabras como un acto de creación.

En lugar de describir lo que está ocurriendo, añadiéndole a menudo un sesgo decididamente negativo, procura ver que tus palabras pueden crear un mundo nuevo. Haz realidad el futuro que te has propuesto diciendo frases positivas y estimulantes como: «Tal vez nos hayamos topado con varias dificultades, pero estamos resolviendo los problemas juntos cada vez mejor», «Estoy aprendiendo tanto de tus observaciones que sé que me ayudarán a relacionarme mejor con todo el mundo a partir de ahora» o «Esta es una excelente oportunidad para descubrir cómo cooperar mejor el uno con el otro».

෴

3. Procura responder en lugar de reaccionar.

No le des tu poder a alguien que se está comunicando desde la parte infantil e inconsciente suya haciendo tú lo mismo. En su lugar, intenta elevar la conversación respondiendo con madurez, inteligencia y sabiduría. Empieza a llevarlo a cabo reencauzando la conversación, recordándole a tu expareja el proyecto con que te has comprometido, y haciéndolo realidad siendo todo un ejemplo de persona civilizada y considerada.

Aunque tal vez te veas obligado a adaptar tus expectativas a la situación, fijar nuevos límites, hacer una clara petición o incluso establecer hasta dónde estás dispuesto a llegar, hazlo de una manera que sea fiel al futuro sano y nuevo que te has propuesto crear. Procura reducir con tus palabras la posible espiral de situaciones cada vez más negativas diciendo cosas como: «Te he escuchado y ahora entiendo por qué estás tan disgustado. Veamos si podemos resolver juntos esta situación tan difícil para todos».

> *Cuando todo lo demás te falle, ama.*
> ELIZABETH LESSER

Al decidir convertirte en un Alquimista del Amor, transmutas el plomo de tu apesadumbrado corazón en el oro de tu nuevo y brillante futuro. No es una decisión forzada, ingenua o de un ligero optimismo, sino una medida inteligente, inspirada y con conocimiento de causa. Es un optimismo que sabe lo peor que puede ocurrir y, sin embargo, decide reafirmar la bondad de la vida pese a la situación. Y, además de reafirmarla, está dispuesto a manifestarla. En toda la faz de la Tierra no existe mayor amor que este.

SUGERENCIAS PARA CUIDAR DE TI
CUARTO PASO
(Da al menos dos pasos cada día)

1. **Sé sociable.** Llama a una amiga para ponerte al día, sal a cenar con un antiguo compañero o simplemente tómate el tiempo para charlar con una vecina. Haz el esfuerzo de conectar de verdad con las personas de tu entorno.

2. **Sal a tomar el aire.** Pasa al menos cinco minutos tomando el sol, pasea por la playa, ocúpate del jardín o quítate los zapatos y camina descalzo por el césped.

3. **Aprende algo nuevo para divertirte.** Elige un libro sobre un tema que no tenga nada que ver con tu profesión, aprende los rudimentos de una lengua nueva o apúntate a un taller de cocina o de pintura.

4. **Transforma el ambiente en el que vives.** Abre las ventanas de par en par, deja que la brisa circule por tu casa, cambia de sitio los muebles, despréndete de los objetos que ya no te gusten, quieras, o necesites.

5. **Haz feliz a los demás.** Sé generoso con tu tiempo, atención, dinero y corazón. Dale cinco euros a una persona que los necesite más que tú. Sorprende a alguien con un acto de bondad para aligerarle de su carga. Escucha con atención y presencia a alguien que se sienta más aislado y solo que tú.

6. **Haz una lista de las 100 cosas que más agradeces** de tu vida y déjala a mano para poder leerla cuando lo necesites.

NOTA PARA LAS PAREJAS QUE HACEN EL PROGRAMA JUNTOS

En el cuarto paso del programa de la Separación Consciente te animo a hablar directamente con tu expareja para que adquiráis la misma intención de crear el futuro deseado. Aportad cada uno vuestras ideas sobre la intención que queréis establecer, y elegid los objetivos que os parezcan más auténticos y alcanzables.

Procurad al máximo que la intención sea memorable, ya que necesitaréis inspiraros en ella para superar los momentos difíciles de tal modo que os ayude a realizarla. Si uno de los dos la olvida y actúa de una forma contraria e incluso destructiva en cuanto a la intención compartida, el otro debe traerlo de vuelta con suavidad a vuestras miras comunes por medio de palabras alentadoras y respetuosas y de acciones justas y honorables.

Recordad que cada uno debéis ocuparos más de intentar responder con energía a los reveses y contratiempos de la vida que a controlar si el otro se está comportando bien o si sigue las reglas. Asumid que ambos cometeréis errores. Sed tolerantes al afrontarlos y aceptad que es imposible hacer el programa a la perfección. Sed conscientes de que los dos os equivocaréis en algún momento. Lo que importa no es cuántas veces os caigáis del tren, sino cuántas estéis dispuestos a volver a subiros a él.

Crea tu «y vivieron felices *incluso* después de separarse»

Es comprensible luchar por una mayor porción de pastel,
pero es admirable luchar por un pastel más grande.
GLENNON DOYLE MELTON

En este quinto y último paso del programa de la Separación Consciente recibirás el apoyo necesario para tomar decisiones sabias, sanas y estimulantes mientras te vuelcas en la labor básica de reinventar tu vida y establecer nuevas estructuras vitales que os permitan tanto a ti como a las personas implicadas progresar en la vida tras superar la transición.

Al haber vivido tantas crisis por la ruptura de tu relación tal vez no seas del todo consciente de la vida maravillosa que te espera al otro lado del dolor. Y aunque tu nueva vida te parezca insulsa en comparación a la que has dejado atrás, tu objetivo no es intentar crear una versión mejor de la que ya tuviste, sino ensanchar la que ahora es posible para incluir horizontes, amigos e intereses nuevos, y explorar las prometedoras posibilidades de las que te habías olvidado.

Y todo esto os llevará de forma segura a ti y a los tuyos de vuelta a casa, permitiéndoos vivir felices *incluso* después de la separación.

En el quinto paso, «Crea tu "y vivieron felices *incluso* después de separarse"»:

- Dejarás atrás los antiguos acuerdos en los que se basaba tu relación y crearás otros nuevos más apropiados para la forma que ahora está tomando.
- Generarás cohesión y armonía en tu comunidad para gozar de un ambiente favorable y sustentador en el que reinventar tu vida.
- Aprenderás a participar en una ceremonia afectuosa y significativa de la Separación Consciente que os liberará a ti, a tu expareja y a todos los implicados, y os dará fuerzas para seguir adelante tras poner fin a la relación de manera afectuosa y consciente.
- Descubrirás un modo correcto, sano y participativo para ocuparos de los hijos, dividir vuestras propiedades y realizar los procesos legales que os permitirán a todos los implicados seguir adelante y triunfar en la vida.

En el diálogo de *El banquete* el gran filósofo Platón se refiere al amor como el hijo de la plenitud y la vacuidad. Aunque a la mayoría nos guste pasar la mayor parte de nuestros días gozando de la plenitud del amor, todos viviremos temporadas de vacío; nadie puede librarse de la naturaleza cíclica de la vida y del amor. Si bien la ruptura de tu relación no es lo que tú te esperabas, es lo que te ha tocado vivir. Y si tienes dos dedos de frente, en algún momento de tu vida verás que es mejor dejar de luchar contra lo inevitable, soltarás la espada de tu descontento y al ablandársete el corazón te entregarás a la vida y la aceptarás tal como es.

Por más que nos resistamos a vivir la etapa del vacío, en cuanto nos zambullimos en ella descubrimos que es muy apacible. Al soltar todo aquello a lo que te aferrabas, te vacías no solo de la vida que llevabas y de la persona con la que mantenías una relación, sino también de los pensamientos negativos y triviales, de los impulsos hirientes y reactivos, de la cháchara complicada y empobrecedora sobre historias que son una verdad a medias y de emociones tóxicas y enconadas como la humillación, la culpabilidad destructiva o el autodesprecio. Si bien muchos temen internarse en el abismo de este territorio vacuo (¿o quizá sagrado?), esta vacuidad en especial está sin duda preñada de vacío y llena a la vez de potencial creativo. Como Rumi, el poeta sufí, dijo en una ocasión:[1] «Parece el final, como un ocaso, pero en realidad es un amanecer».

> *¿Cómo saben esos gansos cuándo es el momento de volar hacia el sol? ¿Quién les anuncia las estaciones? ¿Cómo sabemos los seres humanos cuándo nos ha llegado el momento? Al igual que les ocurre a las aves migratorias, hay una voz en nuestro interior... que nos dice cuándo es hora de adentrarnos en lo desconocido.*
>
> **ELISABETH KÜBLER-ROSS**

La mejor parte de lo peor que te puede ocurrir en la vida es que te da la libertad de imaginarte a ti de nuevo. Aunque hayas luchado contra ese momento con uñas y dientes, descubres que al rendirte a su infinita espaciosidad sientes un alivio inaudito. De súbito has de reinventar quién eres, lo que amas y en qué inviertes tu tiempo. Incluso te das cuenta de la delicia de poder recrear ahora tu vida de acuerdo a tus anhelos más profundos, a tu escala de valores, a tus auténticos intereses y a tu mayor vocación. Tu vida mejora notablemente al asimilar todo lo que has ganado y aprendido en tu relación anterior a medida que te expandes para encontrar un futuro digno de todo tu sufrimiento.

Los acuerdos 2.0

Cada vínculo conlleva una serie de acuerdos, algunos consentidos y otros tácitos. En realidad podría decirse que la definición de una relación íntima es entrar en una compleja serie de pactos y promesas que reflejan hasta qué punto ponemos nuestro corazón y nuestra alma en nuestra pareja. Promesas de entrega total como: «Tú serás mi media naranja y la única persona a la que amaré toda mi vida», «Siempre estaré a tu lado» o «Te seré fiel todos los días de mi vida» sirven como intenciones que adquieren vida propia, estableciendo hábitos y dinámicas relacionales que facilitan la convivencia del día a día dentro de los confines de la relación. Sin embargo, esos acuerdos, hechos a menudo con fervor y gran emoción, nos pueden seguir condicionando mucho tiempo después de que la relación se haya terminado, haciéndonos sentir dudosos y divididos, e impidiéndonos de algún modo progresar como es debido.

> *Tus circunstancias presentes no determinan dónde irás a parar, sino solo dónde has empezado.*
>
> NIDO QUBEIN

Emily, una empresaria atractiva e inteligente de cuarenta y ocho años, llevaba más de diez divorciada de su marido. Aunque este se había vuelto a casar hacía ya mucho tiempo y formado una nueva familia, ella no había salido con nadie desde entonces. Vino a verme para descubrir la razón. Mientras charlábamos en mi consulta sobre su vida —sus esperanzas, sueños, historias y penurias— se me ocurrió sacar el tema de las promesas que le hizo a su exmarido el día de la boda. Mientras compartía conmigo los recuerdos de la ceremonia, de pronto dio un grito ahogado: «¡Oh, no!», exclamó con los ojos abiertos como platos. «¡He estado manteniendo la promesa de fidelidad que le hice a mi exmarido! Todos estos años he sido fiel a la promesa que le hice ante el altar». Al haber crecido en el seno de una familia católica, le habían enseñado que el matrimonio era para toda la vida. Si bien a nivel consciente tenía ideales distintos, en el fondo no quería romper la promesa hecha ante Dios, su marido, su familia y amigos. Pese a hacer casi diez años que no se mantenían en contacto, decidió llamarle por teléfono más tarde ese mismo día. Aunque él se sorprendió al oírla, por suerte reaccionó con cortesía y amabilidad cuando ella le comunicó que ya no seguiría siéndole fiel. Por evidente que fuera, la oportunidad de decírselo de viva voz y de escuchar a su marido deseándole todo lo mejor hizo que se sintiera libre de volver a salir con otro hombre.

Para ser libre de verdad considera atentamente los acuerdos en los que se basaba tu antigua relación y adapta las expectativas que tienes sobre ti y tu expareja, así encajarán mejor con vuestra decisión de tomar caminos distintos. Para que se adapten al nuevo futuro que cada uno crearéis, asume y cambia expectativas como: «Él será siempre mi pilar», «Ella nunca amará a otro hombre como me quiso a mí», «Él es quien me mantiene económicamente», «Ella es quien cuidará de mí cuando enferme», «Él es mi refugio» o «Ella siempre antepondrá mis necesidades a las de cualquier otra persona».

En su libro *Your Brain at Work*, el doctor David Rock afirma que tener expectativas adecuadas[2] es fundamental para llevar una vida sana y feliz. Cuando nuestras expectativas se cumplen nos sentimos bien. De hecho, al ocurrir lo que esperábamos la dopamina liberada en el cerebro activa una red neuronal como si nos hubieran inyectado una dosis de morfina en las venas. Sentimos que nuestra vida va por buen cami-

> *Dejar atrás una relación con elegancia tiene su truco... Significa dejar lo que ya se ha terminado sin negar su validez ni lo importante que ha sido en nuestra vida. Conlleva tener fe en el futuro, creer que cuando una puerta se cierra otra se abre, que estamos avanzando en lugar de perdiendo algo.*
> ELLEN GOODMAN

no y que todo está bien en nuestro mundo. En cambio, cuando las cosas no nos salen como esperábamos el nivel de dopamina cae en picado, por lo que se activa en el cerebro la respuesta ante una amenaza. Por eso en parte una mala ruptura nos hace sufrir tanto, ya que el impacto de las expectativas fallidas conlleva pequeñas pérdidas dolorosas y permanentes mientras esperamos en vano recuperar la firme base de nuestros antiguos acuerdos y nos llevamos una decepción tras otra.

En vista de ello (y esta será una de las pocas veces que me lo oirás decir), es importante que bajes el listón de tus expectativas, adaptándolas para que se amolden mucho más a tus circunstancias actuales. Olvídate de los acuerdos en los que se basaba tu relación y llega a otros nuevos más adecuados. Unos que os ayuden a ti y a tu expareja a superar la transición, tanto si la nueva forma que está tomando vuestra relación es la de padres separados cooperadores, la de amigos de toda la vida, la de socios de un próspero negocio o la de una pareja que se despide simplemente deseándose lo mejor.

> *Cuando te quedas atascado, el medio de volver a avanzar no es buscar una respuesta, sino encontrar una nueva pregunta a la que tu vida sea la respuesta.*
>
> JENNIFER KRAUSE

PREGÚNTATE:

«¿Qué acuerdos a los que llegué con mi expareja no son ya adecuados en mi vida actual?»

Por ejemplo: «Te esperaré todo el tiempo que haga falta», «Nunca amaré a nadie como te he amado a ti» o «Tú eres mi alma gemela y nunca habrá nadie como tú».

«¿A qué acuerdos llegué con mi expareja que ya no puedo esperar que cumpla?»

Por ejemplo: «Me ocuparé de que seas feliz en la vida», «Siempre cuidaré de ti emocionalmente» o «Siempre te defenderé cuando tengas algún problema».

«¿A qué nuevos acuerdos podemos llegar que sean afines al futuro que nos hemos propuesto crear?»
Por ejemplo: «Siempre te respetaré como el padre de mis hijos y apoyaré tu relación con ellos», «Siempre recordaré con cariño el tiempo maravilloso que vivimos como pareja» o «Siempre formarás parte de mi familia extendida y animaré a toda mi familia a seguir manteniendo una relación afectuosa contigo».

Nota: En el caso de estar haciendo el proceso de la Separación Consciente solo y de no poder compartirlo directamente con tu expareja, puedes contarle esos cambios imaginándote que mantienes una comunicación de alma a alma (véase el tercer paso) con ella, en la que dejáis atrás vuestros antiguos acuerdos y llegáis a otros nuevos más adecuados para el futuro que ahora te has propuesto crear.

Creando cohesión en la comunidad

Cuando Sophie y su pareja, Mary, llevaban juntas casi una década, llegó un momento en el que se hizo patente que debían seguir caminos distintos. Como muchas parejas, sus redes sociales estaban muy entretejidas y no querían causar una guerra fría haciendo que sus amigos se decantaran por una o por otra. Un domingo, cuando Mary había ido a las afueras de la ciudad a visitar a un pariente, Sophie fue a almorzar con algunas amigas que tenían en común. Ninguna sabía que se iban a separar porque Sophie y Mary todavía no querían contárselo a nadie. Sin embargo, Sophie sintió que había llegado el momento de descubrir el pastel, por decirlo de alguna manera, y aprovechó la ocasión para confesarles lo que pasaba. Impactadas y disgustadas por la desconcertante noticia, algunas de sus amigas se pusieron a hablar mal de Mary, criticándola subrepticiamente para demostrarle a Sophie su apoyo y lealtad. Pero ella tuvo la sensatez de pararles los pies y cambiar de tema, recordándoles que había dos versiones de la historia y que a Mary le dolía la separación tanto como a ella. En lugar de hacer que se pusieran de su parte, les aconsejó que rezaran por las dos, recalcando que ambas necesitaban el apoyo de sus amigas para seguir adelante.

En su afán de ayudarte a sufrir menos. tus familiares y amigos se pondrán enseguida en contra de tu expareja revelando todo tipo de opiniones y sentimientos negativos que tú no sabías que albergaban. Por lo general lo hacen con buenas intenciones, llevados solo por el instinto de apoyarte emocionalmente. Hasta es posible que tú les hayas enseñado a menospreciar a tu expareja meses antes de tu separación, haciendo que se pusieran de parte de tu perspectiva victimista. Aunque al principio esta manifestación de solidaridad te amortigüe el golpe de la ruptura, haciéndole el vacío a tu expareja al avivar las llamas de los reproches, esta clase de censura puede hacer a la larga causar que sea prácticamente imposible que la relación adquiera otra forma sana. Aunque tu naturaleza primitiva desee echar a tu ex de tu círculo social para castigarle por el delito de no quererte como necesitabas que te quisieran, herir a alguien de ese modo haciéndole sentirse rechazado es tan dañino como si le rompieras el brazo o le reventaras la cabeza con una sartén. No es más que otra forma de violencia.

La doctora Naomi Eisenberger, de la UCLA,[3] estudió los efectos del rechazo social sobre el cerebro humano. Para llevarlo a cabo creó un experimento en el que monitorizaron la actividad cerebral de los participantes con un escáner mientras estos jugaban a un videojuego llamado Cyberball. El Cyberball es un juego de pelota en el que participan tres jugadores de Internet, el equivalente virtual a jugar en el recreo en una escuela de primaria. Los participantes veían su avatar y el de los otros dos «jugadores» con los que creían estar compitiendo. Pero en un momento dado dos de los jugadores empezaban a tirarse la pelota pasando olímpicamente del tercero. «Este experimento le produce a la mayoría de la gente emociones muy intensas», afirma la doctora Eisenberger.[4] «Descubrimos que cuando alguien es excluido, se activan las regiones neurales [del cerebro] que también están relacionadas con el perturbador componente del dolor, o lo que a veces se llama «"el componente de sufrimiento" del dolor»». El rechazo social —o la sensación de no pertenecer a un grupo, de ser menos que los demás, no querido y marginado por la sociedad— activa las mismas regiones cerebrales que las del dolor físico. De hecho, al ser excluidos de un simple juego de pelota a los participantes no se les activaba solo una, sino cinco regiones cerebrales distintas que tienen que ver con el dolor físico, lo cual indica que el dolor por rechazo social es atroz.

Muchos de tus amigos y familiares supondrán que tienen que ponerse en contra de tu ex para demostrarte su lealtad, de modo que tal vez debas hacerles cambiar de opinión como hizo Sophie. Cuando al principio le dije a mi madre que Mark y yo habíamos decidido divorciarnos, ella hizo lo que cualquier madre cariñosa habría hecho, se puso a rebajarlo encubiertamente y a subestimar nuestra relación para demostrarme que estaba de mi lado. Sin embargo, en cuanto empezó a tomar esos derroteros le paré los pies. Le agradecí su amor y apoyo, pero le expliqué que no quería separarme como la mayoría de la gente. Que deseaba que no olvidara que Mark sería el único padre que su nieta tendría y que como tal quería que siempre habláramos bien de él y le apoyáramos en su nueva vida. Pese a no ser el hombre perfecto, reconocí que yo también era una mujer bastante imperfecta. Le conté que estábamos más interesados en crear un futuro sano para nuestra familia en evolución que en cargarle a uno con el mochuelo. Le hice saber que la división de nuestros bienes no iba a convertirse en una batalla y que ambos conversaríamos para hacer lo correcto por las razones correctas, velando por el bienestar de todos los implicados y no solo para el propio. Le pedí que se uniera a mí en esta clase de separación consciente. Aunque al principio esta forma tan desconocida para ella de terminar una relación le desconcertara, creo que también le quité un gran peso de encima, ya que no tuvo que verse obligada a perder a su yerno. Simplemente tenía que acostumbrarse a la idea de que ya no estaría casado con su hija.

Las relaciones tienen dos aspectos muy distintos. Uno es, evidentemente, la conexión tan íntima que comparten dos personas —el lenguaje secreto del amor que se revela sobre todo entre líneas y entre las sábanas—. Y el otro, el aspecto público del amor: quién es una pareja para los que han estado creciendo con ella durante años, para los que les representaron cuando hicieron las promesas matrimoniales, para los que compartieron el pan con ellos el día de Acción de Gracias y para los que han acabado dependiendo de ese matrimonio como pilares de la comunidad. Una relación no solo pertenece a los dos seres que la forman, sino a la red de personas que la rodean. Pertenece a una red de personas que ahora pueden estar muy afectadas por la ruptura de la pareja. Parte de la debacle que crea un «hogar roto» es la inversión que las otras personas han hecho en esa unión, las cuales quizá se sientan devastadas por la pérdida, traicionadas o desintegradas.

La Separación Consciente consiste en procurar que todos los afectados sigan sintiéndose bien pese a la ruptura, generando con cautela cohesión y armonía una red extendida de familiares y amigos, y ayudando a todos los implicados a adaptarse a este nuevo estado de la relación. Una pareja que ha estado junta tres años, la doctora Sheri Meyers y Jonathon Aslay, ambos expertos de gran renombre en el ámbito de la relación de pareja, anunciaron su ruptura en Facebook con el siguiente comunicado.

Queridos amigos y amada comunidad:

Os anunciamos con gran tristeza un cambio en el estado de nuestra relación. Si bien somos almas gemelas y seguimos amándonos muchísimo, reconocemos que no está en nuestro destino recorrer juntos el camino del amor toda nuestra vida. A veces, por más amor que haya entre una pareja, la relación no acaba de cuajar. Por esta razón hemos decidido, por más que nos duela, poner fin a nuestro viaje amoroso.

Nos separamos con ternura y respeto... celebrando las lecciones profundas y enriquecedoras que hemos aprendido, y agradeciendo nuestra increíble historia de amor; han sido tantas las bendiciones compartidas que hemos perdido la cuenta. Nos estamos dedicando en cuerpo y alma a aprender a separarnos con una dignidad y elegancia que honre el tiempo que hemos pasado juntos y el amor compartido.

En la actualidad cada uno estamos tanteando cuánto espacio necesitamos para volver a nuestro «yo» después de identificarnos tanto con «nosotros». También sabemos que tendremos que superar algunos obstáculos emocionales poco gratos mientras volvemos de nuevo a estar sin pareja. Pero nos mantenemos en contacto y nos hemos comprometido a separarnos con amor. Aunque los dos estemos tristes, también esperamos seguir separándonos conscientemente con mucho amor, y no cabe duda de que lo haremos, recreando nuestra relación en una nueva forma que durará toda la vida.

Les pedimos a nuestros queridos amigos y a nuestra comunidad que respeten nuestra privacidad y nos den el tiempo y el espacio que necesitamos para recuperarnos y asimilar este gran cambio en nuestra vida.

Afectuosamente,

Sheri & Jonathon

Durante las semanas siguientes los dos se aseguraron de responder a los comentarios que el otro publicaba en las redes sociales con palabras de ánimo, demostrándose mutuamente su gran aprecio, respeto y apoyo. En la actualidad ambos salen con otras parejas y recientemente han publicado en las redes sociales una fotografía de cada uno al lado de sus respectivas parejas. Si bien no todo el mundo podrá dejar atrás una unión sentimental con tanta elegancia, la posibilidad de seguir el modelo de Sheri y Jonathon es digna de admiración.

Para crear bienestar y cohesión en tus círculos sociales cuando le cuentes a la gente lo de tu ruptura, te ofrezco las siguientes sugerencias:

1. CONSERVA TU DIGNIDAD

Recuerda que el mito de «y vivieron felices por siempre jamás»[5] surgió hace unos trescientos años aproximadamente, en un tiempo en el que la mayoría de la gente suponía que las relaciones debían durar «hasta que la muerte nos separe». Cuando una pareja termina su relación por cualquier otra razón que no sea la muerte de uno de los cónyuges o la de ambos, muchas personas lo ven al instante como un «fracaso amoroso».

Al toparte con el muro de ladrillos de este prejuicio tuyo tan generalizado, que también verás en los demás, intenta no tomártelo a pecho. En su lugar, considéralo un ideal del amor colectivo programado que en su tiempo tenía sentido, pero que ahora ya no tiene por qué ser cierto. Mantén la cabeza bien alta y acepta que una ruptura ya es lo bastante dura como para que encima culpes a otros o a ti por este modelo que quizá ya no encaja con tu vocación y tus verdaderos valores en la vida. Acepta que formas parte de un creciente movimiento de personas que piensan lo mismo que tú al respecto y que están creando esta forma más iluminada de terminar una relación amorosa, y sigue firme en tu decisión de ver la nueva clase de relación que mantienes ahora con tu expareja como valiosa y digna de respeto.

2. CUENTA TU HISTORIA CON MODERACIÓN

Después de vivir una experiencia tan traumática como una ruptura, la mayoría de las personas necesitan contar su historia de una forma que les ayude a integrar y aceptar lo que les ha ocurrido. Sin embargo, al compartir tu historia pueden entrarte ganas de hacerlo desde una perspectiva victimizada señalando con el dedo todo lo que tu expareja ha hecho mal. Es fácil caer en este error, porque lo más probable es que tu ex haya hecho algo hiriente, irritante o destructivo. No obstante, no olvides que hacerte responsable de las muchas formas en que sin saberlo conspiraste con tu expareja y contribuiste a lo ocurrido te permitirá acceder a la fuerza que necesitas para crear una experiencia distinta en el futuro.

> *La forma de hacer*
> *una montaña de un grano*
> *de arena es acumulando*
> *más tierra*
> ANÓNIMO

Cuando hablas de forma irrespetuosa a tu expareja, no solo la estás rebajando a ella, sino también a ti. Al compartir tu historia con una actitud victimista y reactiva te arriesgas a que la gente deje de respetarte. En lugar de admirarte por la elegancia y sabiduría con la que te estás comportando, te empezarán a tener lástima. Y sutilmente también harás que te apoyen menos, porque los estarás utilizando como un basurero. Al principio quizá se pongan en tu piel, pero al final ya no te podrán echar una mano y estarán deseando perderte de vista cuanto antes, preguntándose cuánto tiempo más podrán aguantar ser tu paño de lágrimas.

> *Si no puedes*
> *decir algo amable,*
> *al menos ten la decencia*
> *de decir algo vago.*
> SUSAN ANDERSEN

Pero si les cuentas tu historia con una actitud serena y responsable, sin obligarles a cogerle de pronto manía a tu expareja para demostrarte su apoyo, no solo te ganarás su respeto, sino que además gracias a tu ejemplo les inspirarás a separarse mejor de su pareja en el caso de hacerlo un día.

Mi madre, que se divorció de mi padrastro de un modo bastante desagradable veinticinco años antes de presenciar la separación afectuosa y consciente que tuvimos Mark y yo, se emocionó tanto con la experiencia que la inspiró a ofrecerle una ramita de olivo a su exmarido pese a la guerra fría que habían estado manteniendo durante décadas. De repente, ella le llamó una mañana fría y helada, y le invitó a ir a visitarla a su casa en Florida acompañado de mi hermano Scott, en un invierno más crudo de lo habitual. Impactado por su amabilidad, aceptó la invitación y los tres se lo pasaron de maravilla durante los días que estuvieron juntos, esfumándose de golpe la animosidad que había reinado entre ellos durante tantos años. Con lo que demostraron que nunca es demasiado tarde para una Separación Consciente.

3. MUÉSTRALES CLARAMENTE CÓMO DEBEN COMPORTARSE

Para evitar una posible división en tu comunidad, asegúrate de mostrarles a tus amigos y familiares que no tienen por qué ponerse del lado de nadie. Dales permiso para seguir relacionándose con tu expareja y contigo por más ganas que tengas de obligarles a decantarse por uno de los dos. Porque en cuanto esto sucediera, podría llevarte años, o incluso décadas, reparar el daño, si es que tuviese arreglo.

Mis padres se divorciaron cuando yo solo tenía dos años y como la mayoría de las parejas divorciadas de aquel tiempo, se tenían una fuerte aversión. Su enemistad no desapareció hasta cuarenta años más tarde, el día en que yo fui a visitar a mi madre y mi padre me vino a buscar para que almorzara con él. De pronto me ví en la extraña situación de estar con los dos en la misma habitación y en el mismo momento. Me encantó tanto encontrarme en ese contexto tan inusual que les obligué a ponerse a uno y otro lado de mí y a sonreír mientras les hacía una foto, la única que tengo de los tres juntos.

Para mí la peor parte de esta historia no fue la separación de mis padres en sí, sino la pérdida de mi familia extendida que quedó atrapada en el fuego cruzado del divorcio. Me pasé la mejor parte del inicio de la adultez intentando volver a conectar con mis abuelos, tíos y primos. Unas relaciones que me habrían ido de maravilla mientras crecía. En la actualidad, aunque mis padres nunca hayan llegado a ser amigos, me alegra decir que se respira un ambiente más civilizado entre ellos. Sin embargo, ya no recuperaremos nunca los años que pasaron odiándose.

Dada la historia de separaciones tan hostiles en mi familia, no es de extrañar que cuando Mark y yo decidimos terminar nuestro matrimonio, algunas personas supusieron que ahora él se pasaría al bando enemigo. Llevó su tiempo dejar claro que este no era el caso y mostrarles a mis familiares y amigos cómo debían comportarse. Durante los dos primeros años a algunos de ellos les desconcertaba enormemente las fiestas que Mark y yo seguíamos celebrando juntos con nuestra hija Alexandria. Y cuando le propuse a Mark que nos acompañara en un viaje de fin de semana para ir a ver a los abuelos, así nuestra hija gozaría de un día con toda la familia, algunas personas se quedaron consternadas por ello. No obstante, la amabilidad y el civismo de este nuevo enfoque les intrigó y al final acabaron relajándose y abriendo de nuevo su corazón a Mark. En la actualidad somos una «familia expandida» sana y feliz, y a Mark le invitan a las reuniones familiares y a las cenas de Nochebuena junto con el resto. Y su familia también ha decidido hacer lo mismo invitándome a sus actividades familiares.

Seamos solo amigos

Melissa, una neoyorquina de treinta y cuatro años, tímida, aunque considerada e inteligente, estaba intentando aceptar que el novio con el que llevaba tres años saliendo le había dicho que prefería que fueran solo amigos en lugar de pasar al siguiente nivel que ella esperaba. El mural desgastado de los deseos colgando en la pared del vestidor, con imágenes de damas de honor riendo, la silueta de una novia y su adorable novio, y el reluciente anillo de diamantes, parecían burlarse de ella cada vez que se cambiaba de ropa. Desilusionada y esperando que él cambiara de opinión para que le hiciera compañía por la noche, intentó desesperadamente averiguar cómo podía acceder al deseo de su novio. Ser relegada al estado de amiga le hacía sentir como si le hubiera pedido que se fuera a vivir al pequeño apartamento del sótano de la casa preciosa que habían compartido y amado. Atrapada en la alternativa de perderle o de «no ser más que amigos», no supo qué hacer hasta que al final aceptó a regañadientes lo último. Cuando le pregunté qué gestos de auténtica amistad le había ofrecido él, admitió que básicamente quería los mismos privilegios sexuales de antes, pero sin la responsabilidad de la fidelidad o de ofrecerle la esperanza de compartir un futuro más adelante. «¿Y esto es ser tu amigo?», le pregunté. Era evidente que la respuesta no pintaba nada bien.

> *Olvidemos generosamente a aquellos que no pueden amarnos.*
>
> PABLO NERUDA

La auténtica amistad hay que ganársela a pulso con gestos de bondad y altruismo, hasta hacerse un hueco en el corazón del otro. Si bien la Separación Consciente favorece que una pareja se separe amistosamente, no se debe confundir con abogar por la transición a una auténtica amistad, algo que algunos podrían considerar el paso a un nivel superior en lugar de a uno inferior en la categoría del amor erótico. Arisóteles veía la amistad como la forma más pura de amor, una mucho más elevada que el amor sexual, y la describió como desearle lo mejor a otra persona sin esperar nada a cambio, como si se tratara de uno mismo. Llamó a esta clase de amor *philia*, en el que uno ama a otra persona por lo que es y no por querer usarla de algún modo. Como una ruptura suele equivaler emocionalmente a ser destituido de un cargo y va acompañada de la necesidad desesperada y frenética de aferrarse a la relación a toda costa, el impulso de la «amistad» no siempre es el deseo de cuidar realmente al otro, sino la necesidad imperiosa de evitar la aniquilación existencial que comporta el fin de una relación amorosa. De modo que los motivos de este repentino gesto generoso de eterna devoción son cuestionables, ya que suele hacerse con miras a conservar la relación a toda costa, por lo que el deseo de seguir siendo «amigos» se convierte en la antítesis de una verdadera amistad. Una amistad auténtica consiste en desear sacrificarse de una forma significativa por el bien del otro y no en una frívola alternativa a la de ser amantes. La antigua pareja de Melissa no pretendía ser amigo suyo para ocuparse de sus verdaderas necesidades, sino para protegerse del golpe de las consecuencias de decidir acabar con la relación.

Para que dos personas que se separan se conviertan en amigos deben tener pequeños gestos de amabilidad el uno hacia el otro de manera constante. Hace poco tuve la suerte de comer con Chris Attwood y su exmujer, Janet Attwood, en un restaurante del barrio. Mientras esperábamos a que el mozo del parking del restaurante fuera a buscar nuestros coches, alguien se ofreció para sacarnos una foto. Dejando de hablar, miramos a la cámara y sonreímos. Pero antes de que nos la echaran, Janet, dejando a Chris de pronto, se colocó a toda prisa a mi lado para que yo saliera en medio de los dos. Inclinándose me susurró al oído: «Nunca me quedo al lado de Chris cuando nos sacan una foto porque no quiero que su mujer se sienta mal. Quiero que sepa que siempre la respetaré». La amistad que sigue manteniendo este par tras divorciarse no es fruto de la casualidad, sino que la han creado con los gestos amables que han ido teniendo a lo largo de los numerosos años que llevan siendo amigos. Yo me emocioné mucho cuando una antigua pareja mía, alguien al que había decepcionado enormemente al poner fin a nuestra relación, se ofreció para cuidarme al enterarse de que había enfermado a los pocos meses de separarnos. Olvidándose de sus sentimientos, vino a verme con frecuencia para cuidar de mí los meses que estuve enferma, y me demostró que era un amigo de verdad al estar a mi lado cuando más lo necesitaba. Por eso sigue siendo en mi vida un amigo excepcional muy querido. Según las sabias e inmortales palabras de Julia Roberts: «Sabes que amas a alguien cuando quieres que sea feliz aunque tú ya no formes parte de su felicidad».

Aunque desees con toda tu alma que tu relación sexual se transforme en una relación platónica, te advierto que la biología jugará en tu contra. La naturaleza te ha diseñado de tal modo que durante semanas o meses el aroma de la colonia de tu expareja, el roce de su mano, el sonido de su risa o la imagen de su sonrisa cambien la química de tu cuerpo en un abrir y cerrar de ojos, inundándote de sustancias químicas que provocan el estado de euforia del enamoramiento. Por esta razón la mayoría de los expertos aconsejan cortar por lo sano al menos durante varios meses, e incluso más tiempo aún si es posible, para desintoxicarte de los aspectos adictivos de las sustancias químicas del amor.

Prepárate para darle a la relación el espacio vital que tanto necesita pasando tiempo a solas para reorientarte en cuanto a los cambios que se están dando entre los dos. Aunque, por supuesto, esto es más fácil decirlo que hacerlo, sobre todo si tenéis hijos. Pero si no os queda más remedio que veros, recuerda que cualquier tipo de roce os confundiría. Por eso desaconsejo los besos y los abrazos. Hasta la energía del flirteo podría activar la liberación de hormonas, por lo que es mejor que establezcáis límites muy claros en el sentido emocional y sexual. En lugar de recurrir a tu pareja cuando estés bajo de ánimos a la primera de cambio, busca nuevos confidentes. No le confíes los problemas que ahora tienes en tu vida amorosa. Asegúrate de comunicarte sin ningún mensaje o motivo oculto. Conversa con sencillez centrándote en los temas que debáis tratar y no te olvides de relacionarte con tu ex con más formalidad, hasta que ambos estéis preparados para meter la punta de los pies en las aguas de una posible amistad platónica.

Por el bien de los hijos

Muchas personas crecieron durante los años setenta y ochenta, cuando la cantidad de divorcios aumentó más del doble en Estados Unidos, al tiempo que vivían la ingrata y polémica ruptura de sus padres. A finales de los años sesenta, el nuevo tipo de divorcio sin asignación de culpa dio paso a la disolución del matrimonio sin necesidad de demostrar la existencia de maltratos, abandono o infidelidad. La vida se convirtió en un infierno cuando las parejas enfurecidas empezaron a criar a sus hijos en una sala de juzgado en lugar de hacerlo en una comunidad. Un estudio tras otro revela los efectos negativos del divorcio[6] sobre los hijos de un hogar roto al verse estos atrapados en medio de la animosidad y la enemistad constante de sus padres enfrentados, que solían usarlos como armas el uno contra el otro. Esos estudios eran exactos. Doy fe de ello. Fui uno de esos adolescentes cuya vida era un auténtico desastre. Montábamos fiestas hasta altas horas de la madrugada mucho antes de saber siquiera lo que era una muela del juicio y teníamos sexo antes de haber visto cómo era un condón. Salíamos de noche sin que nuestros padres se enterasen, nos largábamos de casa, hacíamos novillos, les robábamos dinero del monedero o la cartera y fumábamos cigarrillos Marlboro en sótanos oscuros como boca de lobo. Muchos de nosotros, deprimidos y nerviosos, éramos agresivos y una nulidad en los estudios. Desarrollamos problemas alimenticios. Y más tarde mantuvimos relaciones de pareja inestables y tormentosas. Supongo que fue por culpa del divorcio. Sin embargo, siempre que los hijos se descubren en medio de padres enfrentados que intentan llevárselos a su propio bando y son un modelo de conducta moralmente cuestionable, acaban metiéndose en serios problemas.

El famoso doctor John Gottman, autor de *Siete reglas de oro para vivir en pareja*, conocido sobre todo por su labor pionera en la creación de matrimonios sanos, realizó un interesante estudio con sesenta y tres niños de edad preescolar de hogares con altos niveles de conflictos y peleas[7] entre sus padres casados. Descubrió que esos niños tenían niveles elevados de hormonas del estrés crónicos que no se observaban en otros niños. Al hacerles un seguimiento hasta los quince años, también descubrió que tenían la clase de problemas que acabo de describir, como absentismo escolar crónico, rechazo por parte de sus compañeros, abandono escolar y un rendimiento más bajo que el de los niños de hogares armoniosos y tranquilos. Es decir, siempre que los niños viven en un ambiente belicoso, sufren, estén sus padres casados o no.

Ojalá los días de padres actuando como párvulos peleándose en el parque de arena pertenecieran ya al pasado, pero por desgracia no es así. Una encuesta reciente realizada en Inglaterra por Resolution, una organización[8] que apoya un enfoque no agresivo ante el divorcio, reveló que una tercera parte aproximadamente de los adolescentes y jóvenes adultos encuestados se habían encontrado en la situación de que uno de sus padres había intentado ponerles en contra del otro. Más de una cuarta parte afirmaron que sus padres los habían involucrado en sus disputas durante el divorcio y casi la misma cantidad descubrió en las redes sociales que su madre o su padre tenía una nueva pareja. Tal vez lo más desgarrador de todo fue constatar que uno de cada cinco encuestados afirmaba haber perdido el contacto con uno o más de sus abuelos. Si así es como nos comportamos cuando se acaba el amor, en este caso la expresión «familia rota» le va como anillo al dedo.

Me gustaría impresionarte diciéndote que yo nunca actué de una manera tan horrible como esos padres, pero debo confesar que crear mi familia de «y vivieron felices *incluso* después de separarse» ha sido más un proceso que un hecho. Cuando Mark y yo nos casamos, acepté a su hija Sarah, que acababa de entrar en la adolescencia y vivía con su madre Anne, la exmujer de Mark, a varias horas de distancia de nuestra casa. En una ocasión, cuando nuestra hija Alex era pequeña, invitamos a Sarah a cenar con nosotros el día de Acción de Gracias porque sabíamos que ella y su madre visitarían la ciudad. Al principio Sarah accedió, pero a medida que se acercaba la fecha, al ver que su madre se quedaría sola en casa el día de Acción de Gracias, llamó a su padre y le preguntó si podía venir con ella. A Mark le gustó la idea, pero a mí no me hizo ninguna gracia y le respondí con un «no» de esos que no admite réplica. Aquel día de Acción de Gracias Sarah no estuvo con nosotros. Prefirió ir a comer una pizza con su madre que cenar en nuestra casa.

En muchos sentidos ese episodio fue el comienzo de las ideas que comparto en este libro. Me avergoncé de mi conducta con toda la razón del mundo y reflexioné largo y tendido sobre mi tacañería. Por culpa de mi actitud, Sarah y Alex no habían podido celebrar juntas aquella fiesta tan señalada. ¿Y por qué? ¿Por qué yo me había sentido amenazada? ¿Competitiva? Anne no pretendía quitarme a mi marido. Aunque en aquella época no tuve el valor de llamar a Anne para pedirle perdón personalmente, cambié de actitud. A partir de entonces siempre hemos invitado a Anne y a Sarah a celebrar con nosotros las fiestas.

> *La vida siempre espera situaciones críticas para mostrar su lado brillante.*
> PAULO COELHO

Durante los últimos años se ha convertido en una costumbre que celebremos la Navidad todos juntos. Sarah ya es ahora toda una mujer y vive en otro estado, pero cada año toma el avión de vuelta a casa y ella y su madre recorren en coche las cinco horas de trayecto para ir a vernos. Todos esperamos el acontecimiento con ilusión y nuestras chicas han podido forjar una cariñosa relación a lo largo de los años. Anne y yo también nos hemos hecho amigas. Hace varios años, en Nochebuena, mientras estábamos sentados alrededor de la sala de estar disfrutando del tenue resplandor del árbol navideño, mi hija, acurrucada a mi lado, me susurró al oído: «Mamá, ¿le puedo pedir a Anne que sea mi madrina? Es que quiero tener la misma mamá que mi hermana». A lo que le contesté sinceramente y de todo corazón «sí», consolidando más si cabe el lugar que Anne ocupa en nuestra excéntrica familia que no cesa de crecer de «y vivieron felices *incluso* después de separarse».

Un matrimonio se puede deshacer, pero cuando se deshace una familia los hijos siempre se sienten como si les hubieran arrebatado su hogar. Con todo lo que ahora estamos aprendiendo sobre la teoría del apego y nuestra vital necesidad de mantener vínculos afectivos seguros y estables a lo largo de nuestra vida para ser personas sanas y felices, tenemos que plantearnos seriamente cómo actuaremos cuando se acabe una relación de pareja de larga duración. Hace dos décadas la doctora Constance Ahrons, autora del superventas pionero *The Good Divorce*,[9] demostró que no es el divorcio en sí mismo, sino la forma tan bárbara y decididamente poco creativa de llevarlo a cabo lo que ha estado perjudicando a nuestros hijos. Incluso los llamados divorcios amistosos no son el modelo ideal. Aunque sean mejores que los no amistosos, en cuanto creamos dos familias separadas que antes estaban unidas, nuestros hijos sufrirán. Esperar que vayan de una familia a otra es al fin y al cabo como pedirles que vivan en un perpetuo estado de añoranza y pérdida en el que se ven obligados a estar despidiéndose continuamente de una familia para reunirse con la otra. No es de extrañar que los hijos estén suspirando por ver a sus padres reconciliarse de nuevo. Están deseando gozar de plenitud en su pequeño mundo fragmentado. En la Separación Consciente hay solo *una* familia que experimenta un nuevo ajuste y expansión, y ello exige que los padres estén lo bastante evolucionados y maduros emocionalmente como para realizar con elegancia esta transición en lugar de esperar que lo hagan los hijos.

Admito que te ves obligado a crecer a punta de pistola, pero ser padres conlleva este tipo de cosas.

La doctora Ahrons incluso le dio un nombre a esta nueva estructura familiar: *familias binucleares.*[10] En lugar de ser una familia en torno a un lugar físico, ahora es una familia binuclear en torno a dos. Al pensar en ello vemos que no es un concepto nuevo. Cuando una hija se va de casa de sus padres para independizarse después de vivir con ellos más de dos décadas, no deja de formar parte de la familia, aunque las continuas peleas con su madre la instiguen a mudarse. Simplemente se va a otra casa, pero siguen siendo una familia. Su madre tendrá que adaptarse a la rebelde insistencia de su hija de querer vivir su propia vida, pero lo acabará haciendo, porque la naturaleza de las familias es acomodarse al crecimiento y a los cambios vitales de sus miembros.

Nunca es fácil defraudar a los hijos. Sin embargo, la oportunidad de volverte más sabio y profundo empieza en la infancia. Aunque no podamos proteger a nuestros hijos de las pérdidas inevitables de la vida, debemos darles una cantidad tremenda de amor y apoyo para que las superen, y también orientarles sabiamente para que le den un significado positivo a lo que les está ocurriendo, así no se culparán a sí mismos. Susan Stiffelman, otra querida amiga y colega, terapeuta matrimonial y familiar[11] experta en la crianza de los hijos y autora de *Parenting with Presence*, aconseja lo mismo:

Uno de los aspectos más difíciles de ser padres es dejar que nuestros hijos vivan experiencias distintas de las que deseamos para ellos. Cuando están enojados o dolidos, queremos ayudarles a que se sientan mejor. Cuando nos echan la culpa de su tristeza («Si te hubieras portado mejor con mamá ¡seguiríamos viviendo todos en la misma casa!») queremos defendernos. Cuando se encierran en sí mismos, queremos desesperadamente animarles. Tal vez nos sintamos tentados a mitigar su tristeza con regalos especiales. Hasta podemos intentar convencerles de que las cosas irán mejor en esta nueva configuración familiar.

> *En los momentos estresantes, lo mejor que podemos hacer los unos por los otros es escuchar con los oídos y el corazón y asegurarnos de que nuestras preguntas sean tan importantes como nuestras respuestas.*
>
> **FRED ROGERS**

En los momentos en que nuestros hijos más nos necesitan por tener el corazón desgarrado es cuando debemos ser un par de brazos afectuosos y reconfortantes en los que siempre se puedan refugiar, lo cual no es fácil cuando nosotros también estamos viviendo momentos de dolor y pérdida. Pero para que sepan que todo *irá* como debieron, tanto mamá como papá deben estar presentes cuando las cosas *no van* como debieran. Solo entonces nos confiarán sus verdaderas emociones para que les ayudemos a volverse a sentir bien.

En lugar de intentar minimizar la pérdida que supone para tus hijos la separación, ayúdales a nombrarla reflejando lo que intuyes que están sintiendo. «Sé que estás triste.» Únete a su tristeza, pero sin dejarte llevar por la pena. No querrás que tus hijos te consuelen a ti, por eso es importante que tengas algún lugar al que ir cuando necesites recibir apoyo emocional, para que tus hijos puedan contar siempre con tu presencia y apoyo. Tranquilízales y ayúdales a entender lo que está ocurriendo, dejándoles claro que no es culpa suya, que seguiréis siendo una familia, y que no os van a perder a ninguno de los dos, que ambos les queréis y que todo va a salir bien.

Sé que lo estoy pintando como si fuera una situación de tranquilidad, calma y recogimiento, pero no es así. Son momentos malos y decepcionantes, dolorosos, duros y desgarradores. Algunos días tal vez no te apetezca más que ponerte a gritar con toda tu alma y otros te digas que ojalá pudieras largarte muy lejos. Pero te prometo que a la larga habrá valido la pena. Al fin y al cabo lo que la mayoría queremos es que nuestros hijos se conviertan en adultos equilibrados, sanos, resilientes y bondadosos. En personas que se sientan a gusto en su propia piel, que sepan que son amadas sin tener que darle demasiadas vueltas, que sientan que pertenecen a este hermoso mundo y que cuando llegue la hora estén plenamente preparadas para vincularse con otras personas y formar su propia familia afectuosa y estable.

Y esto, amigo mío, es posible por medio de la Separación Consciente.

Dividiendo el hogar y la casa

En el pasado vivía en una casa preciosa con cuatro dormitorios y un solario donde me sentaba a leer el periódico por la mañana, una sala de estar con una elegante chimenea donde me acurrucaba para leer mi montaña de libros y un jardín zen desde el que contemplaba las nubes deslizándose por el cielo. En la actualidad, vivo en un apartamento encantador, aunque de tamaño medio, con dos dormitorios en un alto edificio que da a un parque. En el centro del parque hay una fuente enorme que atrae como un imán a los niños, que disfrutan persiguiéndose a su alrededor y echando monedas al agua pidiendo un deseo. Todo el día oigo el murmullo del agua y los chillidos de placer de los niños por las ventanas abiertas de mi casa, por las que entra un montón de luz que inunda la espaciosa y acogedora sala de estar. Cinco plantas más abajo, Mark y Alexandria viven en un apartamento igual que el mío, por lo que a nuestra hija le es más fácil subir y bajar con el ascensor para vernos a ambos tan a menudo como quiera, y a Mark y a mí también nos da la gran oportunidad de colaborar en su crianza. Si bien echo de menos mi gran casa y estoy deseando que llegue el día en que pueda comprar otra, me alegro de haber renunciado a ella en favor de una estructura más práctica y saludable para criar a una hija sana y feliz cuyos retos en la vida por suerte apenas tienen que ver con que Mark y yo nos hayamos separado. Sé que es casi antiamericano sugerir que tener menos cosas es positivo, sin embargo creo firmemente que para ser felices es más importante la cualidad de nuestra vida que la cantidad de bienes que poseamos, sobre todo cuando la psique en desarrollo de nuestros hijos está en juego.

> *Las personas más felices no son las que tienen lo mejor de lo mejor, sino las que saben disfrutar al máximo de todo.*
>
> ANÓNIMO

Gran parte del impacto de perder una relación de larga duración es que te arrebata la esperanza de llevar una vida mejor en el futuro, sobre todo una mejor *económicamente*. El mito de «y vivieron felices por siempre jamás» incluye la expectativa de mejorar en la vida en lugar de verte obligado a reducir gastos. Pero cuando una pareja se separa se topa con la dura realidad de que el dinero que antes invertían en un hogar ahora tiene que llegarles para dos. De hecho, los estudios revelan que la mayoría de las familias divorciadas acusan una bajada en la situación económica[12] que dura como promedio cinco años. Pocas perspectivas nos asustan más que esta. O si no, hace que nos comportemos como psicópatas, insistiendo en que nuestros hijos pasen más tiempo con nosotros que con nuestra expareja para poder sacar una mayor tajada económica de la separación, ocultando bienes importantes, robando de la cuenta compartida o doblando las cifras para intentar obtener más de lo que nos corresponde. Cuando estamos asustados es fácil no ver más allá de nuestras narices.

La división de los bienes también puede generar un gran odio y rabia e instigar actos maliciosos por parte de un cónyuge vengativo que pronto se convertirá en ex y al que se le ha nublado la razón. Joseph Sorge, un abogado dedicado a reformar las leyes del divorcio, relata una historia impactante en su libro *Divorce Corp.*, que le contó el juez Thomas Zampino[13] del juzgado de familia de Nueva Jersey. Durante un divorcio especialmente conflictivo, un testigo pericial afirmó que el valor estimado de los bienes maritales era de 60.000 dólares. El juez se sorprendió, ya que le habían informado que le habían pagado 70.000 dólares por su testimonio. «En ese caso, ¿por qué le ha cobrado 70.000 dólares si sabe que su clienta obtendrá como máximo de los bienes la mitad de 60.000, menos de la mitad de sus honorarios?» El testimonio, encogiéndose de hombros, repuso mirando a la mujer despechada que lo contrató: «Porque ella me lo pidió».

Parece absurdo que alguien pueda comportarse de un modo tan autodestructivo. Sin embargo, David Rand, un científico de la Universidad de Harvard, dirigió un interesante experimento llamado el Juego del Ultimátum,[14] que nos da una pista de por qué alguien está dispuesto a dilapidar el dinero ahorrado para los estudios universitarios de su hijo como si fuera calderilla con la esperanza de vengarse de su antiguo cónyuge. En el juego participan dos jugadores que se proponen repartirse una suma de dinero. El jugador Uno le hace una propuesta al jugador Dos sobre cómo desea repartir el dinero. Si el jugador Dos la acepta, ambos reciben la parte estipulada de dinero. Pero si la rechaza, ningún jugador recibe nada. Lo más lógico sería que el jugador Uno le ofreciera al jugador Dos la menor cantidad posible y que el jugador Dos aceptara la oferta, ya que por poco dinero que sea es mejor que nada. Sin embargo, aproximadamente la mitad de las personas a las que les ofrecían una partición injusta del dinero la rechazaban. Muchas personas prefieren pagar de más aunque sea en detrimento suyo para desquitarse de su antigua pareja por ofrecerle una parte injusta del dinero, que conformarse con menos de lo que considera justo. Otro estudio llevado a cabo por Golnaz Tabibnia y Matthew D. Lieberman[15] en la UCLA demostró además que lo que uno considera justo es mucho más importante que la cantidad que recibirá. Al monitorizar los cerebros de los participantes, los investigadores comprobaron que recibir 50 centavos de un dólar producía en el cerebro una mayor respuesta de recompensa que recibir 10 dólares de 50.

Espero que a estas alturas te hayas calmado y hagas esta negociación tan crítica con un sano estado mental y con la intención de zanjarla con la conciencia tranquila. Porque deshacer el vínculo del matrimonio no es ni por asomo tan sencillo como crearlo, o sea, que considera cuidadosamente la clase de relación que quieres seguir manteniendo con tu ex después de este acuerdo económico y procura al máximo proteger esa posibilidad haciendo el esfuerzo de ser justo. Una pareja que conozco, Lizzie y Phil, tras llevar casi treinta años casados se unieron al colectivo de la población divorciada que crecía por momentos en Estados Unidos en las personas que habían cruzado el meridiano de la cincuentena.[16] Mientras vendían su casa y sus bienes, fueron muy solidarios y generosos, y lo dividieron todo por la mitad sin darle demasiadas vueltas. De vez en cuando discutían, pero solo porque uno de ellos creía que el otro merecía quedarse con más del 50 por ciento de un bien en concreto por una razón u otra, una discusión que no les servía de nada. Pero un día, cuando ya no vivían juntos, Phil llamó a Lizzie agitado y hablando entrecortadamente, algo muy raro en él. Le dijo en tono tajante que pensaba quedarse con las ganancias de los ingresos pasivos generados por la compañía virtual de marketing que habían fundado juntos.

Lizzie se quedó tan desconcertada por esta repentina conducta abusiva que le respondió en voz baja: «Vale, hazlo si eso es lo que de verdad quieres» y luego colgó enseguida el teléfono. A los pocos minutos Phil volvió a llamarla para disculparse. Quería retirar lo dicho y masculló que acababa de decirle una barbaridad y que se le había ido la olla por unos momentos. «¿Qué ha pasado?», le preguntó Lizzie. «¿Es que has hablado con un abogado?»

«Pues sí», le respondió tímidamente. «Lo siento.»

Es importante recibir buenos consejos legales para entender a qué tienes derecho por ley. Pero no dejes que nadie decida por ti quién vas a ser en esta negociación, aunque ese «experto» tenga excelentes referencias. Al fin y al cabo quieres que tu conducta te lleve a mantener una relación sana con tu ex, sin el lastre de los desagradables vestigios emocionales de acciones poco generosas de las que te costará recuperarte. Como los seres humanos tenemos una biología que puede pasar en un segundo al modo de ataque, sé consciente de lo que tus acciones están generando en ti y en tu expareja, y no olvides que una conducta injusta y tacaña te saldrá muy cara.

Hace tiempo tuve una relación amorosa de dos años. Compramos varios muebles y al romper nos los repartimos a partes iguales, o sea, que a cada uno nos tocó uno de los dos tocadores a juego que habíamos comprado para el dormitorio. Al cabo de varios meses mi ex me pidió que le diera también el mío. La verdad era que tenía toda la razón del mundo, porque los había pagado él. Pero como yo lo estaba usando en el cuarto de invitados y no quería desprenderme del mueble, me gustaba cómo quedaba en la habitación y le había cogido cariño, le dije que no iba a devolvérselo sin pensarlo dos veces. Me quedé con el tocador. Ahora al mirar atrás me doy cuenta de que si hubiera aprovechado ese momento para ser generosa con él, tal vez nuestra amistad hubiera durado. Esa decisión me salió muy cara. Aunque después de romper seguimos viéndonos de vez en cuando durante varios años, nunca llegamos a ser amigos. Siempre

℘

había entre nosotros un abismo que era demasiado grande como para salvarlo. Qué fácil habría sido crear un clima de buena voluntad que podría haber evolucionado en una amistad de verdad. Pero en su lugar elegí el tocador . Al cabo de varios años lo vendí por 25 dólares en un mercadillo. Fue una lección que no he olvidado.

Solo porque puedas salirte con la tuya no significa que *debas* hacerlo. Muchas leyes de divorcio estadounidenses son de lo más estúpidas e injustas. Como la extraña ley neoyorquina[17] que convierte un título profesional o una licenciatura en una propiedad conyugal. Tanya Finch y Kenneth Quarty se casaron en el año 2000, cuando Tanya empezó sus estudios de enfermería. Se divorciaron en 2009, o sea, que ella ya había terminado la carrera.

> *Hoy día hay demasiadas personas que conocen el precio de todo y el valor de nada.*
> ANN LANDERS

Ahora bien, como parte del acuerdo de divorcio, Kenneth insistió en que le correspondía recibir un porcentaje del dinero que Tanya *ganaría* con su título universitario. En este caso no tenía ninguna importancia si le salía o no un trabajo como enfermera. Ni tampoco que Kenneth no hubiera trabajado mientras estuvieron casados ni contribuido económicamente lo más mínimo en los estudios de Tanya. Fue ella la que tuvo que ser una pluriempleada para mantenerlos a los dos mientras se sacaba la carrera. Sin embargo, como él había hecho de canguro de la hija de Tanya las noches en que esta iba a la universidad, el tribunal consideró justo que Kenneth recibiera el 25 por ciento del dinero que ella *pensaba* ganar como parte del acuerdo de divorcio, por lo que para poder divorciarse le tenía que devolver a Kenneth 155.372 dólares. Y eso que era una madre soltera que cobraría como enfermera un sueldo que, de acuerdo con la ley, rondaría los 70.000 dólares anuales.

Con esta clase de historias tan horrendas a nadie le extraña que cada vez haya menos estadounidenses que decidan casarse, pues han conseguido que el matrimonio se parezca más a ceñirte una soga al cuello que a casarte.* Si bien muchas parejas van a los tribunales para que el juez les ayude a dividir sus bienes de manera justa, no siempre se aplica la justicia, porque la ley es absoluta y no contextual. Lo que es correcto en un caso puede no serlo en otro. El caso que indujo a los juzgados de Nueva York a adoptar la ley que acabo de mencionar, fue una situación en la que una esposa se había hecho cargo de todos los gastos mientras su marido estudiaba medicina, y al poco tiempo de acabar la carrera el tipo la dejó plantada, aprovechándose de todo el esfuerzo que su *esposa* había invertido en él.

La justicia es una forma de pensar y se ha demostrado que a la hora de la verdad valoramos a los demás por encima de las ganancias, un principio fundamental para las relaciones duraderas, estables y sanas. Lo desinteresado que debas ser en la disolución de tu matrimonio dependerá de los matices de tu propia situación. No obstante, abordar la gran cantidad de decisiones complejas que deberás tomar intentando ser justo en lugar de hacerlo dominado por el miedo, te ayudará enormemente a pasar a la siguiente etapa sana de tu relación.

La justicia también es variable, lo que significa que lo que parece justo en un momento con el paso del tiempo se ve que no lo era. Cuando Mark y yo negociamos la separación de bienes, se planteó la cuestión de los derechos de autor de mi primer libro, *Calling in «The One»*. Si bien nuestro mediador le comunicó a Mark que tenía derecho a una parte de los derechos de autor, él no quiso aceptarla, creía que en realidad me pertenecían solo a mí por ser yo quien lo había escrito. En aquella época su generosidad me llegó al alma. Sin embargo, dos años más tarde me descubrí sintiéndome mal cada vez que llegaba un cheque. Aunque Mark nunca hubiera vuelto a sacar el

---

* La autora hace un juego de palabras entre «Tying a noose» (ceñirse una soga al cuello) y «Tying the knot» (atar con un nudo), expresión que en inglés significa «casarse». (*N. de la T.*)

tema, empecé a sentirme como si hubiera tomado una decisión injusta. Él sin duda había invertido su energía en la creación del libro al leer y criticar cada parte mientras yo lo escribía y al colaborar económicamente con los gastos familiares más de lo que le correspondía para que pudiera escribirlo. Una tarde, varios años después de divorciarnos, llamé a nuestro mediador para preguntarle cuánto dinero habría recibido Mark de haber pedido la parte que le correspondía. Luego llamé a Mark y le conté que había cambiado de opinión y que quería darle el dinero que le correspondía desde que nos habíamos divorciado, entregándole a partir de ese momento el porcentaje que le tocaba.

> *Vive de tal modo que cuando tus hijos piensen en la justicia, el afecto y la integridad piensen en ti.*
>
> H. JACKSON BROWN, JR.

¿Tenía un diablillo posado en mi hombro gritándome al oído lo estúpida que era por ello? Claro que sí. Pero he acabado viendo que la integridad te hace sentir mejor que un viaje a Italia o sea lo que sea. Una conciencia tranquila vale su peso en oro.

La legalización del final de una relación

En 1969 Ronald Reagan,[18] por aquel entonces gobernador de California, cometió lo que más tarde se consideraría uno de los mayores errores de su carrera política. Aprobó la primera ley estadounidense del divorcio decretado con independencia de la culpa de las partes. Los historiadores especulan que tal vez lo hiciera porque su primera mujer, Jane Wyman, le acusó de «crueldad mental» para obtener el divorcio en 1948. Esta clase de divorcio permitía que las parejas pusieran fin a su matrimonio sin necesidad de alegar ninguna causa, sin tener que demostrar al juez que habían sido objeto de infidelidades, maltratos o abandono para divorciarse. Durante las décadas siguientes un estado tras otro le imitaría adoptando su propia ley de divorcio en la que no se culpaba a ninguno de los cónyuges, allanando el camino para la revolución del divorcio que se propagaría por el país como un reguero de pólvora.

Los divorcios son ahora un negocio de lo más rentable en Estados Unidos. Según Joseph Sorge, autor de *Divorce Corp.*, se gastan aproximadamente 50.000 millones de dólares al año[19] en una red inmensa y descentralizada de jueces, abogados, psicólogos, asesores, testigos periciales, investigadores privados y otros profesionales que se ganan la vida con el sistema de los juzgados de familia. De hecho, pasa más dinero por los juzgados de familia que por todos los otros juzgados estadounidenses juntos. Es un sistema que fomenta las contiendas y la acritud, hecho para alargar el proceso del divorcio mucho más tiempo de lo que los matrimonios duran antes de romperse.

Los juzgados de familia estadounidenses, un sistema de una complejidad absurda, se crearon aproximadamente hace cuatro décadas para intentar acelerar los trámites de los cientos de miles de divorcios que llegaban a los juzgados debido al boom de parejas que se separaban. Las leyes de familia, concebidas en un principio para ser más amables y cordiales, han dejado de constituir varias páginas[20] de normas básicas para convertirse en un tocho de dos mil páginas impresas en letra pequeña que exige la participación de abogados que suelen cobrar unos honorarios que ascienden a 700 dólares la hora. Es fácil ver por qué ahora los divorcios ocupan el tercer lugar en las causas de quiebra[21] en Estados Unidos.

Según la jueza Michele Lowrance, autora de *The Good Karma Divorce*, cualquier ciudadano estadounidense tendrá que pagar unos 30.000 dólares[22] por el pleito de un divorcio, o 50.000 en el caso de ser impugnado, una cantidad que para muchos es el sueldo de un año. Sin embargo, en algunas partes civilizadas del mundo la gente puede disolver su unión por el coste de un simple sello postal. Joseph Sorge cuenta un encuentro que tuvo con Alexandra Borg,[23] una sueca divorciada de veintitantos años. Cuando le preguntó cuánto le había costado el

᭒

divorcio, la pregunta pareció desconcertarla de verdad, antes de lograr recordar que le había costado las cinco coronas del sello de la carta. Al igual que otras parejas divorciadas que conocía, no había necesitado un abogado. Ni tampoco había pagado cantidades estratosféricas de dinero en evaluaciones psicológicas para determinar quién obtendría la custodia del hijo: Borg simplemente entró en Internet, buscó la página web del juzgado, se descargó un simple formulario, y tras rellenarlo, lo mandó por correo. A los seis meses ella y su marido se habían divorciado. ¿Cómo es posible que sea tan fácil? Es así porque en primer lugar en Suecia no existe la pensión alimenticia. El divorcio pone punto final a las obligaciones económicas entre la pareja, salvo por la cantidad de 150 dólares mensuales que uno recibe por los cuidados del hijo nacido de esa unión (lo que el gobierno estipula que costará la comida y la ropa del niño). Una de las prácticas que habla por sí misma del gobierno escandinavo relacionada con la buena política que sigue en cuanto al divorcio es que se ocupa de los trámites de recaudar el dinero para la manutención directamente del progenitor que debe pagarlo y lo envía al progenitor que cuida de los hijos. De esta manera los niños nunca saben si el dinero llega con retraso o si se ha dejado de pagar. Les ahorra la agonía de ver a su madre esperando la llegada del cheque para poder ir a comprarles los libros de texto o la ropa.

¡Vaya, qué civilizados!

No pretendo avivar el espinoso debate de la pensión alimenticia en Estados Unidos, aunque reconozco que es un tema muy importante para los defensores de los derechos de la mujer que quieren proteger económicamente a los cientos de miles de amas de casa que se han pasado décadas sin poder ir a trabajar para cuidar de los hijos. Lo que más me impresiona del sistema escandinavo es que las parejas que se separan no se guardan el menor rencor y además muestran un gran interés por el bienestar de sus hijos. Es decir, al no tener nada por lo que luchar, ¿por qué iban a declararse la guerra? Aunque Islandia sea el país con mayor número de divorcios del mundo, según los estudios también es uno de los lugares donde la gente es más feliz. Y también más inteligente y productiva. Los niños islandeses superan con creces a los niños estadounidenses en las pruebas estandarizadas de matemáticas y ciencias, y además el país ocupa a nivel mundial el sexto lugar en el PIB (producto interior bruto) per cápita, uno de los indicadores principales de la vitalidad económica de cualquier sociedad.

Si he compartido esto no es para convencerte de que te mudes a Escandinavia por más tentador que sea, sino para que despiertes del trance de que los divorcios son odiosos y que al separarte de tu pareja tienes que luchar con guantes de boxeo y los puños en alto. El afán de venganza al que nos hemos acostumbrado quizá tenga tanto que ver con el nudo enmarañado de nuestro sistema jurídico como con nuestra biología. Pero lo más curioso es que no son solo los terapeutas los que están intentando salvarnos de esta locura, sino los mismos abogados. Ya que aunque circulen mil y un chistes sobre que hacen lo que sea para ganar un caso, con ética o sin ella, muchos se están dejando la piel en abogar por una reforma del divorcio y están estableciendo formas más aconsejables y menos hostiles de vivir esta transición familiar.

Michelle Crosby, fundadora de Wevorce,[24] es una de esos abogados con inclinaciones holísticas que debido al divorcio devastador de sus padres cuando ella tenía nueve años, en el que la obligaron a adoptar una postura y elegir entre su madre o su padre, intenta transformar el panorama del divorcio en Estados Unidos. Hace poco fue calificada como una «Rebelde del Sistema Jurídico» por la American Bar Association* en el *ABA Journal* nacional, la revista publicada por la asociación, en la que se reconoce a esos abogados que «son unos luchadores, favoreciendo los cambios y rechazando el re-

---

* Una asociación fundada en 1878 y formada por abogados y estudiantes de derecho voluntarios, cuya misión principal es establecer modelos académicos dirigidos a las facultades de derecho y elaborar modelos de códigos éticos en el ámbito de la abogacía para defender la libertad y mejorar el papel de la ley. (*N. de la T.*)

glamento... para servir a los clientes y mejorar la aplicación de la justicia». Crosby lleva una década de su vida dedicada a desarrollar un proceso empoderador que constituye un hibridaje de prácticas de divorcio mediadoras y colaborativas, y en la actualidad tiene bufetes en veinte estados estadounidenses.

Crosby es una de los miles de abogados estadounidenses que se ha estado desviviendo por mejorar las cosas tanto a nivel emocional como económico, ya que pretende crear alternativas menos caras a los litigios. Otra abogada en la misma línea es Lisa Forberg, especializada en divorcios[25] colaborativos y fundadora de la Forberg Law Office en New Hampshire, que aboga por un enfoque global en cuanto al divorcio que tenga en cuenta las necesidades particulares de cada familia. Recientemente, Lisa Forberg me contó el caso de «Paul y Jesse», una pareja gay que decidieron divorciarse tras estar casados varios años. Como habían adoptado dos niños querían poner fin a su unión amistosamente. Pero Jesse temía que no fuera fácil llegar a un acuerdo legal. Paul había sido el que más había colaborado económicamente mientras Jesse se ocupaba de los hijos adoptados. Creyó que Paul no querría pasarle una pensión alimenticia o dividir los bienes equitativamente porque no era quien había querido romper la relación y se había sentido traicionado por él, una reacción que le estaba impidiendo separarse en buenos términos. En un divorcio colaborativo, la pareja que se separa es asesorada por un equipo de profesionales. Cada cónyuge recibe su propio abogado y además comparten un asesor financiero y un asesor en divorcios para ayudarles a acordar la suma de dinero con la que ambos puedan vivir. El asesor en divorcios ayudó a la pareja a compartir los mismos valores como padres, apoyando a Paul a superar su rabia y a plantearse cuánto dinero necesitaría Jesse para ofrecerles un buen hogar a los niños. Jesse comprendió que a Paul le importaba más que a él la situación económica y que su ex sería mejor padre si se quedaba con la mayor parte de los bienes. Mientras él tuviera lo que necesitaba para vivir, no le importaba no recibir la mitad del patrimonio. Lo único que quería era que Paul advirtiera su contribución y que la apreciara y valorara. En cuanto ocurrió, pudieron empezar a negociar un acuerdo justo para ambos. Para ayudarles en ello el asesor financiero le demostró a Paul, por medio de tablas y gráficos objetivos, el gran apoyo que Jesse iba a necesitar para no quedarse corto de dinero cada mes. El asesor financiero también estudió la cantidad mensual que Jesse creía necesitar para asegurarse de que ambos fueran realistas y razonables en el aspecto económico y que este se pudiera justificar basándose en sus objetivos compartidos de padres cooperativos. Al tener esas cifras ante él, Paul pudo ser menos reactivo emocionalmente y pensar con la cabeza fría sobre lo que era correcto hacer.

> *No entiendo para nada el misterio de la gracia divina... solo sé que se las apaña para encontrarnos en el lugar donde estamos y que, sin embargo, no nos deja en el mismo sitio.*
>
> ANNE LAMOTT

La razón más importante para evitar un pleito es que en cuanto te ves implicado en uno, es posible que ya no puedas controlar la situación, algo especialmente alarmante cuando eres un progenitor y la custodia de tus hijos está en juego. Tú y tu expareja queréis ser los que toméis las decisiones sobre cómo criaréis a vuestros hijos en lugar de que las tome un juez imponente con una intimidante toga negra, que ni siquiera te conoce a ti o a tu familia, y que no obstante establecerá las normas bajo las cuales tendréis que vivir durante los próximos años. Tú y tu expareja conocéis mejor que ningún juez o asesor en custodia infantil cuáles son las necesidades de vuestros hijos.

Si crees en la fantasía de que de algún modo al llevar a tu expareja a los tribunales se hará la justicia que ansías, te arriesgas a cometer un grave error. Hay cientos, por no decir miles, de padres que desean con toda su alma no haber puesto nunca el pie en un juzgado por tener que vivir con las consecuencias de decretos injustos. Innumerables personas dejan el sistema sintiéndose violadas y estafadas tanto en cuanto al proceso que soportaron como a los resultados obtenidos. Aunque tú y tu ex no tengáis hijos, al pleitear por vuestra separación lo más probable es que engroséis la cuenta de jubilación de abogados carísimos mientras la vuestra se vacía.

No olvides que a pesar de estar seguro de tener razón y querer defender tus derechos a toda costa, al fin y al cabo lo esencial es conseguir lo mejor para todos. Las alternativas a un litigio como el divorcio mediador y colaborativo, o alguna otra variación sobre el mismo tema que fomente la paz, te animará a llegar a acuerdos que harán que todos salgáis ganando al ayudaros a progresar en la vida.

Nota: Si sospechas que tu marido o tu mujer te está mintiendo y ocultando bienes y ganancias importantes, si os ha estado maltratando a ti y a tus hijos con violencia física, si te ha dominado e intimidado a lo largo de tu relación, o si ha tenido problemas con el alcohol o las drogas, tal vez desees plantearte recurrir a un abogado que defienda tus intereses. Ten en cuenta que un enfoque más colaborativo requiere por ambas partes mostrar al menos un auténtico interés en hacer lo correcto por las razones correctas.

Cada final es un nuevo comienzo.

PROVERBIO

Los rituales de la Separación Consciente

Cuando los artistas de performance Marina Abramovic y Ulay[26] (Uwe Laysiepen) pusieron fin a su relación de doce años como amantes y pareja artística, quisieron celebrar el acontecimiento recorriendo a pie el largo trecho de la Gran Muralla China; ella partió de un extremo y él del otro para encontrarse en el centro, abrazarse, e irse cada uno por separado, un viaje de tres mil kilómetros que duró noventa días.

Después estuvieron veintitrés años sin verse, pero un día Ulay se presentó por sorpresa a una performance que Marina estaba realizando en el Museo de Arte Moderno de Manhattan llamada «La artista está presente».[27] Seis días a la semana, durante siete horas al día, Marina se quedaba bajo los potentes focos de la sala, estoica e inmóvil, sentada ante una mesa vacía y mirando fijamente a los ojos a un desconocido. Uno detrás de otro, los espectadores que estaban dispuestos a esperar su turno en una cola, a veces durante horas, tenían el privilegio de permanecer ante ella por unos momentos. Entre uno y otro visitante, Marina cerraba los ojos para esperar a que se sentara el siguiente. Cuando Ulay se sentó silenciosamente en la silla frente a ella, en la sala se hizo un gran silencio mientras todo el mundo esperaba a que abriera los ojos y viera quién se encontraba ante ella. Cuando Marina los abrió, se le iluminaron al instante y sus labios esbozaron una leve sonrisa. Y de pronto unas silenciosas lágrimas le rodaron por las mejillas antes de abandonar su inmovilidad y alargar los brazos sobre la mesa para tomar las manos de Ulay en las suyas. El público enloquecido, se puso a gritar y aplaudir con gran entusiasmo, y entonces ellos se deshicieron en lágrimas. Pocas cosas hay que nos conmuevan tanto como la afirmación de un amor que sobrevive a la separación y al distanciamiento.

Los rituales que marcan el fin de una relación son muy emotivos. Sin embargo, no lloramos de tristeza, sino de emoción. Ver que el amor sigue perdurando incluso cuando la forma de una relación cambia nos llega al corazón. Tal vez pienses que la expresión «celebración de divorcio» es un oxímoron, no obstante cada vez más personas están descubriendo un modo de despedirse que celebra la relación que compartieron. Ya que la oportunidad de presenciar a dos personas reconociendo sobriamente el final de una unión, mientras se piden con humildad perdón, confirmando la belleza del tiempo que han pasado juntos y deseándole de todo corazón a la persona que más les ha defraudado que sea feliz, nos enriquece. Hay pocas experiencias que sean tan conmovedoras como esta.

Aunque hay quienes creen que una fiesta para celebrar un divorcio significa un viaje a Las Vegas con los amigos, ponerse como una cuba y bailar encima de las mesas cantando «Sobreviviré» hasta altas horas de la madrugada, la mayoría de las personas que tienen el suficiente criterio como para marcar el final de una relación duradera con alguna clase de ceremonia, normalmente crean una experiencia muy personal y conmovedora que ayuda a todo el mundo a recuperarse y seguir adelante con amor.

Al igual que hay ceremonias y costumbres para marcar el comienzo de una relación —desde los rituales del día de San Valentín, hasta las proposiciones matrimoniales, las festividades de compromiso, las fiestas de solteros y solteras, y la ceremonia de la boda y la luna de miel—, ¿por qué no celebrar también el fin de la unión más importante de nuestra vida con una ceremonia? Hacerlo simboliza el final de una época y allana el camino para una conclusión sana.

Una pareja que había estado junta durante cuarenta años organizó una sencilla ceremonia en un laberinto cercado de los alrededores del apartamento que habían compartido en el pasado. Mientras varios miembros de la familia y amigos íntimos presenciaban la anulación de los votos matrimoniales, se dirigieron juntos al centro del laberinto, compartieron algunos buenos recuerdos de su vida en común, se desearon lo mejor, se despidieron abrazándose y luego se fueron cada uno por separado para simbolizar la disolución de su matrimonio.

> *El divorcio se vuelve un momento sagrado cuando decides usarlo como catalizador para una vida extraordinaria.*
>
> DEBBIE FORD

Otra joven pareja invitó a su círculo de amigos más íntimos al lugar de la playa donde se habían casado cinco años antes para que presenciaran el fin de su relación. Abriendo sus corazones, la pareja apreció lo valioso que era el otro y los momentos felices y la oportunidad de crecer interiormente que su relación les había dado. Se intercambiaron los anillos tras sacarlos cada uno del dedo de su pareja y los guardaron con ternura en estuches que llevaban para la ocasión. Su plan era donar los anillos a una organización benéfica en la que ambos colaboraban. Luego invitaron a sus amigos a decir unas palabras de aliento, inspiración y esperanza de todo corazón, dándoles la oportunidad de expresar su amor por la pareja y de desearles lo mejor en su separación. Y al final fueron todos a un restaurante del barrio para celebrar el futuro de ambos comiendo y bebiendo juntos.

No todo el mundo se sentirá cómodo con esta clase de ceremonias y las parejas de algunos no querrán celebrarlas. Sin embargo, hay muchos rituales sencillos más corrientes para poner fin a tu relación y permitir a la comunidad de personas que han invertido su energía en ella a participar en el acontecimiento. Como, por ejemplo, invitar a tu expareja y a las personas más allegadas a cenar todos juntos. Mientras os sentáis a la mesa, podéis brindar por los buenos recuerdos que compartís e invitar a los demás a brindar por la nueva vida que llevaréis a partir de ahora. Si formáis parte de una comunidad religiosa, podéis invitar a algunos amigos para que recen con vosotros y os deseen lo mejor en vuestra separación. U organizar una fiesta de mudanza cuando uno de los dos se vaya de casa, invitando a varios amigos vuestros para que os echen una mano, y ofreciéndole al que se muda a otro lugar regalos, como comida, plantas o botellas de vino, para desearle que sea muy feliz en su nuevo hogar.

> *Superar una vivencia dolorosa es como cruzar esas barras trepadoras de las que te cuelgas. En algún momento tienes que soltarlas para seguir adelante.*
>
> C. S. LEWIS

Para los que no estaban casados con la persona amada de la que se acaban de separar mi buena amiga Lauren Frances, experta en relaciones de pareja, aconseja celebrar un funeral para el final de la relación.[28] A las personas solteras la experiencia de una ruptura les hace sentir muy solas, sobre todo si estaban manteniendo una aventura amorosa o una relación poco sana que su familia y amigos no veían con buenos ojos. Lauren sugiere en este caso invitar a varios amigos a tu casa mientras recuerdas lo que la relación significaba para ti, mostrándoles fotos antiguas de los dos juntos y quemándolas luego, desprendiéndote de los recuerdos de tu historia de amor y brindando para que a partir de ese momento vivas días más felices.

Aunque todos los rituales que acabo de mencionar incluyan a los miembros de la familia y los amigos, si lo prefieres también puedes celebrar una ceremonia privada de despedida con tu ex. O incluso hacerlo a solas, a modo de una comunicación de alma a alma (tercer paso), si no es posible o deseable mantener un contacto directo con tu antigua pareja.

Si deseas descargarte el texto o el audio gratuito de esta práctica, o ambas cosas a la vez, los encontrarás en www.ConsciousUncoupling.com/StepFiveRituals.

Avanza a un nivel superior

> *Una buena carcajada transforma el universo en un caleidoscopio de nuevas posibilidades.*
> JEAN HOUSTON

Uno de mis pasajes favoritos de la Biblia lo escribió un salmista: «Alberga la tarde llantos, mas a la mañana está la exultación». Ya que con el paso del tiempo dejarás atrás todas las lágrimas que has derramado para gozar de tiempos mejores. Aunque tu felicidad no provendrá de lo que esperabas disfrutar en la vida, sino de la alegría interior de vivir siendo fiel a tu verdad y de inclinarte hacia delante en el borde de la silla para escuchar la llamada de un futuro lleno de posibilidades que está esperando hacerse realidad.

Mientras te preparas para cerrar este libro, querido lector, también puedes cerrar este capítulo de tu vida, dejando la pérdida atrás y esperando con ilusión la nueva vida y el nuevo amor que encontrarás al otro lado del dolor. El gran actor y cineasta Orson Welles lo expresa de este modo: «Si quieres que tu historia tenga un final feliz, depende por supuesto del punto en que la dejes». Aunque una parte de tu historia se acabe, otra nueva no ha hecho más que empezar. Sigue viviendo tu aventura maravillosa y única con fortaleza, creatividad y optimismo, y también con una fe inquebrantable en la bondad de la vida.

....

SUGERENCIAS PARA CUIDAR DE TI
QUINTO PASO
(Da al menos dos pasos cada día)

1. **Da pasos concretos para hacer realidad el sueño de tu vida,** como tomar clases de interpretación, reservar un viaje a Italia o ponerte a trabajar en esa novela que siempre soñaste escribir.

2. **Participa en grupos sociales** y en acontecimientos públicos: únete a un club de lectura, asiste a una cata de vinos, apúntate a alguna caminata de una organización medioambiental o ve a una charla local sobre un tema que te interese.

3. **Haz un retiro de meditación** o apúntate a clases que tengan que ver con el mundo espiritual para desarrollar y explorar las dimensiones más profundas de quién eres.

4. **Mejora tu salud física** poniéndote en forma y ocupándote de tu bienestar como nunca hiciste antes. Apúntate a un gimnasio, si-

gue los consejos de un nutricionista holístico, únete al crudivoris-
mo o entrénate para recorrer cinco kilómetros o para participar en
un maratón.

5. **Da las gracias a quienes te han ayudado** a superar esta experiencia.
Escríbeles notas de agradecimiento, mándales flores, cómprales regalos para tener un detalle o envíales simplemente un correo electrónico para agradecerles de todo corazón su ayuda, diciéndoles lo
importante que ha sido para ti recibir su amor y apoyo.

6. **Haz una lista de los numerosos aspectos** en los que ahora eres un
ser humano más sensato, maduro y cariñoso gracias a esta experiencia y decide a partir de este momento mostrar tu versión más
evolucionada.

Nota para las parejas que hacen el programa juntos

En este quinto y último paso del programa de la Separación Consien-
te os sugiero que busquéis el modo de depender cada vez menos el
uno del otro y que os esforcéis en crear un nuevo sistema de apoyo
para resolver aquellos detalles de la vida de los que se ocupaba vuestra expareja. Pero si hay algunas áreas de vuestra vida en las que tenéis que seguir implicándoos los dos, procurad sed justos e intacha-
bles de un modo que refleje respeto y genere una amistad formal
entre ambos. Escuchad al otro, intentad ver las cosas desde su punto
de vista y aprended a pensar holísticamente en las necesidades de
todos los implicados. Poned en práctica lo que habéis aprendido actuando con responsabilidad y madurez, y procurad aplicar las nuevas habilidades que habéis estado desarrollando para generar mayores niveles de salud y bienestar entre vosotros, como la fijación de
límites y una comunicación cordial.

Al fin y al cabo, lo que queréis es separaros deseándoos lo mejor
y no lo peor. Haced lo posible por expresar vuestro aprecio y cultivar
una creciente sensación de bienestar entre vosotros decidiendo actuar responsablemente y procurando no repetir las conductas hi-

rientes y destructivas del pasado. Intentad despediros con la conciencia tranquila, la mente abierta y el corazón alegre para separaros sintiéndoos enriquecidos, expandidos y engrandecidos por haberos conocido.

El amor en evolución

*Observa el mundo a tu alrededor. Aunque parezca un lugar
inmutable e implacable, no lo es. Basta una pequeña presión en el
punto clave para generar un gran cambio.*

MALCOLM GLADWELL

E n Estados Unidos se vive una intrigante tensión[1] entre la firme creencia en el matrimonio y la aventura amorosa que la gente mantiene con la autoexpresión y el desarrollo personal. Si bien el 90 por ciento[2] prometeremos en un momento de nuestra vida amar para siempre a una persona con la intención de sentar cabeza y formar una familia, Estados Unidos se basa en los ideales de la autoactualización y la búsqueda de la felicidad individual, ya que en el pasado cientos de miles de colonos abandonaron a la familia, los amigos y el gobierno en pos de una vida mejor. Por lo que no es de extrañar que nos sintamos divididos entre estos dos ideales: uno nos lleva a respetar nuestras promesas con una devoción firme e inquebrantable, y el otro a dejar atrás los lazos que nos atan para aventurarnos valerosamente en lo desconocido esperando encontrar una vida más satisfactoria y auténtica.

Me llevaría una gran decepción si después de leer este libro, querido lector, supusieras que la Separación Consciente solo defiende lo último, desprendiéndote como si nada de una relación duradera para entregarte ilusionado a la siguiente aventura amorosa. Porque yo, al igual que tú, también me emociono al oír las historias de los que sacrifican su felicidad personal por el bien de su familia. Se me hace un nudo en la garganta cuando alguien hace lo correcto por las razones correctas, dejándose guiar en sus decisiones por su buen criterio y no por sus imperiosos deseos. Mi fe en la raza humana se renueva cada vez que presencio un acto de lealtad y fidelidad ante una causa, sobre todo si esta causa es el clan de uno. El matrimonio y las relaciones serias y duraderas son la belleza y la columna vertebral de nuestra sociedad. A mí también me inquieta como a cualquier otra persona ver nuestra tendencia a romper con nuestras parejas cuando ya no encajan con la visión de donde creemos que nos gustaría llegar a continuación en la vida, como si fueran Pontiacs que pudiéramos renovar sin más cuando ya nos aburren o cansan, reemplazando un modelo antiguo por otro nuevo sin darle la menor importancia.

> *No siento que deba tener fe en nada más que no sea en los seres humanos.*
> PEARL S. BUCK

No pretendo tener todas las respuestas sobre cómo superar las tensiones de las relaciones de pareja en la vida moderna, un problema en el que intervienen innumerables factores que pueden socavar fácilmente una relación amorosa duradera desde una mayor esperanza de vida (un artículo reciente de la revista *Time*[3] afirma que los niños que están naciendo ahora podrían llegar a vivir ciento cuarenta y dos años... Imagínate una época en la que las bodas de oro no fueran más que el comienzo de un matrimonio, cuando la pareja estaría aún en la etapa ¡del amor fogoso!), hasta unas mayores expectativas de lo que queremos de nuestra relación, vivir en una cultura que en muchos sentidos antepone el desarrollo personal a la durabilidad de la unión y formar parte de una sociedad móvil donde tal vez no tengamos cerca a una familia expandida que nos ayude a seguir unidos cuando las cosas se pongan difíciles.

Sin embargo, sé algunas cosas con certeza: que tanto si seguimos juntos como si nos separamos de nuestra pareja, queremos aprender a valorar más nuestra relación y verla como valiosa, aunque nuestra pareja nos defrauda y no satisfaga nuestras expectativas. Que los compromisos adquiridos en una relación importan y que cuando los rompemos o cambiamos es importante hacerlo con responsabilidad, arrepentimiento, respeto y el deseo de enmendar los errores. Y, por último, que de nosotros depende cómo nuestra historia colectiva se desarrolle a partir de ahora. La larga y oscura historia estadounidense llena de rupturas y divorcios sumamente destructivos no significa que tengamos que seguir actuando de una forma tan primitiva, dañina y destructiva emocionalmente. Tenemos el poder para aprender a mejorar nuestra forma de tratarnos al terminar una relación. Y espero que no lo usemos solo por nuestro bien, sino también como una contribución a las generaciones futuras.

> *El mundo nuevo lo crearán personas que no se conformen con ser realistas... Aprenderemos lo que es posible luchando por el mundo que deseamos.*
>
> RABINO
> MICHAEL LERNER

Pensemos lo que pensemos del divorcio, tanto da si creemos que es bueno o malo, moral o inmoral. La cuestión es que hay divorcios. Y los seguirá habiendo. Por más que nos guste imaginar que el gran número de divorcios actuales es el peor de todos los tiempos, lo cierto es que en cualquier época de la historia de la humanidad en la que las mujeres tengan el mismo poder que los hombres el número de divorcios será como el de hoy. No es más que una realidad. Cuando las mujeres tienen la oportunidad de dejar atrás[4] un matrimonio malo y mediocre, lo hacen. No me imagino a las mujeres estadounidenses dependiendo de nuevo de los hombres y renunciando a su poder, al menos por el momento. Creo que se puede afirmar que el gran número de divorcios no bajará durante una buena temporada.

> *La historia de la evolución del amor es la historia de grupos de individuos que se atreven a adoptar una nueva expresión del amor, perseverando ante la oposición hasta que la nueva forma de amar es aceptada por la mayoría de la sociedad.*
>
> **JEFF CARREIRA**

Al constituir una alternativa a las separaciones antagonistas y hostiles, es inevitable que la Separación Consciente facilite a algunas personas poner fin a una relación duradera. Algo que lamento mucho. Y como experta en relaciones de pareja, sospecho que dedicaré los próximos años a desarrollar con tesón mejores formas de salvar las relaciones íntimas y de hacer que sean más felices como penitencia por este hecho inevitable. Sin embargo, irónicamente, aunque la Separación Consciente facilite el fin de una relación duradera, también reduce las probabilidades de que ocurra. Ya que después de seguir el proceso que ofrezco, muchas personas descubren que están mucho más preparadas para amar y ser amadas de una forma más sana y feliz. Y puedo afirmar sin lugar a dudas que el proceso de la Separación Consciente incluso reaviva algunas uniones —por el énfasis que pone en la maduración y el crecimiento—, permitiendo a las parejas estar más preparadas para mejorar la relación que intentaban dejar.

> *Las manos de Dios no son sino las nuestras.*
>
> **DEBRA PONEMAN**

Nada me haría más feliz que esto porque, al fin y al cabo, tanto si sigues con tu pareja como si no, lo principal es amar. Y si logras transformar tu desengaño amoroso en el estimulante viaje de aprender a amarte a ti y amar a tu expareja mejor, en tal caso querido lector, todo tu sufrimiento habrá valido la pena.

El credo de la Separación Consciente

Aspiramos a una ruptura o a un divorcio vivificante caracterizados por el sincero esfuerzo de separarnos de nuestra expareja y de todos los implicados de manera correcta, sana y completa, engrandecidos por el amor que hemos compartido en lugar de sentirnos empequeñecidos o heridos por cómo ha terminado la relación.

En lugar de humillarnos y culparnos el uno al otro, queremos hacernos responsables de nuestra ruptura.

En lugar de vengarnos y desquitarnos, deseamos perdonarnos a nosotros mismos y a nuestra pareja.

En lugar de entregarnos a la codicia, procuraremos ser considerados con las necesidades de todos los implicados, justos y generosos de un modo que genere buena voluntad entre nosotros.

En medio del temor, decidimos tener fe.

En medio del dolor de la separación, decidimos reafirmar la bondad de la vida.

En medio de los difíciles problemas, decidimos buscar soluciones positivas con las que todos salgamos ganando en el futuro.

Haremos todo lo posible por vencer cualquier impulso de atacar y herir a nuestra expareja al tomar decisiones y actuar con la única intención de poner fin a la relación de manera sana y fomentar la esperanza y la recuperación en todos los implicados.

Aunque no hayamos cumplido algunas promesas, rompiéndole con ello el corazón a nuestra expareja, seguimos con todo valorando, respetando y apreciando el tiempo que pasamos juntos.

Aceptamos los defectos de la relación al tiempo que reconocemos la cualidad sagrada de las relaciones humanas y decidimos quedarnos con los aspectos positivos de esta unión en lugar de con los negativos.

Durante esta delicada transición, deseamos hacernos el menor daño posible tanto a nosotros mismos como a nuestra expareja, a nuestros hijos y a la comunidad extendida de familiares y amigos que han apoyado esta relación.

Evitaremos hacer que los demás se pongan del lado de uno o del otro y, cuando sea adecuado, apoyaremos nuestro círculo de seres queridos para cultivar una relación sana con todos.

En el caso de tener hijos, antepondremos las necesidades de estos a las de cualquier otra persona e intentaremos en especial crear un nuevo sistema holístico familiar que nos permita a todos seguir siendo una familia expandida en lugar de dos fragmentadas en las que nuestros hijos se sientan divididos.

Al buscar soluciones para nuestra ruptura, antepondremos el crecimiento a largo plazo a las ganancias a corto plazo, invirtiendo nuestra energía en crear nuevos acuerdos y estructuras que sustenten el desarrollo y la aparición de la siguiente etapa sana y curativa de la relación.

Al considerar el modo más adecuado de dividir los bienes y las deudas, intentaremos ser justos, razonables y tener la mente abierta, recordando que en vez de castigarnos el uno al otro nos hemos propuesto conservar y proteger nuestro patrimonio.

Evitaremos mantener litigios innecesarios y costosos que puedan causar daños irreparables y vaciar nuestras cuentas bancarias, y procuraremos en su lugar resolver nuestros problemas por medio de profesionales que nos ayuden a llevarlo a cabo con integridad, justicia, honestidad y ecuanimidad.

Y sobre todo, en medio de nuestro dolor, intentaremos hacer lo correcto por las razones correctas, de modo que nuestros valores éticos triunfen sobre nuestras emociones. Sabemos que tenemos el poder para hacer que nuestra conducta colectiva evolucione al final de la relación y reflejar con ella el mundo más compasivo que aspiramos a crear para nosotros, nuestros hijos y las generaciones futuras.

MI MÁS SINCERO AGRADECIMIENTO A...

No creo que pueda expresar como es debido la profundidad y el alcance de mi gratitud por todo el apoyo recibido que me ha permitido traer este libro al mundo. En primer lugar, deseo dar las gracias a Claire Zammit, mi querida amiga y brillante colega con la que hace diez años que colaboro impartiendo enseñanzas. Su capacidad extraordinaria para expresar con claridad sus ideas, y su gran dedicación para contribuir positivamente a la evolución de la cultura, me ha influido enormemente en la creación de este libro. Te doy las gracias, Claire, de todo corazón, por los cientos de formas en las que me has apoyado e inspirado a lo largo de los años para que sacara lo más elevado y mejor de mí. Y también doy las gracias a Craig Hamilton, por ayudarme generosamente a desarrollar estas ideas con el curso que impartió en Evolving Wisdom.

Doy las gracias a mi equipo de la Separación Consciente de Evolving Wisdom, a Juliana Farrell, Khristina Kravis, Brian Hamilton, Ashley Fuller, Ben Schick, Katy Rawson, Christine Kriner, Katharine McCarthy, Therese Factora, Sylvie Curran, Cami Elen, Sese Abejon, y a otras muchas personas que me ayudaron a llevar a cabo esta labor años antes de convertirse en este libro.

A mi brillante agente literaria Bonnie Solow, que ha supervisado este libro paso a paso poniéndome un listón muy alto e inspirándome a sacar lo mejor de mí. Y a mi talentosa editora Heather Jackson, que es el sueño hecho realidad de cualquier escritor. Gracias por tu paciencia y por apoyarme en este proyecto con tus numerosos dones. También quiero darle las gracias a todo mi equipo de la editorial Crown por haberme ayudado a traer este libro al mundo.

Doy gracias a la doctora Karey Pohn, la excelente documentalista que ha influido en esta obra hasta tal punto que no puedo expresarlo con palabras, y a Ellen Daly, Blu Cohen, Jenny Gladding, Lisa Steele, Lindy Franklin y Marci Levin por todo vuestro apoyo en las trincheras.

A mi tribu maravillosa de amigas estupendas que me habéis ofrecido muestras alucinantes de solidaridad y apoyo: Alanis Morissette, Marianne Williamson, Marci Shimoff, Debra Poneman, Arielle Ford, Geneen Roth, Janet Attwood, Susan Stiffelman, Jen Kleiner, Deborah Ward, Dianna Burdick, Wendy Zahler, Meredith Scott Lynn, Chris Faulconer, Karen Abrams, Carol Allen, Lauren Frances, Amy Edelstein y (¿puedo incluir también a mi madre como amiga?) Sandra Pullman.

Y a los encantadores hombres de mi vida que han estado alentándome a todas horas con su dieta de ánimos: Mark Thomas, Jeff Carreira, Jay Levin, Bob Kersch, Jeff Brown, Michael Beckwith, Brian Hilliard, Jeremiah Abrams, Bill Farber, Hank Grupe, Todd Grupe, Richard France y Kit Thomas, que desencadenó una conversación a nivel mundial con el mágico giro que le dio a una frase.

Doy las gracias a mi maravillosa y estupenda publicista Emily Lawi, a mi fenomenal mentor el doctor Don Beck, y a mi generoso y talentoso asesor Joel Roberts. Y también a Rose Rossi, Carey Campbell, Nita Rubin y Maria Flores por vuestra excelente actitud y eficiencia.

A los asesores titulados en Separación Consciente que han estado trabajando codo a codo conmigo a lo largo de este viaje y, sobre todo, a los que han hecho posible que miles de personas pudieran hacer el programa de cinco semanas de duración en Internet: la doctora Jana Smith, Janet Webber, Lyndra Hearn Antonson, Mary Rizk, Melissa Erin Monahan, Senami Fred, Victoria Rose, Sara Wilson, Rochelle Edwards, Susan Reiner y, en especial, a Lina Shanklin, Jeanne Byrd Romero y Marilyn Hager, que me han estado respaldando, llenas de fuerza y seguridad desde el principio.

Quiero también dar las gracias a mis asesores titulados en Calling in «The One» y en el Poder Femenino, en especial a «mi gente» por haberme dado generosamente tanto de vosotros: Prem Glidden, Judy Waters, Juli Stone, Keren Clark y Jane Velten, y a las hermanas de la Maestría del Poder Femenino, en especial a Jen Conkie y Sue Little, que son para mí una constante fuente de inspiración. Os doy las gracias a todos por el honor de ser vuestra profesora.

Y también quiero expresar mi más sincera gratitud a Gwyneth Paltrow y Chris Martin, que han introducido generosamente esta labor en el mundo.

Y, por último, doy un montón de gracias a mi familia de «y vivieron felices *incluso* después de separarse»: Mark, Alexandria, Sandi, Don, Bob, Barbara, Hank, Scott, Todd, Anne, Sarah, Kay y Kelli. Os quiero a todos y me siento muy agradecida por formar parte de este bondadoso clan.

RECURSOS EN INTERNET

AYUDAS PARA SUPERAR UN DESENGAÑO AMOROSO

ConsciousUncoupling.com En esta web, la sede del programa de la Separación Consciente, encontrarás un montón de información gratuita para aliviar tu sufrimiento y dolor, y crear tu propia vida de «y vivieron felices *incluso* después de separarse». Además, incluye una lista de asesores titulados en Separación Consciente y todas las descargas gratuitas de los textos y audios complementarios citados en el libro.

TheAnatomyOfLove.com La doctora Helen Fisher, autora superventas y experta de proyección internacional en el amor sentimental, y su colega en el ámbito de la investigación, la doctora Lucy Brown de la Facultad de Medicina Albert Einstein, han creado juntas esta web tan atractiva para mostrarnos lo que ocurre en nuestro cerebro en todas las etapas de una relación. Las secciones dedicadas al desengaño amoroso son especialmente útiles. Está repleta de artículos y vídeos interesantes para entender por qué nos sentimos tan mal cuando nos han roto el corazón y qué podemos hacer al respecto.

HelpGuide.org Una web con un material gratuito maravilloso dirigido a las personas que se enfrentan a la variedad de retos emocionales que van unidos al dolor. Creada por la doctora Jeanne Segal y su marido en honor de Morgan, su hija fallecida, ofrece una multitud de consejos sabios y útiles para cualquier persona que esté viviendo un desengaño amoroso. Sin embargo, las dos secciones que más te recomiendo son «Grief & Loss», la encontrarás clicando en la pestaña «Mental Health», y «Family and Divorce», en la pestaña «Children & Family».

TheTappingSolution.com/HealYourHeart En esta web encontrarás audios de *tapping* guiados de Nick Ortner con instrucciones para ayudarte a reducir los síntomas traumáticos de un corazón roto y a sentirte mejor emocionalmente, y también un vídeo de Jessica Ortner con instrucciones básicas de *tapping* para los que no conocen esta poderosa práctica.

SOLO PARA PADRES

SusanStiffelman.com Susan Stiffelman es autora superventas de *Parenting with Presence* y terapeuta matrimonial y familiar diplomada. Esta web tan fácil de usar ofrece un montón de recursos y consejos útiles sobre cómo los padres pueden afrontar situaciones difíciles, así como consejos y apoyo para los padres separados con hijos. Contiene vídeos, blogs y preguntas y respuestas sobre toda clase de temas, desde las luchas de poder hasta la depresión, la rabia, las malas notas o las familias mixtas.

EmpoweringParents.com Una web dirigida a los padres repleta de recursos sobre temas generales; te resultará muy práctica sobre todo si existe la posibilidad de que tu hijo tenga problemas de conducta. Hacia el final de la página principal encontrarás una sección titulada «Browse Articles» llena de artículos para padres divorciados, familias mixtas y postizas, y otro tipo de familias no tradicionales.

AYUDAS PARA TU RELACIÓN

ConsciousRecoupling.com Una web relacionada con la de ConsciousUncoupling.com dedicada a ayudar a las parejas a decidir seguir juntas que ofrece varios recursos y herramientas para sanar las heridas del pasado, recuperar la confianza y aprender a mantener una relación de pareja mucho más sana, feliz y próspera.

DrSueJohnson.com La web de la doctora Sue Johnson, autora superventas de *Love Sense*, ofrece unas charlas maravillosas en las que explica qué hay que hacer para que una relación de pareja funcione. Busca en su web la pestaña «Videos»; contiene un montón de información sobre cómo mantener una relación de pareja sana y segura que sea duradera.

TherapistLocator.net Una lista con más de quince mil terapeutas matrimoniales y familiares de todas partes de Estados Unidos ofrecida por la Asociación Americana de Terapeutas Matrimoniales y Familiares. Solo tienes que teclear tu código postal y la web localizará terapeutas matrimoniales y familiares en la zona donde resides.

ImagoRelationships.org La doctora Harville Hendrix presentó la Imago Terapia de relación en su libro *Getting the Love You Want*. Esta web creada por Imago Relationships International, una organización sin ánimo de lucro que apoya a los terapeutas formados en esta modalidad, te ofrece un servicio gratuito para encontrar a un terapeuta en tu área y conocer mejor este proceso que ha tenido un éxito tremendo, ayudándote a darle la vuelta a tu relación de pareja.

GottmanReferralNetwork.com. Un servicio para los que deseen recurrir a un terapeuta formado en el método Gottman. Los terapeutas que recomienda se han especializado en el Método Gottman de Terapia de Pareja, un enfoque desarrollado por el doctor John Gottman a lo largo de los cuarenta años que estuvo investigando con miles de parejas.

ASESORAMIENTO LEGAL

DivorceSupport.com En esta web encontrarás casi todo lo que necesitas para conocer los aspectos legales de una separación o un divorcio. Te ofrece artículos, un servicio de consulta dirigido por abogados, información sobre leyes de divorcio en cada estado de Nueva York y una serie de foros para conectar con otras personas que están pasando por experiencias similares. Además de la información jurídica, encontrarás también otra de gran utilidad sobre los aspectos económicos.

Wevorce.com Michelle Crosby y Jeff Reynolds, fundadores de esta compañía, se han propuesto hacer que los divorcios sean un proceso más amable y cordial y han elaborado un programa para ayudar a las parejas a divorciarse amistosamente por medio de abogados mediadores conocidos como Wevorce Architects, y en el caso de ser necesario, de expertos en el tema de los hijos y de asesores financieros. En la actualidad tienen bufetes en veinte estados.

Mediate.com Esta web creada por la National Association for Community Mediation te ayuda a entender el proceso de la mediación y a elegir un mediador cualificado. También te ofrece una visión general de la mediación en otros países y contiene artículos y vídeos por si deseas conocer más a fondo el proceso de la mediación. Además, incluye una lista de los mediadores afiliados de Estados Unidos.

CollaborativeDivorce.Net En esta web encontrarás artículos que te explican lo que es el divorcio colaborativo, cómo funciona y sus beneficios. También incluye una lista de abogados expertos en divorcios colaborativos.

HERRAMIENTAS PARA ENTABLAR RELACIONES

Hendricks.com El doctor Gay y la doctora Katie Hendricks han estado elaborando sus enseñanzas sobre Amar Conscientemente durante décadas y en esta red repleta de información comparten generosamente sus conocimientos para entablar relaciones de pareja felices. Ofrecen además muchos artículos y audios gratuitos llenos de información y consejos útiles para mantener relaciones sanas y felices en el futuro.

MarsVenus.com En esta espléndida web el doctor John Gray y su hija, Lauren Gray, te proporcionan un montón de recursos gratuitos, desde un blog diario con vídeos, columnas de consejos y foros, hasta sugerencias nutricionales. John ha estado ayudando con sus innovadores métodos a que la gente tenga una vida amorosa más satisfactoria y en la actualidad sigue en vanguardia como experto en relaciones de pareja e investigador en este campo.

HarvilleHendrix.com En esta web el doctor Harville Hendrix y su esposa, la doctora Helen LaKelly Hunt, te ofrecen gentilmente una gran cantidad de recursos gratuitos para mejorar tus habilidades relacionales, tanto si tienes pareja como si no. ¡Ahora es el mejor momento de prepararte para tu próxima oportunidad de amar y ser amado!

CREA UN NUEVO AMOR

CallingInTheOne.com En esta web encontrarás el proceso de siete pasos avalado por la experiencia que les ha funcionado a miles de personas de todas las partes del mundo para dejar atrás los antiguos hábitos amorosos y atraer un amor feliz y sano. Si lo deseas puedes descargarte gratuitamente el audio de un seminario de 75 minutos de duración titulado «How to Identify and Release Your Hidden Barriers to Love and Become Magnetic to Your Soulmate».

SoulMateSecret.com La autora de gran éxito Arielle Ford ofrece en su web un montón de recursos útiles concebidos para que seas más feliz en tu vida amorosa. Incluye un seminario gratuito de 75 minutos de duración titulado «The Soulmate Secret: The 3 Keys to Manifesting True Love».

RECREA TU VIDA

FemininePower.com Mi amiga y colega Claire Zammit y yo hemos pasado casi una década elaborando el Poder Femenino, un programa sumamente transformador dirigido a las mujeres, para ayudarlas a manifestar su mayor potencial en la vida, en el amor y en su profesión. Únete a los cientos de miles de mujeres de todas las partes del mundo que han despertado a su poder femenino al visitar esta web para descargarse el audio gratuito de 75 minutos de duración titulado «The Three Keys to Feminine Power», y conecta con tu poder para sacar todo tu potencial.

RickHanson.net En esta interesante web del doctor Rick Hanson, autor superventas y miembro del cuerpo docente del Greater Good Science Center de la Universidad de California de Berkeley, encontrarás un montón de artículos y vídeos gratuitos y también numerosas prácticas para ayudarte a aumentar tu bienestar y tu salud psicológica.

INTRODUCCIÓN. EL LADO OSCURO DEL AMOR

1. **Las relaciones de pareja han cambiado:** Stephanie Coontz, *Marriage. A History: How Love Conquered Marriages*, Penguin, Nueva York, 2006, pág. 4. [*Historia del matrimonio*, Gedisa, Barcelona, 2007]

2. **«Creativa cultural»:** Paul H. Ray y Sherry Ruth Anderson, *The Cultural Creatives: How 50 Million People Are Changing the World*, Harmony Books, Nueva York, 2000.

CAPÍTULO 1. VERGÜENZA, REPROCHES Y EL FRACASO DEL AMOR

1. **«Hasta que la muerte nos separe»:** [Originalmente, «Hasta que la muerte se nos lleve»], Francis Procter y Walter Frere, «Chapter XV, The Occasional Services: Section I Solemnization of Matrimony», en *A New Histoy of the Book of Common Prayer with a Rationale of Its Offices*, Macmillian, Londres, 1910, www.justus.anglican.org/resources/bcp/Procter&Frere/ch15.htm#note19.

2. **La raíz de la palabra inglesa «*shame*»:** *Online Etymology Dictionary*, 2014, www.etymonline.com/index.php?term=shame&allowed_in_frame=0.

3. **La vergüenza se diferencia del sentimiento de culpa:** Gregory McNamee, «Shame vs. Guilt», *Virginia Quarterly Review* 91, n° 1, 2015, essays-articles/2015/01/shame-vs-guilt. Véase también Marilyn Ivy, «Benedict's Shame», *Cabinet* 31, octubre de 2008, http://cabinetmagazine.org/issues/31/ivy.php.

4. **Al no respetar las reglas externas ni las expectativas:** Michael Lewis, «Shame: The Exposed Self», en *Zero to Three*, 12, n° 4, abril de 1992, págs. 6-10.

5. **Nuestro cerebro prefiere con creces:** «A Hunger for Certainty: Your Brain Craves Certainty and Avoids Uncertainty Like It's Pain», *Psychology Today: Tour Brain at Work*, 25 de octubre, 2009, www.psychologytoday.com/blog/your-brain-work/200910/hunger-certainty.

6. **En sus estudios realizados con el Instituto Neuroleadership:** doctora Karey Pohn, correo electrónico enviado a la autora, 7 de mayo de 2014, basado en la presentación «Expectations» de Dan Radecki, Certificate in Foundations of Neuroleadership, Nueva York, 2011.

7. **«Y vivieron felices por siempre jamás»:** «Once Upon a Time», Wikipedia, http://en.wikipedia.org/wiki/Once_upon_a_time (última modificación: 17 de enero de 2015).

8. **Los propios cuentos de hadas solo surgieron:** Ruth B. Bottigheimer, *Fairy Tales: A New History*, State University of New York Press, Albany, 2009, págs. 16-17.

9. **Dos condiciones vitales extremas:** ibíd., págs. 20-25, 93-94.

10. **Giovanni Francesco Straparola:** ibíd.

11. **La monogamia se ha convertido en la norma:** Helen Fisher, *Anatomy of Love*, Ballantine Books, Nueva York, 1994, pág. 279.

12. **Con más del 40 por ciento de primeras nupcias:** «Second, Third Marriages: Divorce Rate Explained», Huffington Post, 6 de marzo de 2012, www.huffingtonpost.com/2012/03/06/second-third-marriages-divorce-rate_n_1324496.html (videoclip de la entrevista del *Today Show* con Gail Saltz). Véase también David Popenoe y Barbara Dafoe Whitehead, «The State of Our Unions 2007: The Social Health of Marriage in America», National Marriage Project, Piscataway, Nueva Jersey, 2007, págs. 18-19; Matthew D. Bramlett y William D. Mosher, «Cohabitation, Marriage, Divorce, and Remarriage in the United States», *Vital and Health Statistics* 23, n° 22, 2002, págs. 17-19.

13. **La mayoría de las personas de más de cincuenta años:** Sam Roberts, «Divorce After 50 Grows More Common», *The New York Times*, 20 de

setiembre, 2013, www.nytimes.com/2013/09/22/fashion/
weddings/divorce-after-50-grows-more-common.html?_r=1&.

14. **«Los buscadores maduros» de más de sesenta años:** Sadie Whitelocks, «Silver Surfers: Over 60s the Fastest Growing Group to Tap Into Online Dating», *Daily Mail*, 13 de febrero, 2012, www.dailymail.co.uk/femail/ article-2100568/ Silver-surfers-Over-60s-fastest-growing-group-tap-online-dating.html.

15. **A pesar de tener el mayor número de divorcios:** Andrew J. Cherlin, *The Marriage-Go-Round: The State of Marriage and the Family in America Today*, Vintage Books, Nueva York, 2010.

16. **Se estima que cerca del 90 por ciento de las personas se casarán:** Fisher, *Anatomy of Love*, pág. 298.

CAPÍTULO 2. RUPTURAS AMARGAS, FINALES INGRATOS Y EL ARTE DE VIVIR *IN*FELICES POR SIEMPRE JAMÁS

1. **Burt Pugach y Linda Riss:** Raoul Felder y Barbara Victor, *Getting Away with Murder: Weapons for the War Against Domestic Violence*, Touchstone Books, Nueva York, 1996, págs. 133-134.

2. **En una charla TED reciente:** Helen Fisher, «The Brain in Love», YouTube (publicada en Internet el 15 de julio, 2008), www.youtube.com/ watch?v=OYfoGTIG7pY.

3. **Durante esta primera etapa de protesta:** Judith Horstman, *The Scientific American Book of Love, Sex and the Brain: The Neuroscience of How, When, Why and Who We Love*, Jossey-Bass, San Francisco, 2011, págs. 166-168 (se refiere a la obra de Fisher).

4. **Veamos lo que hizo Christina Reber:** Douglas Walker, «Indiana Woman to Claim Self-Defense in Torn Scrotum Case: Christina Reber Is Charged with Aggravated Battery in Alleged Attack on Former Boyfriend», *USA Today*, www.usatoday.com/story/news/nation/2014/02/25/ woman-self-defense-torn-scrotum/5813897/.

5. **La canción... de mi amiga Alanis Morissette:** Alanis Morissette y Glen Ballard, «You Oughta Know», *Jagged Little Pill*, Maverick/Reprise, 1995.

ex

6.   **La doctora Fisher viene en nuestra ayuda:** Helen Fisher, «Lost Love: The Nature of Romantic Rejection», en *Cut Loose (Mostly) Older Women Talk About the End of (Mostly) Long Term Relationships*, ed. Nan Bauer-Maglin, Rutgers University Press, New Brusnwick, Nueva Jersey, 2006, págs. 182-195.

7.   **Doctor Louis Cozolino:** comunicación personal con la autora, 2 de mayo de 2014.

8.   **En un estudio reciente llevado a cabo en la UCLA:** Matthew D. Lieberman y Naomi I. Eisenberger, «The Pains and Pleasures of Social Life: A Social Cognitive Neuroscience Approach», *Neuroleadership*, I, 2008, págs. 38-43, www.scn.ucla.edu/pdf/Pains&Pleasures%282008%29.pdf.

9.   **«Síndrome del corazón roto»:** Horstman, *The Scientific American Book of Love, Sex and the Brain*, pág. 172. Véase también «"Broken Heart" Syndrome: Real, Potentially Deadly but Recovery Quick», *Johns Hopkins Medicine*, 9 de febrero, 2005, www.hopkinsmedicine.org/Press_releases/2005/02_10_05.html.

10. **Una de mis preferidas:** *Mack and Mabel*, Stephen Citron, *Jerry Herman: Poet of the Showtune*, Yale University Press, New Haven, Connecticut, 2004, pág. 194.

11. **Una capacidad reducida de amar:** Ginette Paris, *Heartbreak: New Approaches to Healing: Recovering from Lost Love and Mourning*, Mill City Press, Minneapolis, Minnesota, 2011, pág. 9.

12. **En la comunidad terapéutica hay un movimiento:** Holly G. Prigerson y otros., «Prolonged Grief Disorder: Psychometric Validation of Criteria Proposed for DSM-V and ICD-11», PLoS Medicine 6, n° 8, 2009, doi: 10.1371/journal.pmed1000121.

13. **El Duelo Complicado es descrito por la Clínica Mayo:** «Complicated Grief: Symptoms», Mayo Clinic, www.mayoclinic.org/diseases-conditions/complicated-grief/basics/symptoms/con-20032765. Véase también Daniel Goleman, *Social Intelligence: The New Science of Human Relationships*, Bantam Books, Nueva York, 2006, pág. 113.

14. **Debes ocuparte de tu corazón roto:** Naomi I. Eisenberger y otros., «An Experimental Study of Shared Sensitivity to Physical Pain and Social Re-

jection», *Pain*, 126, 2006, págs. 132-138, www.scn.ucla.edu/pdf/Eisenberge r,Jarcho,Lieberman,Naliboff%282006%29.pdf.

15. **Según las palabras inmortales:** Leonard Cohen, «Anthem», 2015, Sony Music, www. leonardcohen.com/us/music/futureten-new-songs/anthem.

CAPÍTULO 3. UNA NUEVA POSIBILIDAD: LA SEPARACIÓN CONSCIENTE

1. **«Con el corazón lleno de tristeza»:** Gwyneth Paltrow y Chris Martin, *Goop*, 25 de marzo de 2014, http://goop.com/journal/be/conscious-uncoupling?utm_source=goop+issue&utm_campaign=e01b658d69-A_Note_From_GP_3_2 5-2014&utm_medium=email&utm_term=0_5ad74d5855-e01b658d69-45659 (página web eliminada).

2. **El circuito del apego hace:** Louis Cozolino, *The Neuroscience of Human Relationships: Attachment and the Developing Social Brain*, W. W. Norton, Nueva York, 2014.

3. **Después para demostrarme:** comunicación personal con la autora, 2 de mayo de 2014.

4. **La doctora Ginette Paris:** Ginette Paris, *Heartbreak: New Approaches to Healing: Recovering from Lost Love and Mourning*, Mill City Press, Minneapolis, Minnesota, 2011, pág. xvii.

5. **El concepto del karma:** «What Is Karma?» *Unfettered Mind: Pragmatic Buddhism*, 2015 posting, www.unfetteredmind.org/karma-genesis-conditions.

6. **La palabra «generoso»:** *Etymology Online*, www.etymonline.com/ index. php?term=genus&allowed_in_frame=0.

7. **«El sol no le dice a la tierra»:** Hafiz, en *The Gift*, traducido por Daniel Ladinsky, Penguin Compass, Nueva York, 1999, pág. 34.

8. **El futurólogo Buckminster Fuller:** Daniel Quinn, *Beyond Civilization: Humanity's Next Great Adventure*, Broadway Books, Nueva York, 2000, pág. 137.

9. **Frases y palabras nuevas:** «Wasband», *Wiktionary*, http://en.wiktionary. org/wiki/wasband; *Wevorce*, www.wevorce.com/ about.html; «binuclear

families», «About Dr. Ahrons», www.constanceahrons.com/about (actualizado por última vez en el 2014); «stepwives», Lynne Oxhorn-Ringwood y Louise Oxhorn, con Marjorie Vego Krausz, *Stepwives: Ten Steps to Help Ex-Wives and Stepmothers End the Struggle and Put the Kids First*, Touchstone, Nueva York, 2002.

CAPÍTULO 4. CÓMO Y CUÁNDO HACER ESTE PROGRAMA

1. **Un final horroroso echará a perder:** Daniel Gilbert, *Stumbling on Happiness*, Vintage Books, Nueva York, 2007, págs. 223-225. [*Tropezar con la felicidad*, Destino, Barcelona, 2007]

2. **Más del 90 por ciento de la comunicación:** Albert Mehrabian, *Silent Messages: Implicit Communication of Emotions and Attitudes*, Wadsworth, Belmont, California, 1981.

3. **«El estado de nuestras uniones»:** David Popenoe y Barbara Dafoe Whitehead, «The State of Our Unions: The Social Health of Marriage in America, 1999», National Marriage Project, Piscataway, Nueva Jersey. Citado en Laura Kipnis, *Against Love: A Polemic*, Vintage Books, Nueva York, 2004, pág. 149. Véase también Sandra Tsing Loh, «Let's Call the Whole Thing Off», *The Atlantic*, 1 de julio de 2009, www.theatlantic.com/magazine/archive/2009/07/lets-call-the-whole-thing-off/ 307488/.

4. **Las tres razones más comunes:** Laura A. Wasser, *It Doesn't Have to Be That Way: How to Divorce Without Destroying Your Family or Bankrupting Yourself*, St. Martin's Press, Nueva York, 2013, pág. 24.

PRIMER PASO: ENCUENTRA LA LIBERTAD EMOCIONAL

1. **La doctora Judith Herman:** Judith Herman, *Trauma and Recovery: The Aftermath of Violence-from Domestic Abuse to Political Terror*, Basic Books, Nueva York, 1992, 1997.

2. **Están viviendo una ruptura dolorosa:** Suzanne Lachmann, «How to Mourn a Breakup to Move Past Grief and Withdrawal», *Psychology Today*, 4 de junio de 2013, www.psychologytoday.com/blog/me-we/201306/how-mourn-breakup-move-past-grief-and-withdrawal; véase también Arif Najib y otros., «Regional Brain Activity in Women Grieving a Romantic Relationship Breakup», *American Journal of Psychiatry*, 161, n° 12, diciembre de 2004, págs. 2.245-2.256, http://ajp.psychiatryonline.org/doi/abs/10.1176/appi.ajp.161.12.2245.

3. **Somos seres relacionales:** Thomas Lewis, Fari Amini y Richard Lannon, *A General Theory of Love*, Vintage, Nueva York, 2001; véase también Helen Fisher, *Anatomy of Love*, Ballantine Books, Nueva York, 1994. [*Una teoría general del amor*, RBA, Barcelona, 2001.]

4. **Registra el rechazo:** Naomi I. Eisenberger y otros., «The Pain of Social Disconnection: Examining the Shared Neural Underpinnings of Physical and Social Pain», *Nature Reviews Neuroscience*, 13, n° 6, junio de 2012, págs. 421-434.

5. **De síntomas físicos inquietantes:** Ginette Paris, *Heartbreak: New Approaches to Healing: Recovering from Lost Love and Mourning*, Mill City Press, Minneapolis, Minnesota, 2011, pág. 40.

6. **Recuperar la sensación de seguridad:** Herman, *Trauma and Recovery*, pág. 3.

7. **La parte reactiva del cerebro:** Daniel Goleman, *Emotional Intelligence: Why It Can Matter More Than IQ*, Bantam Books, Nueva York, 1995, pág. 113. [*Inteligencia emocional*, Kairós, Barcelona, 2014.]

8. **El doctor Matthew Lieberman, psicólogo social de la UCLA:** Matthew D. Lieberman y otros., «Putting Feelings into Words: Affect Labeling Disrupts Amygdala Activity in Response to Affective Stimuli», *Psychological Science*, 18, n° 5, 2007, págs. 421-428.

9. **Duelo eficaz:** Stephen Gilligan, *The Courage to Love: Principles and Practices of Self-Relations Psychotherapy*, W. W. Norton, Nueva York, 1997. [*La valentía de amar*, Rigden Institut Gestalt, Madrid, 2008.]

10. **Nos activa de golpe la respuesta de lucha o huida:** Paris, *Heartbreak*.

ຂໆ

11. **Compara la ira a la basura:** Thich Nhat Hanh, *Anger: Wisdom for Cooling the Flames*, Riverhead Books, Nueva York, 2001, págs. 29-31. [*La ira: el dominio del fuego interior*, Oniro, Barcelona, 2004, pág. 41.]

12. **La sincronización que establecemos con las personas más cercanas:** «Lovers' Hearts Beat in Sync, UC Davis Study Says», *UC Davis News and Information*, 8 de febrero, 2013, http://news.ucdavis.edu/search/news_detail. lasso?id=10494.

13. **Con un «osito que respiraba»:** Lewis, Amini y Lannon, *General Theory of Love*, pág. 157. [*Una teoría general del amor*]

14. **El doctor Jaak Panksepp:** Kat McGowan, «The Second Coming of Sigmund Freud», *Discover*, 6 de marzo de 2014, http://discovermagazine. com/2014/april/14-the-second-coming-of-sigmund-freud.

15. **El neuropsicólogo Mark Solms interpreta:** ibíd.

16. **Elisabeth Kübler-Ross:** *National Library of Medicine* [National Institutes of Health], información biográfica publicada en Internet, 2013, www.nlm.nih.gov/changingthefaceofmedicine/ physicians/biography_189.html.

17. **Intentar evadirte de esa sensación desagradable:** Robert Weiss, «Self-Soothing: How We Balance Ourselves», *The Therapist*, noviembre/diciembre, 2013, www.camft.org/Content/NavigationMenu/ResourceCenter/ ReadTheTherapist/NovemberDecember13/default.htm.

18. **Doctor Lawrence Calhoun:** Mark Miller, «Surviving the Jolt», *AARP Magazine*, abril de 2014, pág. 62, http://pubs.aarp.org/aarptm/20140405_NC?sub_ id=1HyCsDRRPuvA#pg6.

19. **Pema Chödrön, la célebre monja budista:** *When Things Fall Apart: Heart Advice for Difficult Times*, Shambhala, Boston, 2000. [*Cuando todo se derrumba: palabras sabias para momentos difíciles*, Gaia Madrid, 2011.]

20. **Winston Churchill dijo en una ocasión:** George Loftus, «If You're Going Through Hell, Keep Going—Winston Churchill», *Forbes*, 9 de mayo, 2012, www.forbes.com/sites/geoffloftus/2012/05/09/if-youre-going-through-hell-keep-going-winston-churchill/.

SEGUNDO PASO: RECUPERA TU PODER Y TU VIDA

1. **En echar la culpa a tu expareja:** Lauren Bryant, «The Blame Game», *Ohio University Research Newletter*, 7 de noviembre de 2011, www.ohio.edu/research/communications/blamegame.cfm.

2. **Ver cosas de ti:** Debbie Ford, *Spiritual Divorce: Divorce as a Catalyst for an Extraordinary Life*, HarperOne, Nueva York, 2006.

3. **Al crear una historia de tu ruptura:** Diane Vaughan, *Uncoupling: Turning Points in Intimate Relationships*, Vintage, Nueva York, 1990. Véase también Matthew Lieberman, «Diaries: A Healthy Choice», *The New York Times*, 25 de noviembre de 2012, www.nytimes.com/roomfordebate/2012/11/25/will-diaries-be-published-in-2050/diaries-a-healthy-choice.

4. **Uno de los expertos más importantes a nivel mundial en el perdón:** Frederic Luskin, *Forgive for Good*, HarperOne, Nueva York, 2003.

5. **El gran psiquiatra austríaco:** Viktor E. Frankl, *Man's Search for Meaning*, traducido por Isle Lasch, Beacon Press, Boston, 2006; y Carolyn Gregoire, «This Man Faced Unimaginable Suffering, and Then Wrote the Definitive Book About Happiness», *Huffington Post*, 4 de febrero de 2014, www.huffingtonpost.com/2014/02/04/this-book-youve-probably-_n_4705123.html. [*El hombre en busca de sentido*, Herder, Barcelona, 2011.]

TERCER PASO: DEJA ATRÁS LOS HÁBITOS, CURA TU CORAZÓN

1. **La gran ofensa que representa:** Diane Vaughan, *Uncoupling: Turning Points in Intimate Relationships*, New York: Vintage, Nueva York, 1990.

2. **De las ideas que adquirimos:** Stephen Wolinsky, *The Way of the Human, Volume II: The False Core and the False Self*, Quantum Institute Press, Capitola, California, 1999.

3. **«No vemos la vida tal como es…»:** Anaïs Nin, *The Seduction of the Minotaur*, Swallow Press, Athens, Ohio, 1961, pág. 124.

4. **Del doctor John y de la doctora Julie Gottman:** John Gottman y Nan Silver, «What Makes Marriage Work? It's How You Resolve Conflict That Matters Most», *Psychology Today*, 1 de marzo de 1994, www.psychologytoday.com/articles/200910/what-makes-marriage-work.
5. **Simplemente *no es cierta*:** Wolinsky, *The Way of the Human*.
6. **«Es possible que hagan falta años»:** Stephen Gilligan, *The Courage to Love: Principles and Practices of Self-Relations Psychotherapy*, W. W. Norton, Nueva York, 1997, pág. 12. [*La valentía de amar: principios y prácticas de la psicoterapia de las interacciones del yo*, Rigden Institut Gestalt, Madrid, 2008, págs. 42-43.]

CUARTO PASO: CONVIÉRTETE EN UN ALQUIMISTA DEL AMOR

1. **Doctor Glenn Seaborg:** «The Philosopher's Stone: The Magic of Harry Potter That Turned Celluloid into Gold for Robert Matthews», *The Telegraph*, 2 de diciembre de 2001, www.telegraph.co.uk/news/science/science-news/4767654/The-Philosophers-Stone.html. Véase también la entrada en Wikipedia de «Glenn T. Seaborg», http://en.wikipedia.org/wiki/Glenn_T._Seaborg.
2. **Los últimos estudios:** Jeremy Dean, «Reconstructing the Past: How Recalling Memories Alters Them: The First Experiment to Show the Enhancing and Distorting Effect of Recall», *PsyBlog: Understanding Your Mind*, 19 de febrero de 2013, www.spring.org.uk/2013/ 02/reconstructing-the-past-how-recalling-memories-alters-them.php. Véase también Peggy L. St. Jacques y Daniel L. Schacter, «Modifying Memory: Selectively Enhancing and Updating Personal Memories for a Museum Tour by Reactivating Them», *Psychological Science*, 13 de febrero de 2013, http://pss.sagepub.com/content/24/4/537; Constantine Sedikides y Jeffrey D. Green, «On the Self-protective Nature of Inconsistency/Negativity Management: Using the Person Memory Paradigm to Examine Self-referent Memory», *Journal of Personality and Social Psychology*, 79, 2000, págs. 906-992.
3. **La cuestión es:** Marianne Williamson, *A Year of Miracles: Daily Devotions and Reflections*, New York: HarperOne, Nueva York, 2013, pág. 8.

4. **La reverenda Roberta Herzog, ya fallecida:** Roberta Herzog, «Forgiveness Prayer», *Interspiritual Mindfulness and Meditation Study Group—Circle of Friends*, 16 de Julio de 2010, http://cof-interspiritualmindfulness.blogspot.com/2012/07/forgiveness-prayer-as-offered-by.html.

5. **La antigua oración hawaiana** *Ho'oponopono:* Sita Khasla, «Morrnah Nalamaku Simeona, Hawaiian Healer», Amazing Women in History, www.amazingwomeninhistory.com/morrnah-nalamaku-simeona-hawaiian-healer/.

6. **Para poder perdonarte a ti mismo:** Colin Tipping, *Radical Forgiveness: A Revolutionary Five-Stage Process to Heal Relationships, Let Go of Anger and Blame, Find Peace in Any Situation*, Sounds True, Boulder, Colorado, 2009

7. **Físico Niels Bohr:** Brian Dodson, «Quantum "Spooky Action at a Distance" Travels at Least 10,000 Times Faster Than Light», *Gizmag*, 10 de marzo del 2013, www.gizmag.com/quantum-entanglement-speed-10000-faster-light/26587/.

8. **Periodista convertida en líder:** Lynne McTaggart, *The Bond: How to Fix Your Falling-Down World*, Free Press, Nueva York, 2011, pág. 12. [*El vínculo*, Editorial Sirio, Barcelona, 2011, pág. 44.]

9. **La filosofía que hay detrás del kintsugi:** Blake Gopnik, «"Golden Seams: The Japanese Art of Mending Ceramics"» at Freer», *Washington Post*, 3 de marzo de 2009, http://www.washingtonpost.com/wp-dyn/content/article/2009/03/02/AR2009030202723-html.

QUINTO PASO: CREA TU «Y VIVIERON FELICES *INCLUSO* DESPUÉS DE SEPARARSE»

1. **Como Rumi, el poeta sufí, dijo en una ocasión:** «When I Die», traducido por Nader Khalili, 18 de mayo de 1992, *Allspirit, Death, Dying, Grief,* http://allspirit.co.uk/poetry/death-dying-grief/.

2. **Tener expectativas adecuadas:** David Rock, *Your Brain at Work: Strategies for Overcoming Distraction, Regaining Focus, and Working Smarter all Day Long*, HarperCollins, Nueva York, 2009, pág. 140.

ↂ

3. **Doctora Naomi Eisenberger de la UCLA:** Naomi I. Eisenberger, «The Pain of Social Disconnection: Examining the Shared Neural Underpinnings of Physical and Social Pain», *Nature Reviews Neuroscience*, 13, n° 6, junio de 2012, págs. 421-434, www.nature.com/nrn/journal/v13/n6/full/nrn3231.html.

4. **Afirma la doctora Eisenberger:** David Rock, «Status: A More Accurate Way of Understanding Self-Esteem», *Psychology Today*, 18 de octubre de 2009, www.psychologytoday.com/blog/your-brain-work/200910/status-more-accurate-way-understanding-self-esteem.

5. **El mito de «y vivieron felices por siempre jamás»:** Ruth B. Bottigheimer, *Fairy Tales: A New History*, State University of New York Press, Albany, 2009.

6. **Los efectos negativos del divorcio:** Judith S. Wallerstein, «The Long-Term Effects of Divorce on Children: A Review», *Journal of the American Academy of Child & Adolescent Psychiatry*, 30, n° 3, mayo de 1991, págs. 349-360. Véase también Alison Clarke-Stewart y Cornelia Brentano, *Divorce: Causes and Consequences*, Yale University Press, New Haven, Connecticut, 2006, pág. 106.

7. **Altos niveles de conflictos y peleas:** Lynn Fainsilber Katz and John M. Gottman, «Buffering Children from Marital Conflict and Dissolution», *Journal of Clinical Child Psychology*, 26, n° 2, 1996, págs. 157-171.

8. **Resolution, una organización:** «Exam Results "Suffering"», *Resolution*, 24 de noviembre de 2014, www.resolution.org.uk/news-list.asp?page_id=228&page=1&n_id=25].

9. **Superventas pionero *The Good Divorce*:** Constance Ahrons, *The Good Divorce: Keeping Your Family Together When Your Marriage Comes Apart*, Harper Perennial, Nueva York, 1995.

10. *Familias binucleares:* «About Dr. Ahrons», www.constanceahrons.com/about.

11. **Susan Stiffelman... terapeuta matrimonial y familiar:** correo electrónico enviado a la autora, 2 de febrero de 2015.

12. **Una bajada en la situación económica:** Clarke-Stewart y Brentano, *Divorce: Causes and Consequences*, pág. 68.

13. **El juez Thomas Zampino:** Joseph Sorge y James Scurlock, *Divorce Corp.*, DC Books, Jackson, Wyoming, 2013, pág. 4.

14. **El Juego del Ultimátum:** Peter Reuell, «When Fairness Prevails: Harvard Research Shows How Uncertainty Affects Behavior», *Harvard Gazette*, 30 de enero de 2013, http://news.harvard.edu/gazette/story/2013/01/when-fairness-prevails/.

15. **Golnaz Tabibnia y Matthew D. Lieberman:** Golnaz Tabibnia y Matthew D. Lieberman, «Fairness and Cooperation Are Rewarding Evidence from Social Cognitive Neuroscience», *Annals of the New York Academy of Science*, 1118, 2007, págs. 90-101. Véase también David Rock, «SCARF: A Brain-Based Model for Collaborating with and Influencing Others», *NeuroLeadership*, 1, 2008, págs. 78-87, www.davidrock.net/files/NLJ_SCARFUS.pdf.

16. **En las personas que habían cruzado el meridiano de la cincuentena:** Sam Roberts, «Divorce After 50 Grows More Common», *The New York Times*, 20 de setiembre de 2013, www.nytimes.com/2033/09/22/fashion/weddings/divorce-after-50-grows-more-common.html.

17. **Extraña ley neoyorquina:** Sophia Hollander, «After Divorce, a Degree Is Costly: New York, Unlike Most States, Treats Education Achievements and Even Talents as Property to Be Divided Between Spouses», *Wall Street Journal*, 23 de diciembre de 2012, www.wsj.com/articles/ SB10001424127887324481204578180132637628330.

18. **En 1969 Ronald Reagan:** Bradford Wilcox, «The Evolution of Divorce», *National Affairs*, otoño de 2009, www.nationalaffairs.com/publications/detail/the-evolution-of-divorce.

19. **50.000 millones de dólares al año:** ibíd., pág xvii.

20. **Han dejado de constituir varias páginas:** Sorge y Scurlock, *Divorce Corp.*, pág. 26.

21. **El tercer lugar en las causas de quiebra:** ibíd., pág xxxiii.

22. **Pagar unos 30.000 dólares:** Michele Lowrance, *The Good Karma Divorce: Avoid Litigation, Turn Negative Emotions into Positive Actions, and Get On with the Rest of Your Life*, HarperOne, Nueva York, 2010, pág. 53.

23. **Alexandra Borg:** Sorge y Scurlock, *Divorce Corp.*, pág. 82.

24. **Michelle Crosby, fundadora de Wevorce:** Victor Li y Stephanie Francis Ward, «Legal Rebels 2014», *ABA Journal, 1 de* setiembre, 2014, www.aba-journal.com/magazine/article/legal_rebels_2014/.

25. **Lisa Forberg, especializada en divorcios:** comunicación personal con la autora seguida de un correo electrónico, 27 de mayo de 2014.

26. **Marina Abramovic y Ulay:** Abby Ellin, «Untying the Knot, and Bonds, of Marriage», *The New York Times*, 27 de abril, 2012, www.nytimes.com/2012/04/29/fashion/weddings/leaving-a-spouse-behind-for-good.html?pagewanted=all&_r=0.

27. **«La artista está presente»:** Matthew Akers, director, *The Artist Is Present*, 16 de junio, 2012, Music Box Films, www.musicboxfilms.com/marina-abra-movic-the-artist-is-present-movies-3-php.

28. **Funeral por el final de la relación:** Lauren Frances, «How to Stage a Rela-tionship Funeral! Lauren on *The Ricki Lake Show*» (vídeo), YouTube, www.youtube.com/watch?v=GhbZ6MGpErM.

EPÍLOGO. EL AMOR EN EVOLUCIÓN

1. **Se vive una intrigante tensión:** Andrew Cherlin, *The Marriage-Go-Round: the State of Marriage and the Family in America Today*, Vintage Books, Nueva York, 2010, pág. 4.

2. **El 90 por ciento:** Helen E. Fisher, *Anatomy of Love: The Natural History of Monogamy, Adultery and Divorce*, W. W. Norton, Nueva York, 1992, pág. 298.

3. **Un artículo reciente de la revista *Time*:** Laura Carstensen, «The New Age of Much Older Age», Special Health Double Issue, *Time*, 23 de febrero de 2015, http://time.com/3706775/in-the-latest-issue-23/.

4. **Cuando las mujeres tienen la oportunidad de dejar atrás:** «Who Initia-tes the Divorce More Often, the Wife or the Husband?» Divorce Lawyer Source, www.divorce-lawyer-source.com/faq/emotional/who-initiates-divorce-men-or-women.html. Véase también Fisher, *Anatomy of Love*, págs. 104–107.

BIBLIOGRAFÍA

Ahrons, Constance, *The Good Divorce: Keeping Your Family Together When Your Marriage Comes Apart*, Harper Perennial, Nueva York, 1995.

—, *We're Still Family: What Grown Children Have to Say About Their Parents' Divorce*, Perennial Currents, Nueva York, 2005.

Akers, Matthew, director, *The Artist Is Present*, Music Box Films, 16 de junio, 2012, www.musicboxfilms.com/marina-abramovic-the-artist-is-present-movies-3-php.

Beck, Don Edward y Christopher C. Cowan, *Spiral Dynamics, Mastering Values, Leadership, and Change*, Blackwell, Malden, Massachusetts, 2009.

Birnbach, Lawrence y Beverly Hyman, *How to Know If It's Time to Go: A 10-Step Reality Test for Your Marriage*, Sterling Ethos, Nueva York, 2010.

Blau, Melinda, *Families Apart: Ten Keys to Successful Co-Parenting*, Perigee, Nueva York, 1995.

Bottigheimer, Ruth B., *Fairy Tales: A New History*, State University of New York Press, Albany, 2009.

Bramlett, Matthew D. y William. D. Mosher. «Cohabitation, Marriage, Divorce, and Remarriage in the United States», *Vital and Health Statistics*, 23, n° 22, 2002.

«"Broken Heart" Syndrome: Real, Potentially Deadly but Recovery Quick», *Johns Hopkins Medicine*, 9 de febrero de 2005, www.hopkinsmedicine.org/Press_releases/2005/02_10_05.html.

❧

Brown, Brené, *Daring Greatly: How the Courage to Be Vulnerable Transforms the Way We Live, Love, Parent, and Lead*, Gotham Books, Nueva York, 2012.

—, *The Gifts of Imperfection: Let Go of Who You Think You're Supposed to Be and Embrace Who You Are*, Center City, Hazeldon, Minesota, 2010. [*Los dones de la imperfección: guía para vivir de todo corazón: líbrate de quien crees que deberías ser y abraza a quien realmente eres*, Gaia, Madrid, 2012.]

Bryant, Lauren, «The Blame Game», *Ohio University Research Newletter*, 7 de noviembre de 2011, www.ohio.edu/research/communications/blamegame.cfm.

Carstensen, Laura, «The New Age of Much Older Age», Special Health Double Issue, *Time*, 23 de febrero, 2015, pág. 185, http://time.com/3706775/in-the-latest-issue-23/.

Citron, Stephen, *Jerry Herman: Poet of the Showtune*, Yale University Press, New Haven, Connecticut, 2004.

Clarke-Stewart, Alison y Cornelia Brentano, *Divorce: Causes and Consequences*, Yale University Press, New Haven, Connecticut, 2006.

Cohen, Andrew, *Evolutionary Enlightenment: A New Path to Spiritual Awakening*, Select Books, Nueva York, 2011. [*Iluminación evolutiva*, Obelisco, Barcelona, 2012.]

Colgrove, Melba, Harold H. Bloomfield y Peter McWilliams, *How to Survive the Loss of a Love*, Prelude Press, Los Ángeles, 1991. [*Cómo sobrevivir a la pérdida del amor*, Medici, Barcelona, 1993.]

Collins, Tara J. y Omri Gillath, «Attachment, Breakup Strategies, and Associated Outcomes: The Effects of Security Enhancement on the Selection of Breakup Strategies», *Journal of Research in Personality*, 46, n° 2, 2012, págs. 210-222, doi:10.1016/j.jrp.2012.01.008.

«Complicated Grief: Symptoms», Mayo Clinic. www.mayoclinic.org/diseases-conditions/complicated-grief/basics/symptoms/con-20032765.

Coontz, Stephanie, *Marriage, a History: How Love Conquered Marriage*, Penguin Books, Nueva York, 2006. [*Historia del matrimonio*, GEDISA, Barcelona, 2006.]

Cozolino, Louis, *The Neuroscience of Human Relationships: Attachment and the Developing Social*, 2ª ed., W. W. Norton, Nueva York, 2014.

Cherlin, Andrew J., *The Marriage-Go-Round: The State of Marriage and the Family in America Today*, Vintage Books, Nueva York, 2010.

Chödrön, Pema, *When Things Fall Apart: Heart Advice for Difficult Times*, Shambhala, Boston, 2000. [*Cuando todo se derrumba: palabras sabias para momentos difíciles*, Gaia, Madrid, 2011.]

Dean, Jeremy, «Reconstructing the Past: How Recalling Memories Alters Them: The First Experiment to Show the Enhancing and Distorting Effect of Recall», *PsyBlog: Understanding Your Mind*, 19 de febrero, 2013. www.spring.org.uk/2013/02/reconstructing-the-past-how-recalling-memories-alters-them.php.

Dodson, Brian, «Quantum "Spooky Action at a Distance" Travels at Least 10,000 Times Faster Than Light», *Giynag*, 10 de marzo, 2013, www.gizmag.eom/quantum-entanglement-speed-10000-faster-light/26587/.

Dworkin, Andrea, *Heartbreak: The Political Memoir of a Feminist Militant*, Basic Books, Nueva York, 2002.

Eisenberger, Naomi I, «The Pain of Social Disconnection: Examining the Shared Neural Underpinnings of Physical and Social Pain», *Nature Reviews Neuroscience*, 13, n° 6, junio, 2012, www. nature.com/nrn/journal/v13/n6/full/nrn3231-html.doi:10.1038/nrn3231.

Eisenberger, Naomi I., y otros., «An Experimental Study of Shared Sensitivity to Physical Pain and Social Rejection», *Pain*, pág. 126, 2006, www.scn.ucla.edu/pdf/Eisenberger,Jarcho,Lieberman,Naliboff%282006%29.pdf.doi:10.1016/j.pain.2006.06.024.

Ellin, Abby, «Untying the Knot, and Bonds, of Marriage». *New York Times*, 27 de abril, 2012, www.nytimes.com/2012/04/29/fashion/weddings/leaving-a-spouse-behind-for-good.html?pagewanted=all&_r=0.

Elliott, Susan J., *Getting Past Your Breakup: How to Turn a Devastating Loss into*

ɔ

the Best Thing That Ever Happened to You, Da Capo Press, Cambridge, Massachusetts, 2009.

«Exam Results "Suffering"», Resolution, 24 de noviembre de 2014. www.resolution,org.uk/news-list.asp?page_id=228&.page=1&n_id=25l.

Felder, Raoul y Barbara Victor, *Getting Away with Murder: Weapons for the War Against Domestic Violence*, Touchstone Books, Nueva York, 1996.

Fisher, Helen E., *Anatomy of Love: The Natural History of Monogamy, Adultery and Divorce*, Ballantine Books, Nueva York, 1994. [*Anatomía del amor: historia natural de la monogamia, el adulterio y el divorcio*, Anagrama, Barcelona, 2012.]

—, «The Brain in Love», YouTube, vídeo de una charla TED. Publicado el 15 de julio, 2008, www.youtube.com/watch?v=OYfoGTIG7pY.

—, «Lost Love: The Nature of Romantic Rejection», en *Cut Loose: (Mostly) Older Women Talk About the End of (Mostly) Long Term Relationships*, editado por Nan Bauer-Maglin, págs. 182-195, Rutgers University Press, New Brunswick, Nueva Jersey, 2006.

Ford, Arielle, *Wabi Sabi Love: The Ancient Art of Finding Perfect Love in Imperfect Relationships*, HarperOne, Nueva York, 2012. [*Wabi sabi: amor*, Obelisco, Barcelona, 2014.]

Ford, Debbie, *Spiritual Divorce: Divorce as a Catalyst for an Extraordinary Life*, HarperOne, Nueva York, 2006. [*Divorcio espiritual: el divorcio como catalizador de una vida extraordinaria*, Diagonal, Barcelona, 2002.]

Forward, Susan, con Donna Frazier, *Emotional Blackmail: When the People in Your Life Use Fear, Obligation and Guilt to Manipulate You*, Quill, Nueva York, 2001. [*Chantaje emocional: claves para superar el acoso moral*, Martinez Roca, Madrid, 2011.]

Frances, Lauren, «How to Stage a Relationship Funeral! Lauren on *The Ricki Lake Show*» (vídeo), YouTube, www.youtube.com/watch?v=GhbZ6MGpErM.

Frankl, Viktor E., *Man's Search for Meaning*, traducido por Isle Lasch, Beacon Press, Boston, 2006. [*El hombre en busca de sentido*, Herder, Barcelona, 2011.]

Gilbert, Daniel, *Stumbling on Happiness*, Vintage Books, Nueva York, 2007. [*Tropezar con la felicidad*, Destino, Barcelona, 2006.]

Gilbert, Elizabeth, *Committed: A Love Story*, Penguin Books, Nueva York, 2010. [*Comprometida*, Suma, Barcelona, 2011.]

Gilligan, Stephen, *The Courage to Love: Principles and Practices of Self-Relations Psychotherapy*, W. W. Norton, Nueva York, 1997. [*La valentía de amar: principios y prácticas de la psicoterapia de las interacciones del yo*, Rigden Institut Gestalt, Madrid, 2008.]

Goleman, Daniel, *Emotional Intelligence: Why It Can Matter More Than IQ*, Bantam Books, Nueva York, 1995. [*Inteligencia emocional*, Kairós, Barcelona, 2014.]

—, *Social Intelligence: The New Science of Human Relationships*, Bantam Books, Nueva York, 2006. [*Inteligencia social: la nueva ciencia de las relaciones humanas*, Kairós, Barcelona, 2014.]

Gopnik, Blake, «"Golden Seams: The Japanese Art of Mending Ceramics" at Freer», *Washington Post*, 3 de marzo, 2009, www.washingtonpost.com/wp-dyn/content/article/2009/03/02/AR2009030202723.html.

Gottman, John y Nan Silver, *The Seven Principles for Making Marriage Work: A Practical Guide from the Country's Foremost Relationship Expert*, Harmony Books, Nueva York, 1999. [*Siete reglas de oro para vivir en pareja*, Debolsillo, Barcelona, 2011.]

—, «What Makes Marriage Work? It's How You Resolve Conflict That Matters Most», *Psychology Today*, 1 de marzo, 1994, www.psychologytoday.com/articles/200910/what-makes-marriage-work.

Gray, John, *Mars and Venus Starting Over: A Practical Guide for Finding Love Again After a Painful Breakup, Divorce or the Loss of a Loved One*, Perennial Currents, Nueva York, 2005. [*Marte y Venus comienzan de nuevo: cómo superar una pérdida amorosa*, Literatura Random House, Barcelona, 2001.]

Gregoire, Carolyn, «This Man Faced Unimaginable Suffering, and Then Wrote the Definitive Book About Happiness». *Huffington*

Post, 4 de febrero, 2014, www.huffingtonpost.com/2014/02/04/
this-book-youve-probably-n47075123.html.

Hafiz, «The Sun Never Says», en *The Gift*, traducido por Daniel Ladinsky, Penguin Compass, Nueva York, 1999.

Hanh, Thich Nhat, *Anger: Wisdom for Cooling the Flames*, River-head Books,
Nueva York, 2001. [*La ira: el dominio del fuego interior*, Oniro, Barcelona, 2004.]

Hay, Louise L. y David Kessler, *You Can Heal Your Heart: Finding Peace After a
Breakup, Divorce, or Death*, Hay House, Carlsbad, California, 2014.

Hendrix, Harville, *Getting the Love You Want: A Guide for Couples*, Harper Perennial, Nueva York, 1990. [*Conseguir el amor de su vida: una guía práctica
para parejas*, Obelisco, Barcelona, 1997].

Herman, Judith Lewis, *Trauma and Recovery: The Aftermath of Violence—from
Domestic Abuse to Political Terror*, Basic Books, Nueva York, 1992, 1997.

Herzog, Roberta, «Forgiveness Prayer», *Interspiritual Mindfulness and
Meditation Study Group—Circle of Friends*, 16 de julio de 2010, http://
cof-interspiritual-mindfulness.blogspot.com/2012/07/forgi-
veness-prayer-as-offered-by.html.

Hollander, Sophia, «After Divorce, a Degree Is Costly: New York,
Unlike Most States, Treats Education Achievements and Even Talents as Property to Be Divided Between Spouses», *Wall Street Journal*,
23 de diciembre de 2012, www.wsj.com/articles/SB100014241278
87324481204578180132637628330.

Horstman, Judith, *The Scientific American Book of Love, Sex and the Brain: The
Neuroscience of How, When, Why and Who We Love*, Jossey-Bass, San Francisco, 2012.

Houston, Jean, *Jump Time: Shaping Your Future in a World of Radical Change*,
Boulder, Sentient, Colorado, 2004.

Ivy, Marilyn, «Benedict's Shame», *Cabinet*, otoño de 2008, http://
cabinetmagazine.org/issues/31/ivy.php.

Johnson, Sue, *Love Sense: The Revolutionary New Science of Romantic Relationships*, Little, Brown, Nueva York, 2013.

ॐ

Katz, Lynn Fainsilber y John M Gottman, «Buffering Children from Marital Conflict and Dissolution», *Journal of Clinical Child Psychology*, 26, n° 2, 1996, págs. 157-171.

Kersey, Cynthia, *Unstoppable Women: Achieve Any Breakthrough Goal in 30 Days*, Rodale Books, Emmaus, Pensilvania, 2005.

Khasla, Sita, «Morrnah Nalamaku Simeona, Hawaiian Healer», Amazing Women in History, www.amazingwomeninhistory. com/morrnah-nalamaku-simeona-hawaiian-healer/.

Kingma, Daphne Rose, *Coming Apart: Why Relationships End and How to Live Through the Ending of Yours*, Gonari Press, San Francisco, 2012.

Kipnis, Laura, *Against Love: A Polemic*, Vintage Books, Nueva York, 2004. [*Contra el amor: una diatriba*, Algaba, Madrid, 2005.]

Kirshenbaum, Mira, *Too Good to Leave, Too Bad to Stay: A Step-by-Step Guide to Help You Decide Whether to Stay In or Get Out of Your Relationship*, Plume, Nueva York, 1997.

Lachmann, Suzanne, «How to Mourn a Breakup to Move Past Grief and Withdrawal», *Psychology Today*, 4 de junio de 2013, www.psychologytoday.com/blog/me-we/201306/how-mourn-breakup-move-past-grief-and-withdrawal.

Lesser, Elizabeth, *Broken Open: How Difficult Times Can Help Us Grow*, Villard Books, Nueva York, 2005.

Levine, Amir y Rachel S. F. Heller, *Attached: The New Science of Adult Attachment and How It Can Help You Find—and Keep—Love*, Jeremy P. Tarcher/Penguin, Nueva York, 2011.

Lewis, Michael, «Shame: The Exposed Self», *Zero to Three*, 12, n° 4, abril de 1992, págs. 6-10.

Lewis, Thomas, Fari Amini, y Richard Lannon, *A General Theory of Love*, Vintage Books, Nueva York, 2001. [*Una teoría general del amor*, RBA, Barcelona, 2001.]

Li, Victor, y Stephanie Francis Ward, «Legal Rebels 2014», *ABA Journal*, 1 de setiembre de 2014, www.abajournal.com/magazine/article/legal_rebels_2014/.

Lieberman, Matthew, «Diaries: A Healthy Choice», *The New York Times*, 25 de noviembre, de 2012, www.nytimes.com/roomfordebate/2012/11/25/ will-diaries-be-published-in-2050/diaries-a-healthy-choice.

Lieberman, Matthew D. y Naomi I. Eisenberger, «The Pains and Pleasures of Social Life: A Social Cognitive Neuroscience Approach», *Neuroleadership* I, 2008,www.scn.ucla.edu/pdf/ Pains&Pleasures%282008%29.pdf.

Lieberman, Matthew D., y otros., «Putting Feelings into Words: Affect Labeling Disrupts Amygdala Activity in Response to Affective Stimuli», *Psychological Science*, 18, n° 5, 2007.

Loftus, George, «If You're Going Through Hell, Keep Going— Winston Churchill», *Forbes*, 9 de mayo de 2012, www.forbes. com/ sites/geoffloftus/2012/05/09/if-youre-going-through- hell-keep-going-winston-churchill/.

«Lovers' Hearts Beat in Sync, UG Davis Study Says», *UC Davis News and Information*, 8 de febrero, 2013, http://news.ucdavis.edu/ search/newsdetail.lasso?id=10494.

Lowrance, Michele, *The Good Karma Divorce: Avoid Litigation, Turn Negative Emotions into Positive Actions, and Get On with the Rest of Your Life*, HarperOne, Nueva York, 2010.

Luskin, Frederic, *Forgive for Good: A Proven Prescription for Health and Happiness*, HarperOne, Nueva York, 2003.

May, Simon, *Love: A History*, Yale University Press, New Haven, Connecticut, 2011.

McGhee, Christina, *Parenting Apart: How Separated and Divorced Parents Can Raise Happy and Secure Kids*, Berkley, Nueva York, 2010.

McGowan, Kat, «The Second Coming of Sigmund Freud», *Discover*, 6 de marzo de 2014, http://discovermagazine.com/2014/april/14- the-second-coming-of-sigmund-freud.

McNamee, Gregory, «Shame vs Guilt», *Virginia Quarterly Review*, 91, n° I, 2015, www.vqronline.org/essays-articles/2 015/01/shame- vs-guilt.

McTaggart, Lynne, *The Bond: Connecting Through the Space Between Us*, Free Press, Nueva York, 2011. [*El vínculo*, Sirio, Barcelona, 2011.]

Mehrabian, Albert, *Silent Messages: Implicit Communication of Emotions and Attitudes*, Wadsworth, Belmont, Georgia, 1981.

Miller, Mark, «Surviving the Jolt», *AARP Magazine*, abril de 2014, http://pubs.aarp.org/aarptm/20140405_NC?sub_id=lHyCsDRRPuvA#pg6o.

Moore, Thomas, *Care of the Soul: A Guide for Cultivating Depth and Sacredness in Everyday Life*, Harper Perennial, Nueva York, 1994. [*El cuidado del alma: cultivar lo profundo y lo sagrado en la vida cotidiana*, Urano, Barcelona, 2009.]

Nadler, Relly, «What Was I Thinking? Handling the Hijack», *Business Management*, 1 de julio de 2009, www.busmanagement.com/issue-16/what-was-i-thinking-handling-the-hijack/.

Najib, Arif, y otros, «Regional Brain Activity in Women Grieving a Romantic Relationship Breakup», *American Journal of Psychiatry*, 161, n° 12, diciembre de 2004, págs. 2.245-2.256, doi:10.1176/appi.ajp.161.12.2245.

Nin, Anais, *The Seduction of the Minotaur*, SwallowPress, Athens, Ohio, 1961. [*La seducción del minotauro*, Grijalbo, Barcelona, 1981.]

Oxhorn-Ringwood, Lynne y Louise Oxhorn, con Marjorie Vego-Krausz, *Stepwives: 10 Steps to Help Ex-Wives and Stepmothers End the Struggle and Put the Kids First*, Fireside, Nueva York, 2002.

Paris, Ginette, *Heartbreak: New Approaches to Healing: Recovering from Lost Love and Mourning*, Mill City Press, Minneapolis, Minnesota, 2011.

Phillips, Roderick, *Untying the Knot: A Short History of Divorce*, Cambridge University Press, Nueva York, 1991.

«The Philosopher's Stone: The Magic of Harry Potter That Turned Celluloid into Gold for Robert Matthews», *The Telegraph*, 2 de diciembre de 2001, www. telegraph.co.uk/ news/science/science-news/4767654/The-Philosophers-Stone.html.

Phipps, Carter, *Evolutionaries: Unlocking the Spiritual and Cultural Potential of Science's*

❦

Greatest Idea, Harper Perennial, Nueva York, 2012. [*Evolucionarios: el potencial espiritual de la idea más importante de la ciencia*, Kairós, Barcelona, 2013.]

Popenoe, David y Barbara Dafoe Whitehead, «The State of Our Unions 2007: The Social Health of Marriage in America», Piscat-away, National Marriage Project, Nueva Jersey, 2007.

Prigerson, Holly G., y otros, «Prolonged Grief Disorder: Psychometric Validation of Criteria Proposed for *DSM-VandICD-11*», *PLoS Medicine*, 6, nº 8, 2009, doi: 10.1371/journal.pmed,1000121.

Procter, Francis, y Walter Frere, «Chapter XV, The Occasional Services: Section I Solemnization of Matrimony», en *A New History of the Book of Common Prayer with a Rationale of Its Offices*, Macmillian, Londres, 1910, www.justus.anglican.org/resources/bcp/Procter&Frere/chl5. htm#note19.

Quinn, Daniel, *Beyond Civilization: Humanity's Next Great Adventure*, Broadway Books, Nueva York, 2000.

Ray, Paul H. y Sherry Ruth Anderson, *The Cultural Creatives: How 50 Million People Are Changing the World*, Harmony Books, Nueva York, 2000.

Reuell, Peter, «When Fairness Prevails: Harvard Research Shows How Uncertainty Affects Behavior», *Harvard Gazette*, 30 de enero de 2013, http://news.harvard.edu/gazette/story/2013/01/when-fairness-prevails/.

Roberts, Sam, «Divorce After 50 Grows More Common», *The New York Times*, 20 de setiembre de 2013, www.nytimes.com/2013/09/22/fashion/weddings/divorce-after-50-grows-more-common.html.

Rock, David, «A Hunger for Certainty: Your Brain Craves Certainty and Avoids Uncertainty Like It's Pain», *Psychology Today: Your Brain at Work*, 25 de octubre de 2009, www.psychologytoday.com/blog/your-brain-work/200910/hunger-certainty.

—, «SCARF: A Brain-Based Model for Collaborating with and Influencing Others», *NeuroLeadership*, 2008, www.davidrock.net/files/NLJ_SCARFUS.pdf.

❧

—, «Status: A More Accurate Way of Understanding Self-Esteem», *Psychology Today*, 18 de octubre de 2009, www.psychology today, com/blog/your-brain-work/200910/ status-more-accurate-way-understanding-self-esteem.

—, *Your Brain at Work: Strategies for Overcoming Distraction, Regaining Focus, and Working Smarter All Day Long*, HarperCollins, Nueva York, 2009.

Rumi, «When I Die» [Ghazal Número 911], traducido por Nader Khalili, en *Allspirit: Death, Dying, Grief*, http://allspirit.co.uk/poetry/death-dying-grief/.

Sanchez, Sharon, «Working with Difficult Emotions: Shame's Legacy», *The Therapist*, noviembre/diciembre de 2013. www. camft.org/Content/NavigationMenu/ResourceCenter/ ReadTheTherapist/NovemberDecember13/default.htm.

«Second, Third Marriages: Divorce Rate Explained», *Huffington Post*, 6 de marzo de 2012, www.huffingtonpost.com/2012/03/06/ second-third-marriages-divorce-rate_n_13 2 44 9 6.html [videoclip de la entrevista de *Today Show* con Gail Saltz].

Sedikides, Constantine y Jeffrey D. Green, «On the Self-Protective Nature of Inconsistency/Negativity Management: Using the Person Memory Paradigm to Examine Self-Referent Memory», *Journal of Personality and Social Psychology*, 79, 2000, págs. 906-992.

Shimoff, Marci, con Carol Kline, *Happy for No Reason: 7 Steps to Being Happy from the Inside Out*, Free Press, Nueva York, 2008. [*Feliz porque sí: siete pasos para alcanzar la felicidad desde el interior*, Urano, Barcelona, 2008].

Solomon, Marion F. y Daniel J. Siegel, eds. *Healing Trauma: Attachment, Mind, Body, and Brain*, W. W. Norton, Nueva York, 2003.

Sorge, Joseph, con James Scurlock, *Divorce Corp.*, DC Books, Jackson, Wyoming, 2013.

St. Jacques, Peggy L. y Daniel L. Schacter, «Modifying Memory: Selectively Enhancing and Updating Personal Memories for a

℘

Museum Tour by Reactivating Them», *Psychological Science*, 13 de febrero de 2013, http://pss.sagepub.com/content/24/4/537-doi: 10.1177/0956797612457377.

Sussman, Rachel A., *The Breakup Bible: The Smart Woman's Guide to Healing from a Breakup or Divorce*, Three Rivers Press, Nueva York, 2011.

Tabibnia, Golnaz y Matthew D. Lieberman, «Fairness and Cooperation Are Rewarding Evidence from Social Cognitive Neuroscience», *Annals of the New York Academy of Science*, 1118, 2007, págs. 90-101, doi: 10.1196/annals.1412.001.

Taylor, Barbara Brown, *Learning to Walk in the Dark*, HarperOne, Nueva York, 2014.

Tesler, Pauline H. y Peggy Thompson, *Collaborative Divorce: The Revolutionary New Way to Restructure Your Family, Resolve Legal Issues, and Move On with Your Life*, Harper, Nueva York, 2007.

Tipping, Colin, *Radical Forgiveness: A Revolutionary Five-Stage Process to Heal Relationships, Let Go of Anger and Blame, Find Peace in Any Situation*, Sounds True, Boulder, Colorado, 2009. [*El perdón radical*, Obelisco, Barcelona, 2013.]

Tsing Loh, Sandra, «Let's Call the Whole Thing Off», *The Atlantic*, 1 de julio de 2009, www.theatlantic.com/magazine/archive/2009/07/lets-call-the-whole-thing-off/307488/.

Vaughan, Diane, *Uncoupling: Turning Points in Intimate Relationships*, Vintage Books, Nueva York, 1990.

Viorst, Judith, *Necessary Losses: The Loves, Illusions, Dependencies, and Impossible Expectations That All of Us Have to Give Up in Order to Grow*, Free Press, Nueva York, 2002. [*Pérdidas necesarias*, Plaza & Janés, Barcelona, 1990.]

Voo, Jocelyn, «Love Addiction—How to Break It», CNN, 16 de octubre de 2007, www.cnn.com/2007/LIVING/personal/10/09/end.relationship/.

Walker, Douglas, «Indiana Woman to Claim Self-Defense in Torn Scrotum Case: Christina Reber Is Charged with Aggravated Battery in Alleged Attack on Former Boyfriend», *USA Today*, 25 de febrero de 2014, www.usatoday.com/story/news/nation/2014/02/2 5/woman-self-defense-torn-scrotum/5813897/.

Wallerstein, Judith S, «The Long-Term Effects of Divorce on Children: A Review», *Journal of the American Academy of Child & Adolescent Psychiatry* ,30, nº 3, mayo de 1991, págs. 349-360, doi: 10.1097/00004583-199105000-00001.

Wasser, Laura A, *It Doesn't Have to Be That Way: How to Divorce Without Destroying Tour Family or Bankrupting Yourself*, St. Martin's Press, Nueva York, 2013.

Weiss, Robert, «Self-Soothing: How We Balance Ourselves», *The Therapist*, noviembre/diciembre de 2013, www.camft.org/Content/NavigationMenu/ResourceCenter/ReadTheTherapist/November December13/default.htm.

«What Is Karma?» Unfettered Mind: Pragmatic Buddhism, artículo publicado en la red en 2015, www.unfetteredmind.org/karma-genesis-conditions.

Whitelocks, Sadie, «Silver Surfers: Over 60s the Fastest Growing Group to Tap Into Online Dating», *Daily Mail*, 13 de febrero de 2012, www.dailymail.co.uk/femail/article-2100568/Silver-surfers-Over-60s-fastest-growing-group-tap-online-dating.html.

«Who Initiates the Divorce More Often, the Wife or the Husband?» Divorce Lawyer Source, www.divorce-lawyer-source.com/faq/emotional/who-initiates-divorce-men-or-women.html.

Wilcox, Bradford, «The Evolution of Divorce», *National Affairs*, otoño de 2009, www. nationalaffairs. com/publications/detail/the-evolution-of-divorce.

Williamson, Marianne, *Enchanted Love: The Mystical Power of Intimate Relationships*, Simon & Schuster, Nueva York, 2001.

—, *The Law of Divine Compensation: On Work, Money and Miracles*, HarperOne, Nueva York, 2012. [*La ley de la divina compensación: y cómo actúa en el trabajo, el dinero y los milagros*, Gaia, Madrid, 2015.]

—,*A Year of Miracles: Daily Devotions and Reflections,* HarperOne, Nueva York, 2013. [*La edad de los milagros: una nueva perspectiva de la mediana edad,* Urano, Barcelona, 2008.]

Wolinsky, Stephen, *The Way of the Human, Volume II: The False Core and the False Self,* Quantum Institute Press, Capitolia, California, 1999.

ECOSISTEMA DIGITAL

NUESTRO PUNTO DE ENCUENTRO

www.edicionesurano.com

2 AMABOOK
Disfruta de tu rincón de lectura
y accede a todas nuestras **novedades**
en modo compra.
www.amabook.com

3 SUSCRIBOOKS
El límite lo pones tú,
lectura sin freno,
en modo suscripción.
www.suscribooks.com

DISFRUTA DE 1 MES
DE LECTURA GRATIS

1 REDES SOCIALES:
Amplio abanico
de redes para que
participes activamente.

4 APPS Y DESCARGAS
Apps que te
permitirán leer e
interactuar con
otros lectores.

iOS